스탠퍼드가
하버드에 간 이유

스탠퍼드가 하버드에 간 이유

초판 1쇄 발행 2018년 12월 20일
초판 2쇄 발행 2019년 6월 10일

지은이 김화진
펴낸이 오세정
펴낸곳 서울대학교출판문화원

출판등록 제15-3호

주소 08826 서울 관악구 관악로 1
대표전화 02-880-5252 | 팩스 02-888-4148
도서 주문 02-889-4424, 02-880-7995
이메일 snubook@snu.ac.kr
홈페이지 www.snupress.com

ISBN 978-89-521-2054-0 03370

최고의 대학이 되기 위한 길 위에서

스탠퍼드가 하버드에 간 이유

김화진 지음

서울대학교출판문화원

머리말

이 책은 내가 서울대학교와 외국의 대학에서 공부하고 가르치면서 보고 듣고 겪은, 그리고 생각한 이야기다.

나는 외국의 4개 대학에서 공부했고 여행이 아니라 학교 일, 강의, 강연, 학술회의 등으로 학교를 꽤 잘 알 수 있을 정도로 방문해 본 외국 대학은 25개다. 또 내가 운영하고 있는 서울기업지배구조포럼에는 세계 18개국 70명의 교수들이 참여하고 있는데 이들로부터도 각자가 소속해 있는 대학에 대해 많은 것들을 알게 된다. 지금까지 같이 수업을 한 학생들은 모두 43개국에서 왔다.

이 책은 내가 그동안 여러 기회에 대학의 역할, 교육 일반에 대해 『머니투데이』와 〈뉴스1〉에 기고한 칼럼을 기초로 다시 쓴 것이다. 일부는 나의 다른 책에 포함되어 있었다. 세계에서 가장 잘 운영되고 있는 대학들의 이야기를 내가 연출하고 직접 촬영한 여행 다큐처럼 내놓는다. 여러 가지 이야기를 모으면서도 책 전체에 흐름이 있게 하느라 애를 썼는데 성공적인지는 잘 모르겠다.

이 책의 초점은 내가 공부했던 하버드대학이다. 이 학교의 역사를 사람들을 중심으로 정리해 가면서 내가 이 학교와 스탠퍼드대, 뮌헨대, 미시건대 등 다른 대학에서 경험한 것들을 같이 전달한다.

내가 학생일 때만 해도 하버드는 세계 최고의 교육기관으로 타의 추종을 불허했다. 그런데 최근에는 하버드가 '동부의 스탠퍼드'로 불릴 정도로 바짝 추격을 당하고 있고 여러 평가에서 프린스턴과 예일에 추월당하기도 한다. 하버드라고 해서 혁신과 발전의 노력을 게을리할 수 없음을 보여 준다. 이 책은 하버드가 새로운 교육, 연구환경에서 그 위치를 지키기 위해 노력하는 여러 가지 모습도 담고 있다.

외국 대학 이야기를 하는 것은 우리 대학들에 도움이 되기 위해서다. 내가 잘 아는 유일한 대학인 까닭에 곳곳에서 서울대학교로 대화의 방향을 잡았다. 내가 몸담고 있는 서울대는 아직 미국의 하버드처럼 다른 대학들의 지표 역할을 한다고 믿는다. 동시에 국내 몇몇 대학의 강력한 도전을 받고 있다. 스탠퍼드의 도전을 받고 있는 하버드와 처지가 비슷하다. 서울대의 혁신과 발전을 위한 노력은 모두에게 이익이 될 것이다.

2006년에 법률실무에서 대학으로 옮겨 온 후 강의와 연구 외에도 대학'관'을 정립하려고 나름대로 노력해 왔다. 틈틈이 생각해 온 것들이 이 책에 다 모여 있다. 한국의 대학을 이끌어 나가고 있는, 그리고 앞으로 이끌 미래의 주역들이 읽고 일부라도 기억하기를 바란다.

이 책이 탄생하는 과정에서 도움을 주신 모든 분들과 좋은 책을 만들어 주신 서울대학교출판문화원 여러 분께 큰 감사를 드린다.

2018년 11월

김화진

차례

대학의 지배구조

대학의 재정과 기금

대학교육과 연구의 미래

하버드의
역사와 현재

스탠퍼드가 하버드에 간 이유

인터넷에 이런 이야기가 돌아다닌 적이 있다. 1880년대에 하버드를 다니다 사고로 죽은 아들을 기리기 위해 스탠퍼드(Leland Stanford) 부부가 거액을 기부하려고 학교를 찾아왔다. 그런데 당시 엘리어트 총장이 부부의 행색이 남루하다는 이유로 총장실 대기실에서 기다리게 하다가 결국 만나 주지 않았다. 부부는 할 수 없이 고향으로 돌아가 아들의 이름을 붙인 스탠퍼드대학(Leland Stanford Junior University)을 따로 설립하게 되었다.

이 이야기는 누가 꾸며 낸(왜곡한) 것이다. 재미있기 때문에 절찬리에 퍼져 나갔다. 이 이야기는 한때 하버드에 대한 가장 잦은 질문(FAQ) 리스트에 올라 있었을 정도다. 그 때문에 학교 측에서는 홈페이지에 이것이 사실이 아니라는 해명과 함께 입증자료를 올렸다. 심지어 스탠퍼드대도 도서관 홈페이지에 이 이야기가 사실이 아니라는 상세한 설명을 올려 놓았다. 그러나 아직도 이 이야기를 사실로 알고 있는 경우가 많다.

이제 하버드를 '동부의 스탠퍼드'라고 부르는 사람들이 있을 정도로 스탠퍼드가 신흥 명문대학으로 자리 잡은 것에 비추어 보면 이 소문은 하버드 입장에서 매우 곤란한 내용이다.

하버드는 지금까지 세계 최고의 교육연구기관으로 타 대학의 추종을 불허했다. 노벨상 수상자도 157명으로 영국의 케임브리지대를 앞선 1위다. 그런데 최근 하버드는 여러 평가순위에서 스탠퍼드, 예일, 프린스턴에 추월당하기도 한다. 하버드의 전통적 강점인 생명과학 분야에서조차도 이웃 MIT가 무섭게 도전한다.

하버드를 필두로 한 미국 대학들이 세계의 교육과 연구를 주도하게 된 것은 미국이라는 나라의 국력과 지정학적 파워가 부상하면서 생긴 일이다. 그러나 지금 세상은 지정학적 파워 외에도 지식과 정보, 기술력이 모든 것을 좌우한다. 반도체와 스마트폰의 실리콘밸리가 상징하는 스탠퍼드가 부상하는 이유다.

왜 대학들이 1위 경쟁을 할까. 대학도 브랜드이기 때문이다. 승자독식의 세계에서 최고의 브랜드는 최고의 학생과 교수를 끌어들인다. 이들이 가장 창의적인 무언가(breakthrough)를 이루어 낼 가능성이 높다. 그렇게 되면 대학뿐 아니라 주변 경제와 생태계에 큰 이익이 생긴다. 스탠퍼드와 실리콘밸리는 동반 성장한다.

언제나 하버드를 걱정해 주는 비판적 신문 『보스턴 글로브』는 하버드가 스탠퍼드에 비해 신기술 시대 과학에 대한 관심과 혁신에 대한 열정이 모자란다고 분석한다. 학교 전체가 1등이라는 현실에 안주해 왔고 학부 학생들의 활기도 부족하다고 지적한다.

지난 10년간 학교를 이끌었던 드류 파우스트 총장은 2018년 6월 말에 퇴임했다. 파우스트는 높이 평가받는다. 우리는 꿈도 꾸기 어려운 8조 원의 기금을 조성했다. 양성평등과 소수민족 지원 차원에서도 괄목한 만한 성과를 거두었다. 현재 하버드대 전체 여교수 비율이 53.2%이고 여성 정교수 비율은 26%다.

그러나 하버드가 미국의 전통적인 문제들과 씨름하고 있는 동안 스탠퍼드는 자유롭게 새로운 문화를 창조했다. 구글, 인스타그램, 스냅챗 모두 스탠퍼드가 발상지다. 페이스북의 저커버그도 하버드를 그만두고 실리콘밸리로 갔다. AI 분야는 독보적이다.

하버드와 스탠퍼드 두 학교는 이제 입학경쟁률 5% 내외, 실제 입학률(입학허가를 받은 학생이 실제로 입학하는 비율로, 투자에서 수익률을 뜻하는 'yield'를 쓴다) 80%대로 두 지표에서도 대등하다. 중국, 중동 지역 등지에서 오는 외국 유학생들이 보수적인 동부의 하버드를 아직 선호한다는 것만 하버드가 유리한 점이다.

대학들 사이의 경쟁은 나라 전체에는 유익한 것이다. 우리 대학들도 새로운 시대에 적응하면서 경쟁을 통해 급성장해야 한다. 서울대가 과거에 안주할 수 있는 시대는 이미 끝났다. 한국에서도 스탠퍼드가 출현해야 한다. 공룡들 사이에서 한국이 살아남을 수 있는 방법은 대학을 중심으로 지식과 기술을 확보하는 것뿐이다.

이 책은 그런 시각에서 하버드 이야기를 하면서 틈틈이 스탠퍼드와 세계 각국에 있는 다른 경쟁 대학들의 이야기를 들려주려는 것이다.

하버드의 가을

뉴욕의 존 에프 케네디 국제공항(JFK). 1989년 이른 가을의 어느 날이다.

나는 공항 터미널에 혼자 앉아 있었다. 보스턴으로 가는 비행기를 갈아타야 되는데 무려 6시간을 기다려야 했다. 덕분에 생전 처음 떨어진 미국 땅의 냄새를 실컷 마셨다. 지금은 수십 번을 들락거려 익숙해진 JFK지만 그때는 신기하기 짝이 없었다.

모든 것이 분주했다. 엄청나게 큰 리무진이 쉴 새 없이 사람을 내리고 태웠고 덩치가 산 만한 경찰, 경비원들과 직원들이 부지런히 공항 안을 움직인다. 내 옆자리에는 백인 청년 하나가 양복을 말쑥하게 빼입고 앉아서 문고판 책을 읽고 있었다. 소설책인 것 같았다. 그 바로 옆 의자에 하버드대학의 문장이 찍힌 폴더가 하나 놓여 있는 것을 보니 거기 학생인 것 같다. 나와 같은 비행기를 탈 모양이다. 이제는 미국의 냄새라고 할 지경이 된 스타벅스(그때 스타벅스가 있었던가?) 커피향이 공항 로비 안을 가득 채운다.

JFK에서 보스턴의 로건 공항까지는 1시간이 좀 안 되는 비행이다. 보스턴에 도착했을 때는 이미 해가 져서 어두웠고 비행기 창밖으로 끝도 없는 가로등 행렬이 길을 비추고 있는 것이 내려다 보였다.

케임브리지

케임브리지(Cambridge)는 보스턴과 찰스강 하나를 사이에 두고 있는 작은 동네인데 하버드대학이 바로 이 마을에 있다. 지금의 하버드 스퀘어가 있는 곳이 당시 시장 자리다. 동네 이름은 1638년 영국 케임브리지대학의 이름을 따온 것이다. 대학을 세운 다음 모델로 삼은 케임브리지대학의 도움을 받기 위한 조치였다. 케임브리지대학은 청교도 교의의 연구와 발전에 매우 중요한 역할을 한 곳이라 1630년에 이 동네를 세운 초기 정착민들이 숭상했다. 당시 뉴칼리지(New College)라고 불렸던 하버드대의 총장과 지역 유지들이 다 케임브리지대 졸업생들이었다.

바로 옆 동네에 MIT와 플레처스쿨이 있고 강 건너에는 보스턴대학, 보스턴칼리지, 노스이스턴대학이 있어서 보스턴은 교육의 도시라고 불린다. 주위에는 명문 칼리지들과 사립 고등학교들도 많다.

교육도시라 그렇기도 하고 미국 사회가 전반적으로 대학생들에게 여유 있고 관대하기 때문에 이 지역의 분위기는 자유분방 그 자체다.

학생들은 어디서나 장난이 심한데 미국인들은 학생들의 장난을 유머로 잘 받아들인다. 내가 케임브리지에 도착해서 학교를 둘러볼 때는 아직 방학이어서 기숙사 건물들은 모두 비어 있었고 수리를 하느라 어수선한 광경이었다. 한 기숙사 앞에는 공사용 석재들이 쌓여

케임브리지에서 바라본 보스턴

있었는데 사람들의 접근을 막기 위해 쳐진 철책에는 '돌에게 먹이를 주지 마시오(Do not feed stones)'라고 학생들이 장난으로 걸어 놓은 쪽지가 보였다.

특히 MIT 학생들은 본부 건물 돔 위에다 장난을 치는 오랜 전통이 있다. 1994년에는 경찰순찰차를 올려놓았다(공들인 모조품이다). 문제의 순찰차는 할 수 없이 헬리콥터가 지상으로 내려야 했다. 또, 언젠가 보스턴 근교의 밀밭에서 미스터리 서클(crop circle)이 발견되었다는 보도를 하면서 TV의 뉴스를 진행하던 앵커는 "근처에 대학이 있지요 아마" 하고 웃어넘기는 것이었다.

보스턴

보스턴 지역은 뉴잉글랜드 지방의 전통적인 스타일인 흰색 벽과 초록색 창틀의 목조 건물들과 빅토리아 양식의 암적색 벽돌 건물들로 특징지어진다. 보스턴을 벗어나 해안을 따라 북부의 뉴햄프셔, 메인주를 따라 올라가면 그림 같은 바닷가 마을들이 펼쳐진다. 록포트가 특히 유명하고 그 바로 아래 조지 클루니의 영화 〈퍼펙트 스톰(Perfect Storm)〉(2000)에 나오는 글로스터, 역시 영화제목으로 잘 알려진 맨체스터 바이 더 시 같은 곳들이다.

이런 마을들의 흰색 집들은 화창한 날씨에는 눈부신 바닷가의 햇빛을 받아서 마치 장난감 같은 느낌을 준다. 바다가 잔잔한 날이면 수면이 은가루를 뿌린 듯이 반짝거리며 코발트 색의 하늘이 나무로 만든 잔교에 묶여 조금씩 흔들거리는 요트들과 상쾌한 조화를 이루는데, 이는 아마도 지구상에서 연출될 수 있는 가장 밝고 맑은 경치일 것이다.

미국 건국 초기의 역사가 대부분 이 지역에 깃들어 있다. 보스턴의 남쪽으로 한두 시간 차를 타고 내려가면 플리머스(Plymouth)라는 작은 항구 마을이 있다. 1620년 9월에 102명의 순례자들이 영국으로부터 메이플라워호를 타고 이 마을에 도착했었다. 순례자들이 처음 상륙한 지점에는 큰 바위가 놓여 있다. 이 순례자들은 대부분 험한 기후와 병 때문에 사망했고 겨우 몇 사람만이 생존했다고 한다. 그래도 이민의 수는 계속 늘어나서 1634년에는 보스턴의 인구가 4천 명에 달했다.

흔히 양키(Yankee)라고 불리던 뉴잉글랜드 식민지 사람들은 종교적인 요인이 컸겠지만, 어떤 책에서 쓰고 있듯이 "검소하고 근면하며 고통을 느끼면서도 비리를 피하는 훌륭하고 쓸모 있는" 사람들이었다.

플리머스에 도착한 순례자들은 기아에 허덕이면서도 인디언 부락에 방치된 옥수수를 함부로 가져가지 않았다. 반드시 무언가 대가로 두고 가져갔다. 순례자들은 좁은 배 안에서 물과 비스킷만으로 석 달을 버티면서 신대륙에 간 강인한 사람들이다. 그러나 도착 첫해 겨울에 절반이 사망했다. 그런 혹독한 환경에서도 염치를 잃지 않았고 서로를 돌보는 헌신적인 형제애로 살아남았다. 이 정신은 아직도 미국인들의 정신과 문화에 남아 있다.

필라델피아가 발전하기 전까지 보스턴은 미국에서 가장 큰 도시였다. 보스턴은 조선 인조 때인 1629년에 공식적으로 만들어졌는데 청교도 윤리와 교육의 중요성을 강조했다. 자녀들에게 성경을 읽히기 위해 교육을 등한시할 수 없었다. 1642년에는 부모가 자녀에게 글을 가르칠 의무를 부과하는 법이 제정되었다.

1635년에는 미국 최초의 공립학교인 보스턴 라틴 스쿨(Boston Latin School)이 만들어지기도 했다. 아직도 미국 백대 명문 고등학교에 꼽히는데, 레너드 번스타인, 찰스 엘리엇 하버드대 총장, 랠프 에머슨, 존 피츠제럴드가 나온 학교다. 벤저민 프랭클린도 이 학교를 다녔다.

보스턴은 미국 독립전쟁이 시작된 곳이다. 보스턴 항구의 한쪽에는 독립전쟁이 발발하는 데 중요한 계기가 되었던 그 유명한 '보스턴 티 파티' 사건의 무대 다트머스호가 정박되어 있다. 관광객들은 이 배에 올라가 돈을 내고 2백 년 전에 모호크 인디언을 가장한 청년들이 했던 것처럼 차를 바다에 내던지는 체험을 해 볼 수 있다. 당시의 바닷물에 젖은 찻잎 몇 개는 아직도 보스턴 박물관에 보관되어 있다. 독립전쟁에서 중요한 의미를 갖는 벙커힐 전투와 그 밖의 몇몇 사건이 보스턴과 주변에서 일어났다.

피바디 테라스

"하버드에 오신 것을 환영합니다."

하버드 스퀘어에 있는 학교의 행정 본부 건물에 가서 내가 입주할 아파트 열쇠를 받을 때 행정 담당 여직원이 친절하게 인사말을 했었다. 나는 하버드대학에서 가장 큰 학생 기숙사 아파트 단지인 피바디 테라스(Peabody Terrace)에 입주했다.

피바디 테라스 아파트 단지는 찰스강변에 있는 높은 콘크리트 건물들이다. 1965년에 지어졌는데 케임브리지와 찰스강변의 고풍스런 경치와 잘 어울리지 않기 때문에 '건축가들 빼고는 모두가 싫어하는' 건물이다.

내가 살았던 집에서는 찰스강에 보기 좋게 걸려 있는 아치형 다리와 그 다리로 연결되는 강 건너 경영대학이 한눈에 내려다 보였다. 경영대학 너머로는 워터타운이라는 지역의 숲과 숲 사이로 조금씩 나와 있는 큰 건물의 첨탑들이 멀리 낮은 구릉지대까지 드문드문 이어져 있었다. 그리고 케임브리지 쪽 찰스강변에는 조정 경기에 쓰이는 배들이 보관되는 커다란 사주색 지붕의 집(Weld Boathouse)이 있다.

피바디 테라스는 아이들이 놀기에도 좋은 환경을 갖추고 있어서

기혼 학생들에게 인기가 높은 기숙사다. 매주 일요일에는 아파트에 면한 강변도로를 경찰이 폐쇄하고 롤러블레이드나 자전거를 타는 사람들을 위한 공간을 마련해 주고 있었다. 평일에도 아침에는 강변을 조깅하는 사람들로 다소 분주한 풍경을 볼 수 있다. 학교와는 걸어서 20분 정도의 거리에 있고 겨울에는 교내를 돌아다니는 셔틀버스가 거쳐 간다. 주위에는 학부 학생들을 위한 이런저런 기숙사들이 들어서 있다.

나는 이 아파트에서 1년간의 법학대학원 프로그램(LL.M.)을 이수하고 뉴욕주의 변호사 시험을 쳤다.

피바디 테라스에서 본 찰스강

하버드 야드

하버드대학은 존 하버드(John Harvard) 목사가 자기 재산의 절반을 유증해서 설립한 교육기관이다. '교회가 무학의 후손들에게 맡겨지는 일이 없도록' 하겠다는 겸손한 목표로 세워진 교육기관이지만 지금은 세계에서 가장 영향력 있는 학교의 하나다. 학교의 모토는 라틴어로 '진리'를 의미하는 'Veritas'다.

관광객들의 필수 코스인 하버드 목사의 동상은 야드(Yard)의 대학 본부 앞에 앉아 있다. 관광객들이 동상의 왼쪽 발을 하도 만져서 금빛으로 빛난다. 1990년대 투어 가이드들이 왼쪽 발을 만지는 것이 행운을 가져다주는 학생들 사이의 전통이라고 거짓말을 하기 시작한 것이 발단이다.

존 하버드 동상

하버드의 동상이 원래 하버드 목사의 모습인지는 물론 아무도 알지 못한다. 워싱턴에 있는 링컨 대통령의 상을 조각한 대니얼 프렌치의 작품인데 프렌치는 하버드의 한 학생을 모델로 했다고 한다. 동상은 1884년에 메모리얼 홀 서쪽 잔디밭에 설치되었다.

야드는 학교의 중심부에 있는 넓은 지역이다. 27개의 게이트와 담장으로 둘러싸여 있다. 졸업식을 여기서 한다. 1637년에 대학이 처음 매입했던 토지다. 이리저리 여러 방향으로 길이 나 있고 학부 신입생들이 사는 황적색 벽돌 건물들로 둘러싸여 있다. 하버드대학을 상징하는 경치다. 영화 〈러브 스토리〉의 눈싸움 장면이 촬영된 곳이다(실제로는 코넬대학 교정에서 찍었다는 이야기도 있다). 야드의 남쪽에 중앙도서관인 와이드너 도서관(Widener Library)이 있다.

학생들은 여름이 끝나는 8월 말이나 9월 초에 학교로 돌아온다.

그때가 되면 뉴잉글랜드 지방의 보물인 가을 단풍이 캠퍼스 곳곳을 물들이기 시작하고 편안한 기온이 학교를 감싼다. '공부하기 좋은' 계절이 온 것이다.

하버드대 로스쿨의 캐럴 스타이커 교수가 내가 공부할 때 처음 조교수로 부임해 왔었다. 형사법을 가르치는데 하버드대 로스쿨 역사에서 두 번째로 『하버드 로 리뷰(*Harvard Law Review*)』 편집장을 지낸 여성이다. 학기 초에 몇몇 학생들과 점심을 같이 할 때 스타이커 교수가 이런 말을 한 것이 기억난다.

"나는 학기 초가 참 좋아요. 새로 학생들이 도착하고 서점은 새 교재들을 내놓고, 학용품을 새로 구입하고… 모두들 새로 1년을 시작할 준비를 하고 기대에 가득 차 있는 공기가 느껴집니다. 나는 학기 초의 학교가 너무 좋아요."

그렇게 그해 가을학기가 시작되었었다.

로스쿨

내가 처음 하버드대 로스쿨(Harvard Law School: HLS)에 도착했을 때(그때 오바마가 1학년 학생으로 학교에 다니고 있었다) 나는 이미 유럽의 큰 궁전들이나 품위 있는 도서관 건물들에 익숙해져 있는 상태였음에도 불구하고 그에 비하면 자그마한 건물인 렝델 홀(Langdell Hall)의 위용에 강한 인상을 받았다.

대학원의 행정 담당인 여직원이 나를 학교 건물들을 사방으로 이어 주는 지하 터널을 거쳐 렝델의 도서관까지 데려다 주었다.

"이 지하 터널을 잘 이용하면 여러 가지로 편리하지요."

HLS의 지하 통로는 학생들의 로커가 줄지어 놓여 있는 곳이다. 학교 안의 모든 건물들과 연결된다. 특히 비나 눈이 오는 날은 편리하기가 그만이다. 학교생활에 필요한 많은 정보들이 붙는 게시판들도 이 통로를 따라가면서 설치되어 있다. 그 통로의 중간쯤에 달린 출구로 나가면 렝델 홀로 연결된다.

하버드 로스쿨 대학원 프로그램은 석사(LL.M.)와 박사(S.J.D.) 두 종류가 있다. 전자는 1925년에 시작되었고 후자는 1910년에 시작된 과정이다. 석사과정 프로그램은 자기 나라에서 법대를 졸업하고 미국에서 공부하는 경우나 미국에서 법대를 졸업하고 교수가 되기 위해 연구할 시간을 가지려는 경우에 선택할 수 있는 프로그램이다. 우리나라 법학도들은 보통 이 프로그램으로 유학을 가게 된다.

하버드의 LL.M. 프로그램에는 70개국 이상에서 180명 정도의 유학생들이 매년 들어온다. 메리 로빈슨 전 아일랜드 대통령, 야마니 사우디 석유장관 같은 사람들이 LL.M. 출신들이다.

내가 가지고 있는 당시의 학생명부를 보면 우간다의 대법원장을 지낸 사람이 LL.M. 과정에 재학하고 있다고 되어 있다. 60은 족히 넘었을 고령의 전직 대법원장이 도서관을 드나들면서 책을 대출해서 들고 가곤 하는 모습을 몇 번 보았다. 물론 다른 학생들과의 접촉은 별로 없어 속사정은 알 수 없었다. 책에는 소르본 대학에서 1950년대에 법학박사학위를 받았다고 나와 있었다.

나는 그 정도는 아니지만 법학박사학위를 가지고 있으면서 석사학위 과정인 LL.M.에 있다는 것이 한국에서 온 사람들에게는 다소 이상하게 여겨졌던 모양이다. 독일에서 박사학위를 받은 어떤 교수가 "박사를 하시고 낮춰서 석사를 하시네요" 하고 내게 말한 일이 있는데 이 '낮춰서'라는 표현은 학위의 단계를 의식한 말이다. 그러나 내게는 유럽에서 법학박사학위 과정 후 미국의 LL.M. 과정에 가는 것이 지극히 자연스러워서 그 질문 자체가 좀 이상하게 느껴졌었다. 실제로 그때 내가 알고 지냈던 독일 유학생들 중 대부분이 박사(Dr. jur.)들이었다. 2017-2018년도 과정에도 6명의 박사학위 소지자가 있다고 나온다.

HLS에 대한 자세한 이야기는 이 책 후반부에서 하기로 한다.

하버드의 역사

이 책에서 하버드대학의 방대한 역사를 다 이야기할 수는 없으니 하버드의 역사에서 흥미 있는 몇몇 주제에 대해서만 그 내용을 간략히 소개한다. 하버드 로스쿨의 역사는 나중에 따로 소개하기로 한다.

하버드 약사

하버드대학은 미국에서 가장 오래된 고등교육기관이다. 1636년에 매사추세츠베이 지역 식민지 총회(Great and General Court of the Massachusetts Bay Colony) 결의로 설립되었다. 총회는 4백 파운드를 기금으로 마련했다. 첫 기부자인 찰스타운의 존 하버드 목사 이름을 땄는데, 하버드 목사는 1635년에 영국 케임브리지대학에서 석사학위를 받은 성직자다. 1637년 매사추세츠 식민지로 이주해 찰스타운에 정착했다.

1638년에 사망한 하버드 목사는 소유하고 있던 4백 권 장서 전부와 재산의 절반인 1천7백 파운드를 대학에 남겼다. 하버드 야드에 있는 목사의 동상 의자 밑에는 책이 몇 권 놓여 있는데 사람에 따라서는 그가 남긴 돈보다 4백 권의 책이 더 의미 있는 모양이다.

1764년 화재로 대학이 가지고 있던 장서 5천 권이 모두 소실되었을 때 하버드 목사의 책 4백 권 중 딱 한 권이 살아남았다고 한다. 전설에 따르면 브릭스라는 이름의 학생이 한 책(*Christian Warfare against the Devil, World and Flesh*, 1634)을 대출받아 보고서를 작성한 후에 반납하러 도서관에 가 보니 그 전날 화재로 도서관이 전소되었다. 브릭스는 이 책을 반납할 것인지 가질 것인지를 고민하다가 총장에게 반납했다. 총장은 반갑게 책을 받은 다음 대출기간이 넘었다는 이유로 브릭스를 퇴학시켰다.

이 총장이 홀리오크(Edward Holyoke)이다. 하버드대 건물 중 가장 흉하게 생긴 건물에 홀리오크 센터라는 이름이 붙은 것은 학생들의 복수라고 한다. 이 건물은 하버드 스퀘어에 있는데 2018년 리노베이션을 거쳐 스미스 캠퍼스 센터라고 새 이름을 붙여 홀리오크에 대한 복수를 완결했다.

위의 책에는 1842년 5월 24일 자로 당시 한 사서가 "의심의 여지 없이 존 하버드가 기부했던 책들 중 남아 있는 유일한 책"이라는 메모를 적어 놓았다. 서지 전문가들은 이 메모가 신빙성 있는 것으로 본다.

일부에서는 대학이 하버드 목사가 기부를 하기 전에 세워졌기 때문에 하버드를 학교의 설립자로 예우하는 것이 옳지 않다고 한다. 그러나 1934년에 하버드법인 이사회의 사무총장은 학교의 설립은 한 사람의 행동이 아닌 여러 사람의 행동이 합쳐져서 이루어진 것이고 하버드도 설립자 중 한 명으로 가장 중요한 인물이라는 입장을 내놓았다.

하버드의 이름은 학교뿐 아니라 보스턴을 케임브리지로 연결하는 다리에도 남아 있다. 이 다리는 MIT로 이어지기 때문에 'MIT다리'라고도 불린다. 하버드 목사는 미국 우표에도 등장한 적이 있다.

1637년에 마을의 이름이 뉴타운에서 케임브리지로 변경되었다. 하버드 설립 당시에는 총장이 교장(Schoolmaster)으로 불렸다. 너대니얼 이튼이라는 사람이 교장이었다. 하버드는 개교 시에 이튼과 학생 9명으로 출발했다. 이튼은 이후 교장직에서 해임되었는데 학생들을 심하게 구타했다는 이유다. 1640년에 하버드대 초대 총장 헨리 던스터(Henry Dunster)가 취임했다. 던스터는 케임브리지대학에서 교육받은 청교도 성직자였다.

이 시기에 학생들은 등록금을 밀이나 옥수수, 사과 같은 농작물로 납부할 수 있었다. 땔나무나 양, 닭도 등록금으로 인정되었다.

하버드의 원래 설립 목적은 청교도의 성직자를 양성하는 것이었다. 초기의 입학자격은 라틴 고전을 이해하거나 라틴어 산문을 읽고 쓸 줄 아는 것이었다. 입학하면 라틴어를 읽고 그리스어와 히브리어를 배웠다. 신학 토론도 했다. 그러나 처음에는 돈이 없어 교수를 초빙할 수 없었고 학생들이 둘러앉아 담배를 피기만 했다.

하버드대 설립의 영향으로 다른 지역에서도 대학이 설립되기 시작했다. 1693년에 영국 왕실을 기념해서 남부에 윌리엄앤메리대학이 설립되었다. 설립자는 영국에 건너가서 왕을 만나 기부금을 받아왔다. 1701년에 예일대학, 1747년에 프린스턴대학의 전신인 뉴저지대가 설립되었다. 대학은 각 종파가 설립하는 것이 보통이었는데 뉴저지대는 장로교파가 설립한 것이고 성공회파는 나중에 컬럼비아대가 된 뉴욕 왕립대학을 설립했다. 침례교파는 브라운대학을 세웠다.

1776년에 미국은 독립을 선언했고 하버드 졸업생 여덟 사람이 독립선언문 서명자에 포함되었다. 하버드대학은 1780년에 매사추세츠주 헌법에 의해 종합대학으로 인정되었다. 1782년과 1816년에 의과대학과 신학대학이 각각 설립되었다. 1817년에 로스쿨이 그 뒤를 따랐다.

1825년에는 등록금이 20달러에서 25달러로 인상되었는데 이 때문에 학교에서 폭동이 일어났다.

1869년에 찰스 엘리엇 총장이 취임했다. 엘리엇 총장은 1909년까지 무려 40년을 재임하면서 하버드대학을 크게 변화시키고 발전시킨다. 오늘날 하버드의 모습은 엘리엇 총장 시대에 대개 갖추어졌다. 하버드 역사에서 가장 위대한 총장으로 꼽히는 엘리엇 총장 이야기는 뒤에서 따로 한다.

1879년에 래드클리프(Radcliffe College)가 27명의 여학생으로 개교했다. 원래 하버드대 부속기관이었던 래드클리프는 1894년에 독립된 학교가 되었는데 1999년에야 하버드대학과 합병하게 된다.

1908년에 59명의 학생으로 경영대학이 문을 열었고 1914년에는 시어도어 리처즈(Theodore William Richards) 교수가 노벨 화학상을 수상해서 하버드의 첫 노벨상 수상자가 되었다. 1915년에 와이드너 도서관이 개관했고 1920년에 장서가 백만 권을 넘었다. 1933년에 코넌트(James Bryant Conant) 총장이 취임했고 20년간 총장으로 재임했다. 1971년에 취임한 데릭 복(Derek C. Bok) 총장과 함께 20년간 총장에 재임한 두 사람 중 한 명이다.

1940년에 케네디 대통령이 졸업했다. 1944년에는 IBM의 Mark I 컴퓨터가 학교에 설치되어 가동을 시작했다. 1947년에 마셜 장군은 졸업식에서 명예학위를 받으면서 한 연설에서 마셜플랜을 공개했다. 1975년에 아들 부시(George W. Bush) 대통령이 경영대를 졸업했다. 이 해에 입학 사정에서 남녀평등 원칙이 채택되었다.

1991년에 버락 오바마(Barack Obama) 대통령이 로스쿨을 졸업했고 2007년에 파우스트(Drew Gilpin Faust)가 하버드대학 역사상 첫 여성 총장으로 취임했다. 그 전 해에는 래리 서머스 총장이 교수들의 불신임 결의로 사퇴했다. 그리고 2018년 7월에 29대 배카우(Lawrence S. Bacow) 총장이 취임했다.

하버드대학은 10개의 단과대학과 1개의 연구소로 구성된다. 각 단과대학은 고도로 독립되어 있다. 즉, 하버드는 중앙집권적인 운영 구조가 아니다. 각 단과대학은 독자적인 기준에 의해 학사를 관리하고 예산을 편성한다.

하버드는 현재 교수 약 2천4백 명, 학부 학생 약 6천7백 명, 대학원 학생 약 1만 5천 명으로 이루어진 커뮤니티다. 총 8천여 개의 과목이 개설되어 있다. 교수들 중 26명은 하버드대학교수(University Professor)다. 1935년부터 탁월한 업적을 낸 교수들에게 이 칭호를 주기 시작했다. 미국에 27만 9천 명, 세계 202개국에 5만 9천 명의 동문이 있다.

신입생 45% 이상이 연소득 20만 달러 이상인 가정 출신이다. 잘사는 집 자녀들이 많은 것이다. 아주 부유층 출신들은 자기들끼리 따로 어울려 아이슬란드다 모스크바다 하면서 다닌다는 소문이 있다. 학부생의 55%가 매년 평균 5만 달러의 장학금을 받는다. 대학의 1년 예산은 2015년의 경우 45억 달러, 즉 우리 돈으로 약 5조 원이었다.

인문사회과학대학

하버드 인문사회과학대학(Faculty of Arts and Sciences)은 하버드대학 내 7개 단과대학들 중에서 규모가 가장 크고 학부와 대학원을 같이 가지고 있는 유일한 대학이다. 보통 '하버드 학부'라고 부르는 Harvard College가 여기 소속이다. 우리 기준으로는 인문대학, 사회과학대학, 자연과학대학을 합쳐 놓은 대학이다. 옛날에는 서울대도 문학부와 이학부로 나누어지는 문리대학이 있었는데 거기 해당한다.

하버드 공대도 공학 및 응용과학부로 원래 여기에 소속되어 있었고 지금도 연계되어 있는데 최근의 인문사회과학대학장은 공대 교수였다. 평생교육원과 하버드의 도서관 시스템, 박물관, 체육시설도 모두 이 대학에서 관장한다.

학부가 소속되어 있고 이론학문의 모든 분야가 속해 있어서 인문사회과학대학은 하버드대학의 정체성과 같은 의미를 가진다. 그래서 교수진의 발언권도 세다. 래리 서머스 총장 해임안을 결의해서 결국 사퇴시킨 교수들도 이 대학 소속이다. 이 대학 학장과 대학원장은 졸업식 때 학위증을 수여하느라 가장 바쁜 사람들이다.

래드클리프

하버드대학은 창립 이래 남녀공학을 허용하지 않는 정책을 고수했다. 여성들이 하버드에 입학하려는 노력을 지속적으로 기울였지만 성사되지 않았고 하버드대 교수들은 여성의 고등교육을 위해 1879년에 하버드대 부속학교를 만들었다. 그 학교가 래드클리프다. 첫 이름은 문자 그대로 '래드클리프 부속학교(The Annex/Radcliffe)'였다.

래드클리프라는 이름은 1643년에 첫 장학금을 내놓았던 앤 래드클리프라는 여성의 이름이다. 그로부터 250년 후에 그 이름이 학교에 붙여진 것이다.

이 학교는 사실 설립자인 아서 길먼이라는 사람이 자기 딸에게 좋은 교육을 받게 하려고 구상한 것이다. 당시 웰슬리대를 포함해서 여자대학들이 있었는데 교수진의 자질에 문제가 있었다고 한다. 길먼은 딸이 하버드대학 수준의 교육을 받기를 원했다. 길먼은 엘리엇 총장에게 자신의 구상을 전달했고 총장은 동의했다. 첫 학생들은 케임브리지 지역 명문가의 자제들로 채웠다. 하버드의 많은 교수들이 추가적인 보수를 받는 조건으로 강의를 수락했다.

하버드와 래드클리프는 수업을 따로 한다는 점 외에는 한 학교처럼 발전했다. 남녀공학이 점차 확산되자 1960년대 말에 두 학교의 통합 논의가 시작되었다. 1977년에 두 학교의 총장들은 '통합 아닌 통합협정'을 체결했다. 래드클리프에 입학하면 하버드대 학생이 된다는 이상한 내용이다. 두 학교의 입학처가 통합되었다. 래드클리프의 공식 명칭은 'Harvard-Radcliffe'가 되었고 여학생들은 졸업하면서 두 학교의 총장이 동시에 서명한 졸업장을 받게 되었다.

1999년 10월 1일에 마침내 두 학교는 완전히 통합되었다. 래드클리프는 하버드의 일부가 되었고 따로 학부생을 두지 않게 되었다.

공식적으로 하버드대가 여학생의 입학을 허용한 셈이다. 거꾸로 생각해 보면, 하버드대는 21세기가 시작되기 몇 달 전에야 비로소 여학생을 받아들이기로 한 것이다.

래드클리프는 이제 대학원(Radcliffe Institute for Advanced Study) 과정에서만 독자적인 프로그램을 운영한다. 새로 탄생한 래드클리프의 초대 학장은 후일 하버드의 제28대 총장이 된 파우스트였다.

하버드 의대

매사추세츠 종합병원(Mass General 또는 MGH)은 미국에서 가장 명성 높은 병원들 중 하나다. MGH는 1811년에 개원했는데 하버드 의대의 주력 병원이다. 나는 가족이 입원한 일이 있어 이 병원을 잘 기억한다. 미국 사회 일반, 나아가 대학 내의 분위기와는 하늘과 땅 차이가 있는 것으로 느꼈는데 외과 수련의들이 과장 앞에서 마치 해병대 병사들처럼 처신하는 것을 보았다.

하버드 의대는 1782년에 개교해서 미국에서 세 번째로 오래된 의대다. 하버드는 지금까지 50여 명의 노벨 생리의학상 수상자를 배출했는데 15명이 의대 출신이다.

의대는 개교 시에 세 사람의 교수와 소수의 학생들로 출발했다. 기부금 2만 달러로 유지했다. 18세기에 의학교육은 한두 학기의 강의와 임상의의 도제교육으로 이루어졌었다. 시험도 없었고 등록금도 없었다. 강의마다 티켓을 구입했다. 학생을 교육하는 병원이 없었기 때문에 임상실습도 미미했다. 건물도 변변한 것을 갖추지 못해서 1906년에 지금의 자리로 옮겨 오기 전까지 의대는 여러 곳을 전전했다.

1810년에 의대가 케임브리지에서 보스턴으로 이사했었는데 바로 다음 해에 MGH가 개원했다. 당시 소득이 많은 사람들은 집에서 의료서비스를 받았다. 병원들은 저소득층을 위한 시설이었다. MGH도 저소득층을 위한 의료시설로 출발했다.

1869년에 21대 엘리엇 총장이 취임해 보니 단과대학들 중에 의대의 상황이 가장 나빴다. 엘리엇 총장은 의대를 집중적으로 지원하고 개선해서 오늘날 세계 최고 수준인 하버드 의대의 초석을 놓았다. 커리큘럼을 개편하고 입학 조건을 엄격히 했다. 3년의 교육과정을 도입하면서 도제제도는 폐지했다. 의대는 명실상부하게 하버드대학의 일부로 자리매김했다.

이제 하버드 의대는 2천9백 명의 교수와 5천 명이 넘는 강사를 보유한다. 홈페이지에 따르면 학생은 2018년 현재 MD 과정 719명, PhD 과정 875명이다. 세계 각국에 파트너 의대를 두는데 우리나라에서는 아산병원이 파트너다.

US뉴스 랭킹의 사실상 종합 순위라고 할 수 있는 연구 부문에서 하버드 의대는 1위를 차지하고 있다. 2위가 존스홉킨스 의대다. 개별 과목에서는 내과, 소아과를 포함해서 7개 부문에서 1위를 기록했다. 하버드 의대는 QS랭킹과 TFE Times 랭킹에서 공히 세계 1위의 의대로 꼽힌다.

하버드 경영대

1908년에 설립된 하버드 경영대(HBS)는 찰스강 건너편에 있다. 약간 독립적인 위치이기도 하며 교정이 매우 아름다운 곳이다. 내가 살던 피바디 테라스에서 다리만 건너면 되기 때문에 특히 가을에는 아름다운 단풍 구경을 하러 종종 건너가곤 했다.

1924년에 뉴욕의 은행가 조지 베이커(George E. Baker)가 5백만 달러를 기부해서 찰스강 건너에 지금의 새 캠퍼스가 조성되었다. HBS의 도서관 이름이 베이커 도서관이다.

HBS는 처음에는 인문대학 소속이었다. 설립 목적이 프랑스의 파리정치대학을 본 따 정부에서 일할 유능한 행정인력을 양성한다는 것이었기 때문이다. 그러나 인문학 내의 기업경영 전공이어서 많은 기업경영자들과 사업가들이 입학했다.

HBS는 로스쿨에서 사용되는 판례연구 방식의 교수법을 들여와 케이스 스터디를 핵심적인 학습법으로 채택했다. 학생들은 약 6백 개의 케이스를 공부하고 졸업한다. HBS에서 개발된 이 케이스들은 전 세계의 경영대학에서 구매해서 가르치는데 HBS 연 수입의 6% 정도가 케이스 판매에서 들어온다.

2년제 MBA 과정이 HBS의 핵심이다. 한 학년에 거의 1천 명의 학생이 MBA 과정에 있다. 입학경쟁률은 10:1이다. 학위과정이 아닌 70개 이상의 경영자 교육프로그램도 운영하는데 여기에는 과반 이상이 외국에서 온 학생들이다. 정교수 102명을 포함해서 266명의 교수가 가르친다.

HBS는 '자본주의의 웨스트 포인트'라고도 불린다. 171개국에 8만 명이 넘는 동문을 배출했다. 동문에는 아들 부시 대통령을 포함, 일일이 열거할 수 없을 정도로 많은 대기업 최고경영자와 정치인, 관료들이 포함된다. 2012년 공화당 대통령 후보였던 밋 롬니 전 매사추세츠 주지사(베인캐피탈 회장), 로버트 맥나마라 전 국방장관(세계은행 총재), 헨리 폴슨 전 재무장관(골드만삭스 회장), 제이미 다이먼 JP모건 체이스 회장 등등이다.

케네디스쿨

하버드 공공정책대학원이라고 불리는 케네디스쿨은 1936년에 세워졌다. 1966년에 케네디 대통령의 이름을 붙여 오늘에 이른다. MPA를 포함한 네 종류의 석사과정과 박사과정을 운영한다. 로런스 배카우 하버드대 총장이 이 학교 출신이다.

외국 정치인이나 관료들이 많은 MPA 학위과정에서는 다수의 국가원수를 배출했다. 특히 남미와 아프리카에 많다. 콜롬비아, 멕시코, 에콰도르, 볼리비아 대통령이 동문이다. 특히 세 사람의 멕시코 대통령을 배출했다. 반기문 전 유엔사무총장도 MPA 프로그램 출신이다. 군인들도 하버드에 공부하러 오면서 주로 케네디스쿨을 선택하기 때문에 장성급 장교 동문이 많다.

2017년에는 케네디스쿨과 CIA의 관계가 논란이 되었다. 대니얼 골든의 *Spy Schools*라는 책이 정보기관과 미국 대학의 공생관계를 파헤쳤기 때문이다. 이 책은 CIA가 특히 9·11 이후에 신분을 숨긴 위장 요원들을 다수 케네디스쿨에 보내 교육시킨다는 내용을 담고 있다. 저자는 그런 처사가 국가안보와 학문의 자유 사이에 긴장을 발생시킨다고 주장했다. 학생들 중에 위장한 CIA나 FBI 요원들이 있다면 교수나 다른 학생들의 발언이나 행동이 거북해지고 위축된다.

이 책에 대해 CIA와 학교 측은 CIA가 오래전부터 학교에 요원들을 보내는 것은 맞지만 그것은 동문들과의 장기적인 관계 설정을 위한 것이며 어느 경우에도 CIA가 위장한 요원을 보내는 일은 없고 학교 측에서도 그런 것을 알면서 허용하거나 배려한 적은 없다고 반박했다.

와이드너 도서관

옥스퍼드대학의 보들리 도서관 투어 중에 들은 이야기다. 도서관이 발달하기 시작한 것은 영국에서 나온 2개의 아이디어 때문이었다고 한다.

첫째, 책을 건물의 2층부터 보관했다. 이전에는 건물의 1층에 책을 두었는데 도난과 홍수 같은 재해에 취약했다. 둘째, 이전에는 책을 눕혀 보관했는데 언제부터인가 세우기 시작했다. 책 사용에 매우 효율적이었고 도서 관리와 도서관 운영도 훨씬 쉬워졌다. 사실 책을 세워 둔다는 생각은 거의 콜럼버스의 달걀 수준이다.

하버드대 도서관은 미국 연방의회도서관을 제외하면 세계에서 가장 큰 도서관이다. 중앙도서관은 야드 바로 옆에 있는 와이드너 도서관이다. 1915년에 개관했다. 1912년 타이타닉호 사고로 사망한 졸업생 해리 와이드너를 기리는 뜻에서 이름을 붙였다. 그 어머니 엘리노어 와이드너가 지금 가치로 약 6천만 달러를 기부했다.

아들과 함께 타이타닉호에 타고 있던 와이드너 부부는 사고 당일 에드워드 스미스 선장을 초대해서 저녁을 같이 했다. 부자는 사망하고 엘리노어만 살아남았다. 해리 와이드너는 희귀본과 귀중본 수집에 열중했었다고 한다. 전해 내려오는 이야기에 따르면 와이드너 부자는 구명보트에 자리를 잡고 탈출할 수 있었는데 아들 와이드너가 어렵게 구해 읽고 있던 프랜시스 베이컨의 1598년판 수필집(*Essays*)을 찾으러 객실로 돌아갔고 아버지 와이드너가 그 뒤를 따라 갔다고 한다. 해리 와이드너가 수집한 책들은 모두 도서관 중앙에 있는 와이드너 기념관에 보관되어 있다.

와이드너 도서관에서는 직접 서가에 들어갈 수 있도록 되어 있다. 서가의 총 길이는 92킬로미터다. 미로에서 길을 잃는 것을 방지하기 위해 옐로우 라인, 레드 라인, 그린 라인, 블루 라인 등등으로 바닥에 선이 그어져 있다. 그 선을 따라 다니면 된다. 한 학생이 "컴퍼스와 샌드위치와 호루라기 없이 들어가서는 안 될 것 같다"고 한 유명한 말이 남아 있다.

하버드대 도서관은 와이드너를 포함해서 70개의 도서관으로 이루어진다. 약 2천만 권의 장서와 18만 종의 학술지를 소장하고 있다. 천만 장의 사진과 저장된 1억 2천4백만 웹페이지도 보유한다. 도서관 직원의 총수는 8백 명 정도다.

해마다 11월 9일이 되면(독일에서 크리스탈나흐트 사건이 벌어진 날) 와이드너의 높은 계단 위에서는 나치에 의해 학살된 유대인들의 명단 전부를 마이크를 들고 낭독하는 행사가 열린다. 이 행사는 특별히 행사라고 할 것은 없고 전통 모자 야르물케를 쓴 유대인 학생들이 돌아가면서 며칠을 걸려 낭독을 끝낸다.

여성의 기부로 지어진 와이드너지만 상당 기간 여학생의 이용은 제한되었다. '래드클리프 열람실'이라는 협소한 방이 마련되어 있을 뿐이었다. 여학생의 이용을 제한한 이유는 '남학생들의 주위를 분산시킬 우려'다. 2차대전 무렵에는 여학생들이 백과사전 같은 책을 찾아보러 출입할 수는 있었지만 자리에 앉을 수는 없었다고 한다. 저녁 시간 이후에 도서관에서 일하려면 특별 허가를 받아야 했는데 여교수들도 마찬가지였다. 여기에는 안전 문제도 고려되었다.

하버드대 도서관은 2005년에 구글과 함께 구글북스(Google Books) 프로젝트에 착수했다. 구글북스는 지구상의 모든 책을 스캔하겠다는 구상으로, 세르게이 브린과 래리 페이지가 스탠퍼드 대학원생일 때 이미 꿈꾼 프로젝트다. 구글 추산으로 2010년 기준 지구상에는 약 1억 3천만 종의 책이 있다. 2015년까지 2천5백만 권이 스캔되었다.

로스쿨 도서관

세계 최대 법학도서관인 로스쿨 도서관도 방대한 하버드대학 도서관 시스템의 일부다. 학생들이 강의실 다음으로 많은 시간을 보내는 법대의 도서관에서 미국법 장서는 랭델(Langdell Hall)에 있고 국제법과 외국법 장서는 ILS(International Legal Studies)라는 별관에 있다.

1723년 당시 하버드대학은 일곱 권의 법률책을 소장하고 있었다고 한다. 1817년에 681달러 74센트의 예산으로 로스쿨 도서관이 출발했고 1826년에는 584권으로 장서가 늘어났다. 1841년에는 6천1백 권으로 늘어나고 20세기 들어서 랭델 홀이 건축되어 도서관도 그곳에 자리잡게 되었는데 1910년에 이미 장서는 12만 권으로 불어나 있었다. 2차 대전 후에는 포드 재단의 지원으로 ILS의 장서가 추가되었다.

내가 학생일 때의 랭델은 고색창연한 아치가 늘어서 있고 자주색 휘장이 드리워진 큰 홀이었다. 수십 년 된 의자와 테이블, 그리고 각층을 오르내리는 구식 엘리베이터, 더운 여름날의 선풍기, 학생들이 모의 법정 준비를 위해 테이블 위에 어지럽게 쌓아 놓은 수십 권의 판례집 같은 것들로 인상적인 경치를 이루고 있었다. 몇몇 교수들은 랭델의 서가 한 구석에 연구실을 두고 있었다.

1997년에 에어컨이 설치되고 엘리베이터 수를 늘렸다. 여자화장실도 늘어났다. 그전에는 여자화장실이 하나였다. 2009년에 랭델은 리노베이션을 통해 전혀 다른 말쑥한 모습으로 변했다. 디지털도서관으로서의 면모도 갖추었다. 옛날 모습이 없어진 것이 오히려 서운할 정도다.

로스쿨 도서관이 있는 랭델 홀

여기서는 친절한 사서들이 부지런히 일하며 학생들을 돕고 있다. 미국 대학의 사서들이 으레 그렇듯이 법대 도서관의 사서들도 대개 법과대학을 졸업한 사람(J.D.)들이다. 그래서 그냥 책과 자료를 찾아 주는 사람들이 아니고 교수와 학생들의 연구 길잡이이자 의지할 만한 상담역이다. 이 사서들은 여러 분야의 최근 연구 동향과 조류를 다 알고 있어서 학생들은 학위논문의 주제를 정할 때 도움을 받기도 한다.

평생교육원

매년 약 7백 명의 학사와 석사를 배출하는 평생교육원(Harvard Extension School)은 인문사회과학대학 소속이다. 1910년에 성인교육을 위해 만들어졌다. 의예과를 포함해서 60개 분야에 강의를 개설한다. 보스턴 지역사회에서 학업에 열의가 있고 능력을 갖추고 있지만 일이나 다른 이유로 대학에 다니지 못한 사람들이나 고등교육을 받았지만 더 공부하고자 하는 사람들을 위한 학교다. 등록금은 최대한 저렴하게 책정한다.

모든 학생이 학위를 목표로 하지는 않으며 그냥 공부하기 위해 입학하는 사람들도 많다. 지금까지 약 50만 명의 학생이 최소한 한 과목을 수강한 것으로 나온다. 그중 0.18%만 학위를 받았다. 학위가 졸업요건은 아니다. 요즘은 온라인 과목도 많이 개설하는데 하버드대학의 강의를 녹화한 것들이다. 온라인강의 덕분에 학교가 국제화되어서 150개국 학생들이 참여한다.

2016년 졸업생 801명 중 최연소가 16세, 최고령이 70세였다. 평균은 36세다. 교실에는 손자뻘 되는 학생들과 공부하는 사람들도 많다. 대학을 졸업하고 입학하는 사람들의 비율이 70% 가까이 되고 석사학위 소지자도 적지 않다. 26년 동안 재학한 사람도 있다. 2012년 공화당 대통령 후보 밋 롬니의 부인, 알바로 우리베 전 콜롬비아 대통령도 이 학교를 다녔다.

찰스 엘리엇 총장

하버드대학의 역사에서 역대 28명의 총장들 중 가장 큰 족적을 남긴 사람 중 한 명이 21대 찰스 엘리엇(Charles William Eliot, 1834-1926) 총장이다. 1869년부터 1909년까지 40년 간 총장으로 재직해서 최장수 총장으로 기록된다. 그는 취임 당시만 해도 그럭저럭 평범했던 하버드를 세계적인 대학으로 변모시킨 위대한 인물이다.

재임 기간 학교 기금이 230만 달러에서 2,250만 달러로 늘어났고 학생 수는 2천 명에서 3천 명으로, 교수 수는 49명에서 278명으로 늘어났다.

엘리엇은 보스턴의 유복한 집안에서 외아들로 컸다. 노벨 문학상을 수상한 시인 T. S. 엘리엇의 조카이기도 하다. 보스턴 라틴학교를 나와 하버드대학을 졸업했다. 졸업 후에 수학과 화학을 강의하는 조교수가 되었다. 그러나 갈망하던 화학부 정교수가 되는 데 실패하고 집안도 갑자기 기울어 하버드를 떠나 유럽으로 간다.

유럽에 머무르는 동안 엘리엇은 유럽 대학의 교육 시스템을 깊이 연구했다. 여러 학교를 방문하면서 커리큘럼, 교수법, 교육의 국가적 의미를 탐구하고 특히 교육과 경제성장의 관계에 관심을 쏟았다. 독일에서는 대학 실험실에서 이루어진 발견이 독일의 화학산업에 미친 영향에 깊은 인상을 받아 교육과 산업 발달의 관계를 공부했다. 또, 유럽 대학들은 국가의 재정지원으로 운영되지만 미국 대학들은 부자들의 지원을 받아야 한다는 생각도 굳히게 되었다.

유럽에 있는 동안 미국의 한 섬유회사에서 좋은 조건으로 고위직을 제안했으나 엘리엇은 고사했다. 그는 학문과 산업의 관계, 그리고 조직과 기관의 운영 원리 같은 데 심취해 있었고 당시 아직 신흥국가였던 미국이 학문과 산업, 통상을 통해 발전할 길이 무엇인지를 항상 생각했다. 대기업이기는 하지만 하나의 기업에서는 그런 생각들을 크게 펼칠 수 없다고 생각했던 것 같다.

1800년대 미국의 대학들은 급속한 산업화를 교육과 지식으로 뒷받침할 능력을 아직 갖추지 못하고 있었다. 여전히 성직자들이 고전 위주로 수업을 했고 과학이나 실용적인 지식은 가르치지 않았다. 그래서 특히 사업가들은 자녀를 대학에 보내는 것을 못마땅하게 생각하고 있었다. 이 시기는 철도산업을 필두로 미국이 급속히 산업화되면서 사회 전체에 역동성이 넘치고 동시에 혼탁했던 때다. 릴런드 스탠퍼드 같이 사업에 성공한 거부들이 탄생하고 있었다.

일부 대학은 서서히 개혁을 통해 커리큘럼을 개편했고 고전의 비중을 줄여 나갔다. 또한 남북전쟁(1861-1865) 발발 직후인 1861년에 MIT가 설립되어서 대학교육의 분위기가 많이 바뀌었다. 그러나 하버드는 서서히 쇠락해 가고 있었다. 동문들은 학교에 불만이 많았는데 구체적인 개혁 방안은 제시하지 못하고 있었다. 이런 분위기에서 유럽에서 귀국한 엘리엇은 MIT에 화학교수로 채용되었다.

당시까지 하버드는 의회가 임명한 인사들에 의해 운영되었는데 1865년에 사정이 달라졌다. 대학의 지배구조를 구성하는 권한이 의회에서 동창회로 이동한 것이다. 이것이 개혁을 가능하게 했다. 엘리엇은 1869년 초에 미국의 여론주도층이 애독하는 월간지 『애틀랜틱(*The Atlantic Monthly*)』에 미국 대학에 대한 자신의 비전을 제시한 '신교육'이라는 제목의 글을 게재했는데 하버드 이사회에 큰 영향력을 행사하고 있던 사업가 동문들이 그 글에 크게 공감했고 이사회가 35세의 엘리엇을 총장으로 전격 영입했다.

엘리엇 총장이 40년간 재임하면서 하버드는 제도적·공간적으로 많은 발전적 변화를 겪었다. 엘리엇은 단과대학과 학부를 개편하고 확대했는데 여기에는 열심히 조성한 기금을 사용한 물리적 공간의 확장도 수반되었다. 하버드대학의 캠퍼스가 탄생한 것이다. 엘리엇은 대학에 내는 기부금에 세금혜택을 주어야 하는 이유를 잘 정리한 최초의 사람이기도 하다.

하버드에는 오늘날과 같은 학생들이 수강신청을 통해 듣고 싶은 과목들을 선택하는 시스템이 도입되었다. 그러기 위해서는 커리큘럼을 개편하고 확대해서 학생들에게 다양한 선택의 가능성을 제공해야 했다. 이를 통해 학생들이 자신의 적성을 파악하고 전문화된 공부를 할 수 있도록 한다는 것이었다. 수업도 학생들이 단순히 강의를 듣고 가는 것이 아니라 학생들이 수업을 통해 습득한 것을 평가까지 받도록 개혁했다. 그 결과로 엄격한 학업 평가와 학점 부여 제도가 만들어졌다.

또, 하버드는 입학시험제도를 도입해서 신입생을 선발하기 시작했다. 이것이 고등학교 교육을 변모시키게 된다. 동부 지역의 명문 사립고등학교들이 대부분 엘리엇 총장 재임 기간에 설립되었다. 공립학교들도 하버드의 엄격한 학생 선발기준을 따라가기 위해 대대적으로 커리큘럼을 개편했다.

엘리엇은 『하버드 클래식(*Harvard University Classics*)』을 편찬하기도 했다. "하루에 단 15분씩이라도 5피트 높이의 서가에 다 들어갈 만큼인 고전을 읽는 것보다 더 좋은 교육이 없다"는 지론에 따라 51권의 고전 명작을 선택해서 전집을 만들어 냈다. 이 전집이 'Dr. Eliot's Five Foot Shelf'라는 별명을 얻게 된 이유다. 엘리엇이 책을 선정하고 영문학과의 윌리엄 닐슨 교수가 서문을 작성했다. 이 전집은 콜리어 출판사에서 냈는데 크게 성공했다. 첫 20년 동안에만 약 35만 세트를 판매했다고 한다. 그래서 지금도 이베이 같은 곳에서 상태가 좋은 전집을 어렵지 않게 구할 수 있다.

엘리엇은 교과서 같은 인물이다. 총장으로 있으면서 미식축구를 학교에서 추방하려고 애썼다. 성공하지는 못했다. 미식축구는 전략과 규칙이 전쟁과 똑같으며 규칙 위반이 불가피하고 강자가 약자를 당당하게 약탈할 수 있는 스포츠라고 비판했다. 그는 야구, 농구, 하키 모두 싫어했는데 특히 야구에서 투수가 던지는 커브볼을 사기적인 행동이라고 비난하면서 하버드에서 권장할 만한 행동이 아니라고 말했다. 조정과 테니스만이 유일하게 신사적인 스포츠라고 생각했다.

하버드에도 공대가 있을까

하버드대학에는 공대가 없다고 아는 사람도 있고 매사추세츠공대(MIT)가 하버드 공대라고 아는 사람도 있다. MIT 입장에서는 매우 불쾌하겠다. 왜냐하면 MIT는 91명의 노벨상 수상자를 배출한 명실상부한 종합대학이고 이름과 달리 경영대학, 인문학부, 사회과학부도 있으며 최근 QS랭킹에서 스탠퍼드와 하버드를 제치고 세계 1위를 차지했기 때문이다.

이런 오해는 부분적으로는 두 학교가 지리적으로 거의 붙어 있기 때문이기도 하다. 지하철로 두 정거장이다. 처음에 MIT는 보스턴에 있었는데 찰스강을 건너왔다.

"하버드에 공대가 있나?"라는 질문은 하버드 공대 스스로도 홈페이지에서 언급하고 있을 정도다. 답: 하버드에도 공대가 있다. 다만 대학 전체에 비해 아직 존재감이 작다. 정식 명칭은 '존 폴슨 공학 및 응용과학대학(John A. Paulson School of Engineering and Applied Sciences)'이다. 2007년에 출범했다. 응용수학과 응용물리학을 포함해 9개 과가 있다.

이름이 '존 폴슨' 공대인 이유는 2015년에 하버드 경영대 졸업생인 폴슨이 4억 달러라는 거액을 기부했기 때문이다. 이 액수는 하버드대학 역사상 최고 기부금액이다. 폴슨은 헤지펀드 경영자로, 월스트리트에서 가장 돈을 많이 번 사람들 중 한 명이다. 2013년 한 해에만 23억 달러를 벌었다. 재산이 약 8조 원 정도로 추산된다.

초기 역사

하버드 공대는 이전에는 단과대학이 아닌 학부 규모였다. 1847년에 설립되었던 '로런스 과학학부'다. MIT가 1861년에 설립되었으니 하버드가 공대 역사에서도 다소 앞서는 셈이다. 매사추세츠주의 성공한 실업가였던 애벗 로런스(Abbott Lawrence)가 5만 달러를 기부해 설립되었다.

하버드에서 공대가 덜 발전한 것은 엘리엇 총장이 공학을 지나치게 실용적인 분야라고 생각했던 데 기인한다. 의대를 집중적으로 지원한 화학자 출신 총장이 가지고 있었던 생각으로는 좀 이상하다. 엘리엇 총장은 응용분야와 기초분야는 둘 다 중요하지만 양립할 수 없으며 합쳐지면 양자 다 오염된다고 생각했다. "응용과학부는 대학의 미운 오리새끼가 될 수 있다"고까지 했다. 엘리엇의 바로 이런 생각이 엘리엇을 하버드 총장으로 만들었다고 보는 사람들도 있다.

1886년에는 학생 수가 14명으로까지 줄어 학부가 황폐해졌다.

하버드와 MIT

1904년 엘리엇 총장은 학부를 MIT에 넘기려고까지 했다. 그리고 그

MIT가 자랑하는 그레이트 돔 전경

2년 후에는 로런스 과학학부가 해체되어 대학원 내 응용과학부가 되었다. 1914년에 재차 MIT와의 합병이 거론되기 시작했다. 하버드 교수들 일부가 MIT에서 강의를 시작했고 연구기자재들이 MIT로 옮겨지기도 했다. 두 학교의 이사회는 합병안을 공식적으로 승인했다.

그러자 로런스 과학학부에 큰 재산을 기부한 맥케이(Gordon Mc-Kay) 가족이 하버드 응용과학부와 MIT와의 합병은 기부자의 의사와 합치되지 않는다는 이유로 법원에 유언장 해석에 관한 소송을 제기했다. 매사추세츠주 대법원은 기술학교에는 대학의 일반적인 문화적 요소가 결여되어 있기 때문에 기부자가 애당초 MIT가 아닌 하버드에 기부한 것이라고 해석하면서 맥케이 가의 손을 들어주었다. 하버드와 MIT는 그들의 기부금을 60:40으로 나누어 가지려고 했었다.

이 판결로 하버드는 1919년에 공대를 다시 운영하고 멕케이 가의 기부를 받기로 했다. 이 기부금은 1949년에 들어왔는데 총액이 1

천5백만 달러로 당시 가장 큰 기부금이었다. 그러나 같은 해에 공대는 다시 인문사회과학대학(Faculty of Arts and Sciences)의 일부로 재편성되었다. 그래서 공대는 2007년까지 인문사회과학대학 내에 설치되어 있었다.

컴퓨터공학

하버드 공대의 가장 큰 비중은 컴퓨터공학에 있다. 하버드 공대는 1947년에 미국 최초로 컴퓨터공학 석사과정, 2년 후에 박사과정을 개설한 학교다. 하버드에서는 1944년에 물리학 교수 하워드 아이켄(Howard Aiken)이 최초의 대형 디지털 컴퓨터인 마크(Mark)를 개발했었다. 1962년에는 하버드 전산센터가 만들어졌다.

1984년에는 컴퓨터공학이 학부에서 단독 전공으로 인정되었다. 이전까지 컴퓨터공학은 응용수학과 함께 전공으로 인정되었었다. 2014년에는 마이크로소프트의 스티브 발머 전 회장이 교수진을 50% 늘리도록 지원하겠다는 약속을 하버드 공대에 내놓았다. 발머는 1977년 졸업생이고 2007년에 명예박사학위를 받은 빌 게이츠와 같은 학번이다.

하버드 공대가 컴퓨터공학 부문을 강조하고 있기는 하지만 공대의 역사가 짧고 규모가 작은 탓인지 세계 순위는 그다지 높지 않다. 컴퓨터공학은 2018년 기준 US뉴스 랭킹에서 중국 칭화대학이 1위다. 싱가포르 난양공대가 3위고 국립 싱가포르대학이 5위다. 아시아권 대학들이 초강세다. 하버드는 6위인 스탠퍼드에 이어 7위를 차지한다. UC 버클리가 그 뒤를 따른다. 미국 내 1위는 세계 2위인 UT 오스틴이다. MIT가 4위, 우리나라 KAIST가 38위에 올라 있다. 서울대는 85위다.

하버드와 스탠퍼드 공대의 경쟁

대학 전체와 마찬가지로 하버드는 공학에서도 스탠퍼드와 치열하게 경쟁한다. 두 학교는 문화가 판이하게 다르고 환경도 크게 다르다. 그래서 비교가 쉽지 않다. 교수들은 비교 자체가 무의미하다고 말한다. 그러나 Quora나 College Confidential 등의 사이트에 가면 학생들이 두 학교를 놓고 고민하는 내용이 많이 나온다.

하버드가 공대를 서자 취급했던 것과는 달리 스탠퍼드에서는 1891년 설립 당시 15명의 설립위원들 중 5명이 공학교수였다. 첫 입학생 559명 중 141명이 공학을 선택했다. 학교 위치 자체가 실리콘밸리다. 스탠퍼드와 실리콘밸리는 서로 도우면서 동반성장하는 관계다. 학생들뿐 아니라 교수들도 실리콘밸리에 한쪽 발을 담그고 있다. '실리콘밸리의 대부'라고 불리는 헤네시(John L. Hennessy) 전 총장은 지금 구글의 지주회사인 알파벳 이사회 의장이다. 무수히 많은 스탠퍼드 공대 교수들이 인터넷 기술기업들과 협업한다.

공대 규모 면에서 하버드는 아직 스탠퍼드의 적수가 되지 못한다. 교수와 학생 수가 많다는 것은 규모의 경제를 누리게 해 주고 연구와 강의의 스펙트럼을 넓힌다. 특히 컴퓨터공학에서 큰 차이가 발생한다. 스탠퍼드대 컴퓨터공학부는 2018년 현재 교수 122명, 학생 663명이다.

그러나 지나치게 큰 규모에는 단점도 따른다. 교수-학생 비율

문제다. 하버드 공대에서는 컴퓨터공학이 두 번째로 인기 있는 분야지만 학생 수는 스탠퍼드의 절반가량이다. 응용수학을 제외한 공대 다른 학과 학생 수는 두 자리 수다. 작은 규모가 강점이 될 수도 있는 여건이다. 큰 규모는 운영하기 어렵다는 것을 누구나 안다. 하버드의 전통인 소수정예 교육 이념에도 잘 부합한다.

하버드 공대의 특징은 아직도 인문사회과학대학의 일부라는 전통을 고수하고 있다는 점이다. 학생들도 공대생으로서 인문과학 과목들을 수강하는 것이 큰 매력이라고 느낀다. 이것이 스탠퍼드에 비해 강점이다.

하버드대학 홈페이지에 공대가 별도의 대학으로 소개되기는 하는데 인문사회과학대학 홈페이지에는 아직 소속 학부로 소개되고 있다. 공대는 인문사회과학대학과 행정적으로 긴밀한 관계를 유지하고 있기 때문이다. 또, 150명 정도인 공대 교수들은 인문사회과학대학 교수의 지위를 겸하면서 인문사회과학대학 대학원 강의를 담당한다. 공대 학장은 대학 학장회의 위원인 동시에 인문사회과학대학 학부장 회의의 위원이다. 직전 인문사회과학대학장은 공대 교수였다.

하버드 공대의 미래

하버드 공대는 홈페이지에 두 사람의 노벨상 수상자를 자랑하고 있다. 1949년 공대가 다시 출범하면서 초대 학장을 맡았던 밴블렉(John Van Vleck)이 1977년에 자성체 및 무질서계의 전자구조에 관한 이론적 연구로 노벨 물리학상을 수상했고 1981년에는 레이저의 기초원리를 연구하고 레이저 분광학 발전에 이바지한 공로로 니콜라스 블

룸베르헌(Nicolaas Bloembergen) 교수가 노벨 물리학상을 수상했다.

공대 홈페이지에는 또 빌 게이츠와 저커버그가 졸업은 하지 않았지만 하버드 공대에서 공부했다는 사실도 다소 자랑스럽게 올려져 있다. 저커버그는 2004년에 하버드의 자기 기숙사 방에서 페이스북을 시작했다. 페이스북은 처음에는 하버드 학생들만을 위한 것으로 출발했다가 아이비리그 대학들에도 문호를 넓히고 결국 모두에게 개방된 것이다.

앞서 언급한 폴슨이 거액의 기부계획을 발표하자 가난한 사람들을 돕지 않고 세계에서 가장 돈 많은 학교에 왜 또 거액을 기부하느냐는 비판이 여기저기서 나왔다.

그러나 폴슨은 지난 약 4백 년간 성공적으로 발전해 온 하버드대학에서는 공학이 혁신을 위한 다음 프런티어가 되어야 한다는 생각에서 공대에 기부하기로 마음먹었다고 밝혔다. 하버드대학은 폴슨의 기부로 하버드 공대가 다른 분야에서와 마찬가지로 세계 최고의 학교로 부상할 것이라고 기대하고 있다.

캘리포니아 공대

앞에서 하버드와 MIT 이야기를 했기 때문에 하버드와 그렇게 큰 관련성은 없지만 캘리포니아 공대, 즉 칼텍(California Institute of Technology)을 잠깐이라도 언급하지 않으면 결례가 될 것 같다. 칼텍은 내가 아주 좋아하는 LA 근교의 패서디나에 자리 잡은 우아한 캠퍼스를 가지고 있다. 주택가에도 연해 있어서 여기가 대학이 맞나 할 정도로 조용하다.

칼텍은 종합대학이 아니고 학부에서는 과학, 대학원에서는 공학에 특성화된 대학이다. 학생 2천2백 명 남짓에 교수 3백 명 정도니 유수 대학들의 1/10 규모다. 그런데 칼텍은 어떤 대학 순위에서도 다 10위 안에 든다. 심지어 최근에 THE 랭킹은 칼텍을 옥스퍼드, 케임브리지에 이어 스탠퍼드와 공동으로 세계 3위에 올려놓았다. 하버드와 MIT를 앞선다는 것이다.

사립인 칼텍은 1891년에 세워졌다. 스탠퍼드와 버클리가 정치권에 방해 로비를 펼쳐 주립 종합대학으로 확장되지 못했다. 노벨 물리학상 수상자이고 원자폭탄 개발에 중추적인 역할을 한 리처드 파인만이 재직했던 학교로 유명하다. NASA와도 종종 같이 일한다. 소재지 패서디나 북쪽에 NASA의 R&D 부문인 제트추진연구소(JPL)가 있다. 칼텍은 대중적으로도 유명하다. 영화 〈마션〉에도 나온다. 로버트 저메키스 감독의 영화 〈콘택트〉의 주인공 애로웨이 박사(조디 포스터 분)도 칼텍을 나왔다는 설정이다.

이 작은 대학이 72명의 노벨상 수상자와 4명의 필드메달 수상자를 배출했다. 특히 라이너스 폴링(Linus Pauling)은 졸업생이자 교수로 노벨 화학상과 평화상을 받았다. 여섯 번이나 아카데미상을 받은 영화감독 프랭크 카프라도 화공과 출신이다.

칼텍의 오늘에는 MIT 출신 천체물리학자 헤일(George Hale, 1868-1938)의 기여가 가장 컸다는 데 이론이 없는 듯하다. 헤일은 태양 흑점에서 발산되는 자기장을 발견한 학자로 유명한데 예전 과학 교과서에 사진이 실리곤 했던 윌슨산 천문대와 팔로마산 천문대를 설립한 사람이다. 헤일은 탁월한 학자였을뿐 아니라 학교를 위해 정치적 · 재정적 지원을 끌어오는 일에도 전념했고 성공했다. 덕분에 칼텍은 1920년대에 일급 연구대학으로 자리잡을 수 있었다.

그런데 칼텍의 교육 이념은 의외로 시어도어 루스벨트 대통령에게서 나왔다. 이른바 '백 번째 학생(Hundredth Man)'이라는 것이다. 1911년 3월 21일 캠퍼스를 방문한 루스벨트가 한 연설 중 일부를 나름 옮겨 보면 다음과 같다.

"나는 칼텍을 졸업한 매 백 명의 학생마다 99명의 학생이 누구보다도 나은 실력을 발휘하는 인재가 되기를 바랍니다. 그 학생들이 지금 건설되고 있는 파나마 운하 같은 위대한 프로젝트를 담당할 그런 인재들이 되기를 바랍니다. 그리고 그 백 명 중 마지막 한 명은 여러분들의 위대한 천문학자인 조지 헤일과 같이 인문 · 과학적 소양을 갖추고 자신과 동료들의 매트릭스와 같은 역할을 하는 드물고 귀한 인재가 되기를 바랍니다."

헤일과 칼텍은 이 '백 번째 학생' 이념을 구현하는 데 진력했다. 1921년에 칼텍 이사회는 과학과 공학의 교육을 수학, 물리학, 화학을 필두로 한 순수과학의 기초 위에서 이루어지게 하고 그 외에도 영문학, 역사학, 경제학 같은 과목들을 커리큘럼에 대거 포함시키기로 결정해서 오늘에 이른다.

온갖 자원을 가진 공룡들 사이에서 살아남아 어깨를 나란히 하는 길은 지식과 정보의 힘밖에는 없다. 지금 우리나라에서는 대학입시를 중심으로 교육개혁이 활발하게 논의되고 있는데 최소한의 수월성 추구와 융합적 리더 양성이 미래를 위한 최후의 보루가 되어야 한다. 칼텍의 역사가 잘 보여 준다.

칼텍 학생들은 장난을 좋아하는 MIT 학생들과 궁합이 잘 맞는다. 2005년 신입생 오리엔테이션 기간에 칼텍 학생들은 멀리 MIT까지 가서 본부 건물에 새겨져 있는 'Massachusetts Institute of Technology'를 'That Other Institute of Technology'라고 쓰인 현수막으로 덮어 버렸다. 그러자 MIT 학생들은 현수막을 철거하지 않고 'The Only Institute of Technology'라고 고쳤다. 칼텍 학생들은 MIT 신입생들에게 티셔츠를 나누어 줬는데 거기에는 MIT 로고가 그려져 있고 그 아래에는 '누구나 칼텍에 갈 수 있는 것은 아니기 때문에'라고 적혀 있었다. 두 학교 학생들 사이의 이런저런 장난은 아직도 계속되고 있다.

스위스 취리히 공대

여기까지 왔으니 스위스 취리히 공대도 잠시 들르자. 나는 스위스 취리히 지역 회사의 변호사 일을 몇 년 했었는데 취리히 시내에 있는 법률전문 서점(Schulthess)에 자주 갔다. 근처에 취리히 공대가 있어서 가끔 지나쳤다.

영어에 스위스 퍼펙트(Swiss perfect)라는 말이 있다. 스위스에 살아 보면 매사가 완벽하다. 숨이 막힐 정도다. 8분, 37분 같은 세부 단위로 짜여진 기차 시간표가 거의 완벽하게 지켜진다. 이 점에서 스위스는 독일보다 한 수 위인 것 같다. 이탈리아 사람들이 하는 농담이 있다. 스위스와 이탈리아 사이에 놓인 알프스에 터널을 뚫기로 했다. 세 나라 업체들이 입찰을 했다. 터널은 양쪽에서 파 들어와 가운데서 만나는 방식으로 만든다.

먼저 독일 업체가 말하기를 자기들은 가운데서 정확히 만나는 오차가 1미터 이내다. 스위스 업체가 말하기를 자기들은 가운데서 정확히 만나는 오차가 1센티미터 이내다. 그러자 이탈리아 업체가 말하기를 자기들은 중간에 만난다는 보장은 못 하지만 중간에 못 만나게 되면 하나 값으로 2개를 뚫어 주겠다.

스위스는 금융산업 특성화 국가로 널리 알려져 있지만 정밀기계, 화학, 의약산업도 특히 강한 나라다. 롤렉스, ABB, 노바티스가 스위스 회사들이다. 과학과 공학, 수학교육 수준이 높을 수밖에 없다. 1854년에 설립된 취리히 공대(ETH Zurich: Swiss Federal Institute of Technology Zurich)가 명성이 높은 이유다. 유럽대륙 최고의 공대로 보면 된다. 스탠퍼드, MIT, 버클리와 자웅을 겨룬다.

취리히 공대는 수학, 물리학, 화학에 중점을 두어 출발했다. 공대지만 경영학과 사회과학 일부 학과도 둔다. 32명의 노벨상 수상자와 1명의 필드 메달 수상자를 배출했다. 엑스레이 발견자 콘라트 뢴트겐이 졸업했고 아인슈타인이 이 학교를 나와서 교수로 재직했다(1912-1914).

스위스는 작지만 엄연한 연방국가이고 교육은 각 주가 관할한다. 그런데 취리히 공대는 연방정부가 세운 것이다. 당시 논란이 많았다. 스위스 정치에서 진보진영이 득세하고 있었는데 연방의 권한을 늘리는 것이 바람직한가 하는 문제였다. 취리히에는 이미 1833년에 설립된 종합대학 취리히대학도 있었다.

취리히대학은 생명과학과 금융이 출중하다. 처음에 취리히대학과 취리히 공대는 한 건물을 썼기 때문에 헛갈렸었다. 이름도 같을

뿐 아니라 지금도 길 하나를 놓고 마주보고 있어서 관광객들은 한 대학으로 안다. 우리로 치면 한 캠퍼스에 있는 2개의 단과대학처럼 보인다. 구글 이미지를 검색하면 두 대학 사진이 뒤죽박죽으로 섞여서 뜬다. 상호 긴밀히 협력하는 관계다.

UC 버클리

공대 이야기에는 버클리를 뺄 수가 없다. 너무 길어지는 것 같지만 안 할 수가 없다.

버클리는 학교가 약간 언덕에 있어서 학교에서 샌프란시스코 만이 한눈에 들어오고 금문교도 보인다. 지금은 뉴욕대 로스쿨에 있는 스티브 최 교수(하버드 로스쿨을 수석으로 졸업한 두 번째 한국인이다)의 버클리 연구실에 들러본 적이 있는데 세계에서 가장 전망이 좋은 교수 연구실이었다.

릴런드 스탠퍼드가 따로 대학을 세우지 않고 하버드에 거액 기부를 했다면 오늘날의 스탠퍼드대학은 없을 것이다. 그러나 그렇다고 해도 실리콘밸리에 누군가 비슷한 대학을 세웠을 수도 있고 1868년에 출범한 버클리대가 지금의 스탠퍼드대 역할을 했을 수도 있다.

버클리는 공립 종합대학들 중에서는 세계 1위로 평가받는데 2018년 3월 현재 104명의 노벨상 수상자와 13명의 필드메달 수상자를 배출한 학교다. 이 수치로는 스탠퍼드를 앞선다. 특히 공대는 대개 3위권에 들어간다. 최근의 US뉴스 랭킹에서도 MIT, 스탠퍼드, 버클리 순이었다. 애플, 테슬라, 인텔, 선마이크로시스템즈 등 기업의 창업자들이 모두 버클리 출신이다. 소프트뱅크 손정의 회장도 여기

졸업생이다.

실리콘밸리 시대가 열리기 전부터 버클리 공대는 캘리포니아주의 근대화 노력에 필수적인 동반자였다. 캘리포니아의 농업 발달에 필요했던 관개 기술을 공급했고 1936년에 완공된 후버 댐 건설에 힘을 보탰다. 1937년에 완공된 금문교를 만든 기술도 버클리 공대의 것이다. 역사를 더 거슬러 올라가면 19세기 말부터 버클리 연구팀이 지진 측정 기술개발을 선도했다. 골드러시 시대에는 광산 안전이 학교의 인기 있는 연구 주제였다.

하버드의 여성사

래리 서머스 하버드대 전 총장은 과학과 공학 분야에서 여성의 활동이 저조한 이유는 성별에 따른 역할을 강제하는 사회화 과정 때문이 아니라 유전적인 차이 때문이라는 취지의 발언을 해서 곤욕을 치르고 2006년 결국 총장직에서 사퇴했다. 서머스가 오바마 정부에서 재무장관이 되지 못했던 것도 이 발언 때문이라고들 본다. 우연찮게 하버드는 여성들의 힘든 노정을 보여 주는 역사를 가진 대학이다.

1871년 당시 미국의 여성 법률가는 3명이었다. 1870년에 에이더 케플리는 노스웨스턴대 로스쿨에 지원해서 입학허가를 받았고 미국에서 로스쿨을 졸업한 최초의 여성이 되었다. 같은 해에 헬렌 소여가 하버드대 로스쿨(HLS)에 지원서를 제출했는데 학교는 장기간의 논쟁 끝에 그를 받아들이지 않기로 결정했다.

1872년에는 수전 앤서니가 대통령 선거에서 투표했다는 이유로 유죄판결을 받았다. 배심원들은 물론 전원 남성이었다. 1873년에 미국 연방대법원은 일리노이주에서 여성이 변호사 개업을 할 수 없다고 판결했다. 여성의 대법원 변호사 자격도 인정되지 않았다.

1878년에는 이름이 잊혀진 한 여성이 다시 HLS에 지원했다가 입학을 거부당했다. 1880년 당시 미국의 여성 변호사 수는 75명이었다. 1899년 프랜시스 키이가 HLS에 지원했다. 이번에는 교수진의 지지를 받았다. 그러나 대학은 이를 거절했다. 1900년 당시 미국의 여성 변호사 수는 1,010명이었다. 1909년 이네스 밀홀랜드가 HLS에 지원했다. 그녀는 장문의 편지를 교수진과 학교 앞으로 보내 입학의 타당성을 설득했다. 역시 거절당했다.

1915년에는 HLS 교수의 딸을 포함한 15명의 여성이 '여성의 HLS 입학에 관한 탄원서'를 총장 앞으로 제출했다. 총장은 '남녀공학이 학교에 해로울' 것이라는 이유로 그를 배척했다. 이들 15명의 탄원자는 케임브리지여자법대라는 학교를 설립해 버렸다. 그러나 교실 2개로 설립된 이 학교는 지원자가 별로 없어 설립 멤버들이 졸업하자 바로 문을 닫았다.

1920년에는 연방헌법 수정 제19조가 제정되어 여성의 연방 차원 투표권이 인정되었다. 1930년에는 하버드를 제외한 대다수의 로스쿨이 여학생을 받아들였다. 당시 미국에 2,203명의 법대 여학생과 3,385명의 여성 변호사가 있었다는 통계가 있다. 2차 대전 무렵 미국 법대생의 25%가 여학생이었으나 HLS의 여학생 비율은 여전히 제로(0)였다.

그러다가 1950년, 마침내 14명의 여학생이 HLS에 입학했다. 학교에는 부랴부랴 여자화장실이 설치되었다. 여학생의 학생식당 이용은 허락되었으나 1958년까지 기숙사에는 들어갈 수 없었다.

21세기 직전인 1999년 현재 HLS 신입생의 43%가 여학생이었으며 두 사람의 연방대법관과 법무장관을 포함 미국 법률가의 1/4이 여성이었다. 1997년 최초로 여학생이 HLS를 수석졸업했고, 2003년에 드디어 여학장이 탄생했다. 물론 이는 스탠퍼드에 비해서는 늦은 것이었다(현재 미국 20대 로스쿨 절반이 여성 학장이다). 또한 당시 예일대 로스쿨은 여성 대통령을 배출할 것으로 기대되거나 아니면 벌써 배출했다는 조크도 돌아다녔다.

의대도 사정은 비슷했다. 1847년에 여성이 처음 입학을 지원한 것으로 나타나는데 1945년에야 성사되었다. 경영대학도 1963년에 문호가 개방되었고 하버드대 여학생 수 제한이 철폐된 것이 1975년이다. 1956년에 최초로 여성 정교수가 나왔다.

긴스버그 대법관의 한 연설문을 보면 긴스버그 대법관이 로스쿨을 졸업하고 뉴욕의 로펌에 취직하려고 했을 때 "유대인, 여성, 아기 엄마"라는 세 가지 최악의 조건을 갖춘 죄로 실패했다는 말이 나오는데 지금의 상황과 비교해 보면 격세지감을 느끼게 한다.

여성의 활동이 사회 각 분야에서 아직 충분치 않은 것은 유전적 이유가 아니라 사회화 과정 때문이라는 것이 역사에서 쉽게 보인다.

2007년에 하버드대는 367년 역사상 처음으로 여성 총장을 맞이했다. 제28대 총장인 역사학자 파우스트(Drew G. Faust)다. 2018년 현재 하버드대의 여학생 비율은 49.2%이고 여교수 비율은 53.2%다.

하버드와 언론

언론계 동문들

스티븐 스필버그의 〈더 포스트(The Post)〉(2017)에는 톰 행크스가 닉슨 정부 시대의 용기 있는 언론인인 『워싱턴 포스트』 편집장 벤 브래들리(Benjamin Bradlee, 1921-2014)로 나온다. 당시 『워싱턴 포스트』는 미국의 베트남전 개입 음모를 담은 이른바 '펜타곤 페이퍼'가 세상에 공개되는 데 큰 역할을 했다. 또, 브래들리는 워터게이트 사건을 취재한 밥 우드워드, 칼 번스틴 두 기자의 취재를 지원했다. 브래들리는 하버드 출신이다.

『워싱턴 포스트』는 특히 하버드와 관계가 많다. 『워싱턴 포스트』의 발행인이자 사주였던 필립 그레이엄(캐서린 그레이엄의 남편)은 1939년 로스쿨 졸업생으로, 『하버드 로 리뷰』 편집진 출신이다. 역시 『워싱턴 포스트』 발행인이자 CEO였던 보 존스는 1974년 로스쿨 졸업생이다. 로즈 장학생으로 옥스퍼드에서 박사학위를 받았다. 아마존의 베조스가 『워싱턴 포스트』를 인수할 때까지 발행인이었던 캐서린 웨이머스는 하버드 학부와 스탠퍼드 로스쿨을 나왔다.

『뉴욕 타임스』 최초의 여성 편집장이었던 질 에이브럼슨은 하버드 역사학과 졸업생이고 폭스사의 루 돕스는 경제학과를 나왔다. 『타임』지 편집장과 CNN 회장을 지낸 월터 아이작슨도 역사학을 전공했다. US뉴스의 사주이자 편집장인 모티머 주커만은 와튼스쿨과 하버드 로스쿨을 졸업한 후 하버드 경영대와 예일대에서 가르쳤다. 『뉴욕 타임스』의 현 요리 부문 데스크 샘 시프턴은 역사학을 전공했고 CNBC의 'Mad Money' 호스트로 대중적 인기가 높은 짐 크레이머는 학부 정치학과와 로스쿨 졸업생이다.

하버드 크림슨

CNBC의 짐 크레이머는 학생 때 『하버드 크림슨(*The Harvard Crimson*)』의 편집장이었다. 『크림슨』은 1873년에 창간된 학생신문이다. 학부생들이 편집해서 발간하는 일간신문이다. 케네디 대통령과 루스벨트 대통령, 코넌트 전 총장, 캐럴라인 케네디 주일대사, 스티브 발머 마이크로소프트 전 회장 등이 이 신문 편집진 출신이고 도널드 그레이엄 『워싱턴 포스트』 회장 등 미국 언론계를 중심으로 여러 분야에 수많은 인재를 배출했다. 미국 대학신문들 중에서 윤전기를 소유하고 있는 유일한 신문이다.

미국에서는 남북전쟁 이후에 많은 대학들이 신문을 창간했다. 『크림슨』과 예일대학의 『예일 데일리뉴스(*Yale Daily News*)』는 서로 가장 오래되었다고 주장한다. 그래서 컬럼비아대학의 『컬럼비아 데일리스펙테이터(*Columbia Daily Spectator*)』는 둘이 싸우는 틈에 마음 놓고 자기들이 두 번째로 오래되었다고 주장하고 있다.

『크림슨』의 원래 이름은 '마그네타(*The Magneta*)'였다. 1875년에 하버드학생회가 학교의 공식 색채를 심홍색(crimson)으로 바꾸기로 결의하면서 같이 이름을 바꾼 것이다. 1883년에 편집진 학생들이 적극적인 저널리즘을 추구하면서 일간신문이 되었다. 대학으로부터 편집과 재정에서 독립되어 있다. 그러나 소속 학생들은 교칙을 지켜야 한다. 그래서 여학생에 대한 통금이 있던 시절에는 여학생 편집진은 밤늦게 일할 수 없었다.

히틀러가 집권한 다음 해인 1934년에 『크림슨』은 심각한 논쟁에 휘말린 적이 있다. 히틀러의 공보장관이 하버드대 학생들이 독일 대학에 와서 공부할 수 있는 장학금을 제안했는데 학교가 나치정권이 대학의 가치를 훼손하는 여러 가지 조치를 취한 정권이라는 정치적인 이유로 거절했다. 이에 『크림슨』은 학교가 학생들의 기회를 뺏는다는 논조로 학교를 비판한 것이다.

『크림슨』은 차기 하버드대 총장에 누가 내정되었다는 소식을 항상 단독으로 보도한다. 루덴스틴 총장 내정 때는 뉴욕에서 열린 극비회의에 참석하고 돌아오는 루덴스틴을 따라잡아 뉴욕에서 보스턴까지 비행기에 동승하면서 취재했고 로런스 서머스, 드류 파우스트 총장의 선정 소식도 단독으로 보도했다. 그러나 『크림슨』은 학교에 관한 사안뿐 아니라 정치적 사안에 대한 기사나 논평을 쓰는 데도 적극적이다. 거의 일반적인 일간신문처럼 활동한다.

하버드 램푼

『하버드 램푼(*Harvard Lampoon*)』은 『크림슨』보다 3년 뒤인 1876년에

창간된 유머신문이다. 1호 신문은 하버드 야드에 있는 나무에 붙여 발간했다. 초기에는 수익을 내면 편집진이 맥주 파티를 하는 데 돈을 다 썼다고 한다. 가끔 장난이 심해서 퇴학당한 편집진 학생도 있다.

『램푼』 역시 학부생들이 편집해서 발간하는데 『크림슨』과 라이벌 관계이다. 1년에 5회 발간되며 가끔 패러디 책이나 저널을 펴내기도 한다. 2009년에 발간된 『트와일라잇』의 패러디 *Nightlight*와 2012년에 발간된 『헝거게임』의 패러디 *The Hunger Pains*는 각각 『뉴욕 타임스』 베스트셀러가 되었다.

『램푼』은 1960년대부터 하버드 교정에서 일어나는 일에 국한하지 않고 다양한 유머를 펼쳐서 전국적인 명성을 얻게 된다. 특히 편집진의 두 학생이 톨킨의 『반지의 제왕』을 패러디 한 *Bored of the Rings*를 써서 크게 히트했는데, 이들은 이후 『내셔널 램푼(*National Lampoon*)』(1970-1998)지를 창간했다.

토크쇼 호스트 코넌 오브라이언과 〈라라랜드〉의 음악을 담당해서 아카데미상을 받은 저스틴 허위츠가 『램푼』 편집진 출신이다. 워터게이트 사건 때 특별검사 아치볼드 콕스를 해임하라는 닉슨 대통령의 명령을 거부하고 사임했던 엘리엇 리처드슨 전 법무장관도 편집진 출신이다. 현존하는 최고의 법학자라는 캐스 선스타인도 그렇다. 언론계에서는 아이작슨 CNN 전 회장이 『램푼』 출신이다.

또, 『램푼』은 종종 유명인사들을 초청하여 명예회원 자격을 수여한다. 로빈 윌리엄스, 제이 레노, 윈스턴 처칠, 에즈라 파운드, 일론 머스크 등이 명예회원 자격을 받았다.

하버드대학 출판부

지식과 정보는 전파되어야 의미를 가진다. 혼자만 아는 것은 세상에 도움이 안 된다. 각자 자기 능력 범위 내에서 알아낸 것을 공유해서 상식이 형성되게 해야 한다. 이 과정을 통해 우리는 지구가 둥글다는 것, 안드로메다 은하가 우리 은하계와 점점 가까워진다는 것, DNA가 이중 나선 모양이라는 것도 알게 되었다.

지식의 전파는 문자와 인쇄 매체가 담당한다. 지금은 디지털 화면이 그 역할을 많이 떠안았지만 전통적으로 논문과 책, 악보가 그 역할을 했다. 출판사의 역할이 컸다. 대학은 가장 많은 저자를 보유하고 있고 따라서 가장 많은 논문과 책이 나오는 곳이라 대학 자체가 출판사를 가지고 있는 것이 효율적이다.

옥스퍼드대학 출판부

영국 케임브리지대학 출판부가 가장 오래된 대학 출판부다. 헨리 8세 때인 1534년에 설립되었다. 옥스퍼드대학 출판부가 그 뒤를 따른다. 엘리자베스 여왕 때인 1586년이다. 이 두 출판부는 아직도 세계에서 가장 많은 책을 펴낸다.

나는 옥스퍼드의 월튼 스트리트에 있는 옥스퍼드대 출판부 건물을 본 일이 있는데 웬만한 단과대학 건물같이 보였다. 50개국에 지부를 둔 세계에서 가장 큰 대학 출판부다. 임직원 수가 6천 명이다. 약 2백 종의 학술지도 펴낸다. 2016년 기준으로 45개국어로 5천1백 종의 도서를 출판했고 온라인 저널 다운로드 수가 2억 회를 기록했다. 2017년 매출은 우리 돈으로 약 1조 3천억 원이다.

옥스퍼드대학 출판부는 영어로 쓰인 지식을 국제화하는 데 큰 역할을 했다. 옥스퍼드 출간 도서는 도서관들이 대개 우선적으로 구입한다. 브랜드의 가치가 소비자들에게 확신을 주고 있는 것이다.

미국에서는 식민지 시대에 대학의 출판부가 학교 카탈로그나 행사자료를 인쇄하는 역할을 하다가 이후 조금씩 학술적인 발간물을 펴냈다. 1869년에 시작된 코넬대 출판부가 가장 오래되었다. 두 번째는 존스홉킨스대 출판부다. 코넬대 출판부는 사업을 중단한 적이 있지만 존스홉킨스대 출판부는 1878년 이래 중단 없이 사업을 하고 있다.

하버드대학 출판부

하버드에서는 1643년에 던스터 초대 총장이 부인으로부터 인쇄기를 넘겨받아 인쇄물을 제작하기 시작했고 19세기 초에는 대학의 이름을 붙인 인쇄물들이 제작되기 시작했다. 그러나 출판부(Harvard University Press)가 공식으로 설립된 것은 1913년이다. 1908년에 설립된 예일대학 출판부보다 약간 늦었다. 하버드 스퀘어 가까운 곳에 자리한 하버드대 출판부는 연간 약 2백 종 이상의 책을 펴낸다.

하버드대 출판부 스스로가 홈페이지에서 대표적인 출판물로 들고 있는 것은 존 롤스(John Rawls)의 『정의론(*A Theory of Justice*)』, 에드워드 윌슨(E. O. Wilson)의 『인간 본성에 대하여(*On Human Nature*)』, 헬렌 벤들러(Helen Vendler)의 『디킨슨(*Dickinson*)』 같은 책들이다.

최근에는 1911년에 시작된 러브 클래시컬 라이브러리(Loeb Classical Library)의 디지털화를 완료했다. 이 라이브러리는 1933년에 러브(James Loeb)가 타계하면서 하버드대 출판부에 기증했고 1934년부터 하버드대 출판부가 출판하기 시작한 것이다.

러브는 유서 깊은 독일계 투자은행이자 JP모건의 라이벌이었던 쿤 러브(Kuhn, Loeb & Co) 가문의 일원이었는데 하버드대 졸업생이다. 러브 클래시컬 라이브러리는 5백 권 이상의 그리스어와 라틴어 고전을 영문번역과 함께 펴낸 것이다. 연간 약 10만 부 이상이 판매된다고 한다. 디지털화를 통해서 1천8백 년이 넘은 저작들이 이제 모든 사람들의 책상 위나 전화기에서 간단히 읽힐 수 있게 되었다. 플라톤이 알면 감격할 것이다.

하버드를 포함한 대학출판부들은 학술서적을 주로 출간하기 때문에 재정적으로 항상 어려움을 겪는다. 또 요즘은 각 대학의 도서관들이 일반적인 도서보다는 고가의 과학 저널을 구독해야 하는 사정 때문에 출판부의 학술도서는 판매가 점차 감소하고 있다. 그 때문에 판매가 상대적으로 잘 되는 교과서 종류나 일반 서적도 함께 내는 것이 보통이다. 그렇다 해도 적자를 내는 것이 보통이어서 대학이 손실을 메꾸어 준다. 하버드대학에는 출판부 자체를 위한 기금이 있다.

서울대학교출판문화원

서울대학교출판문화원은 1961년으로 역사가 거슬러 올라가는 유서 깊은 곳이다. 지금까지 2백 종 이상의 책이 학술원 등에서 우수도서로 지정된 만큼 무게 있는 곳이기도 하다. 서울대 교수들을 저자로 우선 확보할 수 있는 프리미엄도 있었을 것이다. 나는 몇 년간 자문위원으로 있었던 터라 책을 내는 엄격하고 신중한 프로세스와 임직원들의 프로정신도 잘 안다.

나중에 대학의 지배구조에 대한 논의에서 소개되겠지만 최근 대학의 지배구조는 직원, 학생, 외부인사, 동문들까지 참여하는 열린 형태로 변모해 가고 있다. 대학 출판부와 같은 전문적이고 어느 정도 독립적인 의미를 가지는 조직부터 모든 곳을 교수가 관장해야 한다는 관념에서 탈피하면 좋을 것이다. 영리 출판사는 강의와 연구가 본업인 교수들이 경영하기보다는 베테랑 직원 출신이나 외부 전문가에게 맡겨 보면 좋겠다. 옥스퍼드대 출판부도 펭귄그룹 CFO 출신을 영입해서 CEO를 맡기고 있다.

하버드대학 출판부도 출판 전문가가 맡고 있다. 2017년에 대표가 바뀌었다. 지난 27년 동안 출판부를 이끌어 온 윌리엄 시슬러가 은퇴하고 조지 안드레우가 부임했다. 시슬러는 존스홉킨스대 졸업 후에 그 대학 출판부에서 경력을 시작했는데 옥스퍼드대 출판부 부사장을 거쳐 하버드로 왔다. 안드레우는 하버드 졸업 후에 뉴욕의 크노프에서 출판계 경력을 시작했던 출판 전문인이다.

세계 대학들의 순위

하버드대학은 각종 대학 순위에서 단연 최상위를 차지해 왔다. 그러나 최근에 들어서는 만년 1위의 자리는 지키지 못하고 있다. 1983년 시작된 가장 영향력 있는 US뉴스 랭킹에서는 프린스턴대에 1위를 내주었다. QS랭킹에서는 MIT와 스탠퍼드에 이은 3위다. 물론, 세상 사람들의 머릿속에는 언제나 하버드가 1위다. 특히 우리나라에서 그렇다.

대학에 순위 매기기

미국의 한 경영대학이 US뉴스 평가에서 2위에서 5위로 추락한 일이 있다. 기분은 좋지 않았지만 교수들은 대수롭지 않게 생각했다. 그러나 학생들이 난리가 났다. 급기야는 학교의 큰 강당에서 학장과 여러 교수들이 죄인처럼 불려나와 학생들에게 해명을 하고 대책을 제시하는 일까지 벌어졌다.

우리는 뭔가 개념을 만들어낸 후에 스스로 그 개념의 노예가 되는 일이 많다. 이 순위라는 것도 그 한 가지다. 책이 베스트셀러에 등

극하면 판매가 늘어나듯이 순위도 자기복제적인 존재다. 우수한 학생과 교수를 끌어들인다.

또 순위 산정 방식과 결과에 불만을 표하던 학교나 기관도 정작 자신이 높게 평가되면 그 홍보에 열을 올리는 식으로 태도가 변한다. 순위가 높으면 "순위가 다는 아니지만" 하고 여유를 부릴 수 있지만 순위가 낮으면 "순위와 산정 방식에 문제가 있다"고 온갖 해명을 다 해야 한다.

종합대학에 석차를 매겨서 발표하는 것은 이제 세계적으로 정착된 현상이다. 세계 각국의 고등교육당국이 점점 더 순위에 의거해서 정책결정을 내린다는 보고도 나왔다.

그러나 정작 교수들은 순위에 별 개의치 않을 뿐 아니라 혐오하는 경우가 많다. 도대체 종합대학이라는 복잡하고 거대한 지적 유기체를 언론이나 비학술단체가 어떻게 평가하며 심지어 순위를 매긴단 말인가. 사우디의 세계대학랭킹센터(CWUR)는 2017년 서울대를 23위로 평가했는데 어떤 해는 40위, 그 전 해는 75위였다. 뭘 어떻게 평가했기에 일 년에 35위씩이나 변동이 있을 수 있는가. 신뢰할 수 있나.

US뉴스의 로스쿨 평가는 학교가 교수와 학생에게 얼마나 돈을 많이 쓰는가에 좌우된다는 것은 공공연한 비밀이고 취업률을 높이기 위해 졸업생을 모교 도서관 사서보조로 채용하는 학교도 있다. 거의 모든 순위가 인문사회과학 분야의 연구실적을 제대로 평가하지 못하고 있으며 교수의 강의능력은 아예 지표에 없다. 순위 산정에 큰 비중을 차지하는 설문조사는 응답률이 높지 않고 부실한 경우가 많다.

스탠퍼드 보이코트

1995년에 리드 칼리지가 US뉴스의 순위 산정용 조사에 불응하기로 결정한 적이 있다. 1994년에 월스트리트 저널이 많은 대학들이 조사용 자료를 부풀린다고 보도했기 때문이다. 그 후에 US뉴스가 일종의 괘씸죄를 적용해서 리드를 의도적으로 낮게 평가했다는 말도 나왔다. 리드의 총장은 순위에 신경쓰지 않으면 좋은 점은 잡지사가 아닌 학교 자체의 철학으로 교육을 추구할 수 있는 것이라고 응수했다.

그러자 1996년에 스탠퍼드의 학생단체가 이른바 FUNC(Forget U.S. News Coalition)를 출범시켰다. 다른 학교들도 동참했는데 순위 산정이 학교에게 학생 교육이 아니라 순위 올리는 데만 신경쓰게 한다고 비판했다. 당시 스탠퍼드대 캐스퍼(Gerhard Casper) 총장은 학생들의 움직임을 지지하면서 보이코트를 결정한다. 캐스퍼 총장은 훗날의 국무장관 콘돌리자 라이스(Condoleezza Rice)를 프로보스트로 발탁한 총장이다. 보이코트라 함은 스탠퍼드는 객관적인 데이터만 제공하고 주관이 반영되는 평가에는 응하지 않는다는 것이었다. 그리고 학교의 웹사이트에 학교에 관한 정보를 게시하기 시작했다. 그러나 FUNC 활동이 중단된 이후 스탠퍼드는 다시 US뉴스의 조사에 참여하고 있다.

순위 올리기

매년 해외에서 발표되는 각종 대학 순위에서 우리나라 대학들은 별로 높은 평가를 받지 못하고 있다. 여기서 높지 못하다는 것은 한국이 국제사회에서 가지는 위상과 비교해서다. 예컨대, 서울대학교는 누가 어떻게 평가하든 최소한 20위권에는 들어 주어야 맞지 않는가. 영국의 대학평가기관 QS는 2017년 서울대를 36위로 발표했다. 그런데 도쿄대가 28위, 베이징대가 38위인 것을 보면 우리만 그리 억울해 할 일은 아닌 것 같기도 하다.

대학들은 나름의 이유를 제시한다. 예컨대, 우리나라 대학들은 국제화 지수가 낮은데 이는 대학들만의 문제가 아닌 것이다. 학술논문 인용지수 산정에서 사실상 영어를 사용한 것만 집계가 되니 우리말로 아무리 탁월한 논문을 써도 순위에는 도움이 안 된다. 자기들 언어 자체가 국제 언어인 영미 대학들이 압도적으로 유리한 위치에 있는 것이다. QS랭킹에서 국립 싱가포르대와 홍콩대가 각각 15, 26위인 것도 이와 관련이 있다. 소재지 자체가 국제화되어 있어서 영어권 출신 교수의 비중과 국제교류도가 높다.

그러나 여러 가지 문제와 회의론에도 불구하고 대학의 순위는 전력을 다해 올리고 볼 일이다. 이 작업을 인위적인 부풀리기라고 볼 수도 있지만 제대로 평가받기라고도 할 수 있는 것이다. 순위에 불만만 표하고 있다가는 결국 우리만 손해다. 순위에 영향을 미치는 요소들을 분석해서 세부적으로 대응하고 평가기관들에 우리의 실체와 실력을 적극적으로 알리는 노력을 기울인다면 평가 순위는 상승할 것이다. 평가기관들이 애써 우리의 장점을 조사하려고 노력할 이유가 없다. 기분은 별로지만 답답한 우리가 알려주어야 한다.

한 보고에 의하면 세계의 많은 대학들이 순위와 그 산정 기준으로 자체 진단을 하고 개혁에 활용한다. 아시아권 대학들은 글로벌 트렌드에 뒤처지지 않기 위해 순위를 중요하게 여긴다. 분야별 세부 순위가 이민정책에 반영되는 나라도 있다. 대학이 학문과 교육의 본질이 아닌 외양에 매달린다고 비판할 일만은 아니다. 발전기금 모금과 마찬가지로 본질가치의 향상에 도움되는 일은 마뜩치 않아도 챙겨야 한다. 대학도 브랜드인 시대다.

옥스브리지

글로벌 경쟁에서 영국의 옥스퍼드대와 케임브리지대가 하버드대의 가장 강력한 경쟁자들이다. 세 대학은 글로벌 순위에서 서로 앞서거니 뒤서거니 한다. 합해서 옥스브리지라고 부르는 영국의 이 두 대학은 사실 미국 대학들의 원조이기도 하고 특히 아이작 뉴턴과 스티븐 호킹이 교수를 지낸 케임브리지대는 앞서 언급하였듯이 하버드대의 설립 모델이다. 우리가 어릴 때 아이작 뉴턴의 전기를 읽고 또 읽으면서 책으로 익숙해진 학교다.

옥스브리지는 하버드와 스탠퍼드가 주인공인 이 책에서 같이 다루기에는 의전도 맞지 않고 내용상의 균형도 맞지 않는 크고 오래된 대학들이다. 간략한 소개만 적는다.

옥스퍼드대학

옥스퍼드에는 내 가까운 친구와 제자가 있다. 두 번 다녀 왔다. 학교 곳곳을 꼼꼼하게 살펴보았고 역사도 많이 들여다보았다.

사실 옥스퍼드는 실제로 가 보지 않아도 잘 볼 수 있다. 〈해리 포터〉 영화를 여기서 찍었기 때문이다. 옥스퍼드에는 크라이스트처

옥스퍼드 래드클리프 카메라와 올소울즈 칼리지

치(Christ Church)를 포함하는 해리 포터 투어도 있다. 옥스퍼드에는 전 세계 대학들 중 가장 고색창연한 건물들이 있다.

옥스퍼드대의 역사는 1096년으로 거슬러 올라간다. 유럽에서는 1차 십자군 원정이 시작된 해이고 우리는 고려 숙종 때다. 정확한 설립연도는 없다. 옥스퍼드는 이탈리아의 볼로냐대학 다음으로 세계에서 두 번째로 역사가 오래된 대학이다.

옥스퍼드에서는 대학이 생기기 전부터 교회에서 학문이 활발하게 전수되고 있었다. 대학이 생긴 후에는 가난한 수도사들이 주로 학생으로 모여들었다. 지금과는 달랐다. 이들 중에는 성직자임을 악용해서 문제를 일으키는 자들이 많았는데 칼리지(College) 제도는 엄격한 규율을 시행하기 위해 도입된 것이다. 전반적으로 열심히 공부하는 분위기는 아니었다고 하는데 변증법과 논리학 정도만이 살아남았다. 과학적 관찰에 관심을 가진 사람은 거의 없었고 의학조차 이론에 치중했다.

그러나 영국의 대학들은 영국에서 정치적 각성이 일어나는 데 중요한 역할을 했다고 앙드레 모루아는 말한다. 각 지역 학생들이 격의 없이 혼합되었다. 옥스퍼드의 정신은 독립정신이었다. 그러다 보니 옥스퍼드는 온갖 정치적·종교적 분쟁에 휘말렸다. 교황청은 대학을 위험한 존재로 여겨 종교적으로 통제하기 시작했다.

13세기에 교회는 전반적으로 사치에 물들어 있었고 부패했다. 그러나 새로 설립된 프랜시스칸 교단의 수도사들은 청빈했기 때문에 세속의 인기를 끌었다. 이들이 영국으로 건너와 지식에 대한 멸시 풍조를 깨뜨렸다. 옥스퍼드의 학생들은 종래의 성직자들에게서 볼 수 없는 매력을 가진 이들을 열렬히 환영했고 그 덕분에 옥스퍼드는 파리의 소르본대학에 필적할 만한 학문적 수준을 갖추게 되었다. 헨리 2세는 파리에서 활동하고 있던 성직자들을 대거 영국으로 불러들였다. 그때 옥스퍼드는 명실상부한 대학의 모습을 갖추게 되었다.

오랜 역사의 고색창연한 옥스퍼드지만 국제화 사업과 과학과 공학에 역점을 둔다.

옥스퍼드는 홈페이지에서 재학생 41%가 외국 학생들이며(거의 만 명이다) 140개국에서 모였다고 자랑스럽게 밝히고 있다. 1190년에 받아들였던 첫 외국 학생의 이름도 올려놓았다. 2백 개국 이상에 약 8만 명의 동문이 있다. 교수진은 더 국제적이다. 48%가 외국인이다.

앞서도 언급했듯이 세계에서 가장 큰 옥스퍼드대학 출판부는 영어로 쓰인 지식을 국제화하는 데 가장 큰 공을 세웠다. 세계의 모든 학자들이 옥스퍼드에서 책을 내고 싶어 하고 세계의 모든 대학들이 옥스퍼드와 유대를 맺고 싶어 한다. 물론 이 모든 것은 과거 찬란했던 대영제국의 최고 대학이라는 데서도 그 이유를 찾을 수 있을 것이다.

옥스퍼드는 지금까지 현 테레사 메이 총리를 포함한 27명의 영국 총리와 약 30명의 외국 정상을 배출했다. 69명의 노벨상 수상자를 배출했는데 그중 16명이 생리의학상 수상자다. 옥스퍼드는 의학이 특히 강한 대학이다.

옥스퍼드 학생들은 1896년 1회 올림픽부터 출전했다. 첫 올림픽에서 6개의 메달을 땄다. 현재까지 모두 160개의 메달을 땄는데 조정 종목이 가장 메달이 많다.

영문학과 역사학을 포함한 인문학은 옥스퍼드 내에서는 물론 타의 추종을 불허하는 세계 1위다. 그리고 1708년부터 옥스퍼드 시학교수(Oxford Professor of Poetry)라는 특별한 교수직을 둔다. 시학교수는 4년 임기로 2천 명 가까운 교수, 동문들로 구성되는 특별위원회에서 선출되는데 언론에서도 많은 관심을 보이는 일이다. 1년에 세 번 강의하면 되기 때문에 명예직에 가깝다. 현재의 시학교수는 45대이며 리드대학 교수이자 문인인 사이먼 아미타지다.

케임브리지대학

케임브리지에도 친구들이 있다. 내 정년보장 심사 때 추천서를 써 준 페란 전 부총장, 스탠퍼드에서 강의할 때 친구가 된 체핀스 교수다. 그래서 케임브리지는 친근하게 느껴진다. 그런데 영국 여행을 많이 했는데도 막상 직접 가 본 적이 없다.

1209년 옥스퍼드에서는 부녀자가 살해당하는 일이 일어났다.

시 당국이 무고한 학생 3명을 범인으로 몰아 교수형에 처했다. 이 일로 분개한 많은 교수와 학생들이 케임브리지로 가 학교를 새로 설립했다. 그게 케임브리지대학이다. 케임브리지가 1231년에 헨리 3세로부터 면허장을 받았고 옥스퍼드는 1248년에 면허장을 받았기 때문에 공식적으로는 케임브리지가 대학으로서 더 오래되었다고 볼 수도 있겠다. 2009년 케임브리지는 개교 8백 주년을 기념했다.

케임브리지는 하버드와 모든 분야에서 세계 1위를 다투지만 특히 수학에 강한 대학으로 유명하다. 종전에는 모든 학부생들에게 수학이 필수과목이었다. 뉴턴이 있던 17세기 후반부터 19세기 중반까지는 응용수학과 수리물리학에 중점을 두었다. 케임브리지는 6인의 필드메달 수상자와 한 사람의 아벨상 수상자를 배출했다. 케임브리지는 20세기 초부터 박사학위를 수여하기 시작했는데 1924년에 첫 수학박사가 탄생했다.

케임브리지는 과학 분야에서 수많은 인재를 양성했다. 뉴턴과 스티븐 호킹이 대표격이고 프랜시스 베이컨, 제임스 맥스웰, 찰스 다윈, 제임스 왓슨이 포함된다. 호킹의 학문과 일생은 영화 〈사랑에 대한 모든 것(The Theory of Everything)〉(2014)에서 볼 수 있다. 호킹 역을 한 에디 레드메인도 케임브리지대학을 나왔는데 아카데미 남우주연상을 받았고 호킹의 가족을 대신해서 상을 잘 간직하겠다고 수상 소감을 말했다. 호킹도 영화에서 그려진 자신의 모습에 만족했다. 레드메인은 2018년 3월 호킹 작고 후 장례식에서 추도사를 읽었다.

케임브리지는 15명의 영국 총리와 약 30명의 외국 정상을 배출했다. 116명의 노벨상 수상자 수는 하버드 다음으로, 세계 두 번째이다.

1950년대와 1960년대 케임브리지 주변에 기술기업들이 대거 들어섰다. '케임브리지 현상'이라고 불린다. 이 기업들은 대부분 대학의 실험실에서 나온 기술들에 터잡아 설립된 것이다. 스탠퍼드의 경우와 비슷하게 산업단지가 조성되었다(Cambridge Science Park). 1970년대에 학교 안에 산학협력을 전담하는 부서가 설치되었다. 현재 시의 북서쪽에 대규모 과학기술 캠퍼스를 조성하는 사업이 진행 중이다.

세인트앤드류스대학

영국에서 세 번째로 오래된 대학은 1410년에 설립된 스코틀랜드의 세인트앤드류스대학이다. 세인트앤드류스는 우리가 잘 아는 에딘버러 약간 북쪽에 있다. 영화 〈불의 전차(Chariots of Fire)〉(1981)를 찍은 해변이 여기 있다.

세인트앤드류스는 정치적 이유로 파리, 옥스퍼드, 케임브리지를 떠난 성직자들이 세운 대학이다. 여러 가지 이유로 잘 발전하지 못하다가 19세기부터 본궤도에 올랐다. 특히 미국과의 역사적 연대로 유명한 학교이고 지금 학생의 1/6이 미국, 캐나다 학생들이다. 여기에는 영국 명문 대학들 중 학비가 가장 싸다는 이유도 있다. 2013년에 힐러리 클린턴 국무장관이 개교 6백 주년 행사에 참석해서 연설하고 명예박사학위를 받기도 했다.

콜린 퍼스 주연의 〈킹스맨(Kingsman)〉(2015)에서는 학벌 자랑을 하는 한 녀석이 "옥스퍼드, 케임브리지, 세인트앤드류스 어디 나왔어?"라고 묻는 대사가 나오는데 그렇게 영국 3대 대학이고 순위도 대개 3위로 나온다. 여섯 사람의 노벨상 수상자를 배출했고 윌리엄 왕자 부부가 같이 이 학교를 나왔다. 멀지 않은 곳에 있는 에딘버러 대학은 세인트앤드류스대학 졸업생인 한 주교가 기금을 내서 1582년에 설립한 것으로 역시 명문이라고 평가받는다.

대학 의석

국회의 의석은 선거구에서 선출된 의원이 채우는 것이다. 선거구는 지리적 개념이다. 그런데 영국에는 의석 중 일부가 지리적 선거구가 아닌 대학별 선거구에서 선출된 의원으로 채워지는 특이한 제도가 상당 기간 존재했다. 지역구민이 아닌 대학의 졸업생이 의원을 선출한 것이다.

영국 역사에서 중요한 인물 다수가 대학 의원들이었다. 소 피트 총리, 파머스턴 총리는 케임브리지 의원이었고 글래드스턴 총리는 옥스퍼드 의원이었다.

이 제도는 발상지가 스코틀랜드다. 스코틀랜드 왕 제임스 6세는 의회의 결정이 대학에 영향을 미치는 경우가 많기 때문에 대학도 대의원을 내야 한다고 생각했다. 스코틀랜드 병합 후에 스코틀랜드의 대학들은 새 의회에서 의석을 상실하고 케임브리지와 옥스퍼드가 1603년부터 각 1석씩을 가지게 되었다. 결과적으로 케임브리지와 옥스퍼드 졸업생은 자기 선거구 의원과 대학 선거구 의원, 모두 두 사람을 뽑을 수 있었다. 아일랜드 병합 후에는 더블린의 트리니티 칼리지가 또 한 석을 가지게 되었다.

이런 식으로 이 제도에 참여하는 대학들이 점차 늘어났다가

1918년에는 케임브리지, 옥스퍼드, 런던 세 대학을 제외한 모든 대학은 공동으로 2석을 가지는 제도로 변했다. 대학 선출 의원들은 대개 보수적이었기 때문에 1948년 노동당 정부가 이 제도를 폐지했다.

유럽의 고참 대학들

하버드의 또 다른 경쟁상대는 옥스브리지 외에도 독일과 프랑스 유럽 곳곳의 대학들이다. 역사적으로는 물론 그 대학들이 하버드를 앞선다. 프랑스의 파리대학, 이탈리아의 볼로냐대학, 독일의 하이델베르크대학이다.

파리대학

프랑스에서는 교회가 고등교육기관을 만들었다. 카페 왕조(1165-1328) 때 왕실의 행정조직이 발달해서 신학자 겸 사무관겸 법률가가 필요했다. 여기서 교수와 학생의 길드로 노트르담 성당 부속학교인 대학이 생겨났다.

파리는 12세기에 유럽의 교육 중심지가 되었다. 프랑스 왕은 많은 청년들이 전 유럽에서 파리로 몰려들면 국왕의 권위가 높아질 것으로 생각했다. 교황도 교리 보급을 위해 대학을 활용했다. 고전보다 신학의 연구가 학문의 중심이 되었다. 소르본대학은 1200년에 필립 2세의 면허장을 받았다. 5년 후에 교황 이노센트 3세도 이를 승인했다. 교황 본인도 1182년에 파리대학을 '졸업'한 사람이다.

나는 학교 일로 파리 2대학과 10대학을 방문해 보았다. 2대학은 시내 중심부에, 10대학은 교외 지역에 있었다. 2대학에는 교수연구실이 없었고 교수들은 물건을 로커에 두고 같이 쓰는 라운지에서 머물도록 되어 있었다. 10대학은 공간은 넓었지만 관리가 잘 안 된 고등학교 같은 느낌을 주었다. 학생들은 좁은 교실에서 열심히 강의를 듣고 있었는데 수업당 학생 수가 상당히 많아 보였다.

파리대학이라고 불리는 대학은 사실 1970년에 없어졌다. 포괄적인 교육개편 계획에 따라 파리대학은 13개로 개편되었다. 이 13개의 대학은 모든 국민에게 개방된 국립대학이다. 각 대학은 종합대학이 아니며 각각 전문 분야를 운영하는 특성화 대학이다. 예컨대 3대학과 4대학은 인문학, 2대학은 법학과 경제학, 8대학과 10대학은 사회과학 등으로 특성화되어 있다.

볼로냐대학

영어의 '대학(University)'은 라틴어의 'universitas magistrorum et scholarium'에서 유래한다. '교수요원들과 학자들의 단체'라는 의미다. 이 단체는 교수와 학생을 교회의 권위와 도시 주민의 특권으로부터 보호하는 기능을 했다. 그리스의 아카데미와는 달리 교육을 받는 청년들이 생활할 수 있는 시설도 갖추었다.

대학을 어떻게 정의하느냐에 따라 달라지겠지만, 1950년 유네스코의 후원으로 설립된 세계대학교협회(International Association of Universities: IAU)에서 펴낸 자료에 의하면 2018년 현재 전 세계에는 약 1

만 6천 개의 대학이 있다.

이들 중 가장 오래된 대학이 이탈리아의 볼로냐대학이다. 1088년에 설립되었다. 종합대학을 의미하는 'University' 개념의 핵심을 차지하는 학문의 자유 이념이 볼로냐대학에서 생성되었다. 볼로냐대학은 1158년에 'Constitutio Habita'라는 학문의 헌장을 채택하였는데 이 헌장은 교육 목적의 여행의 자유를 보장하는 내용을 담았다. 학문의 자유 이념이 여기서 나온 것이라고 한다.

그를 이어받아 1988년 9월 18일 볼로냐대학 창립 9백 주년에 유럽 430개 대학 총장들이 '대학 대헌장(Magna Charta Universitatum)'에 서명하였다. 이 헌장은 대학의 근본적 가치와 원칙을 담고 있다. 특히 대학 자치와 학문의 자유가 헌장의 핵심이다. 헌장 서명 대학의 수는 계속 늘어나고 있으며 현재 85개국 805개 대학이 서명했다.

이 대학은 역사가 오래된 이탈리아의 대학인 만큼 이노센트 9세를 포함한 교황과 저명한 성직자들을 배출했다. 현대에 들어서는 무선전신과 라디오를 발명하고 노벨 물리학상을 수상한 마르코니(Guglielmo Marconi)가 이 학교 졸업생이다. 1906년 노벨 문학상 수상자인 카르두치(Giosuè Carducci)와 역시 1906년 노벨 생리의학상 수상자인 골지(Camillo Golgi)가 볼로냐대 교수였다. 사업가 페라리와 디자이너 아르마니가 이 학교를 졸업했다는 정보는 잘못된 것이다.

하이델베르크대학

하이델베르크대학은 독일에서 가장 오래된 대학이다. 하이델베르크는 내 친구 부르크하르트가 민사소송법 교수이자 법대 학장을 지냈고, 이스라엘 텔아비브대 법대에서 연구실을 나란히 쓰며 늦게 동갑내기 친구가 된 보그단디 교수가 유서 깊은 막스 플랑크 국제법연구소 소장으로 있는 곳이다.

1196년에 역사에 처음 등장해서 1996년에 8백 주년을 기념했던 하이델베르크는 17세기의 30년 전쟁 기간 동안 거의 완전한 폐허가 되었었다. 그래서 하이델베르크는 중세 고딕 양식이 아닌 바로크식 건축물들로 인상지어진다. 시청 앞에 있는 중앙교회(Hl.-Geist-Kirche)에는 잔인했던 30년 전쟁의 흔적이 아직도 생생하게 남아 있다.

이 교회가 자리하고 있는 광장에서 시내 방향으로 걸으면 하이델베르크대학의 중심부가 나온다. 서점들이 보이고 학생들이 자전거를 잔뜩 세워둔 스탠드가 곳곳에 있다. 이곳은 내가 1985년 봄 독일에 처음 도착해서 라드브루흐의 책(*Rechtsphilosophie*)을 한 권 산 추억이 있는 장소다. 그리고, 실제로 다니지는 않았지만 나는 하이델베르크대 법대에서 보내 준 입학허가서를 아직도 잘 보관하고 있다.

하이델베르크는 헤겔, 막스 베버, 하이데거, 하버마스를 비롯해서 독일의 역사에 큰 자취를 남긴 무수한 학자들이 연구하고 가르쳤던 곳이다(그러나 하이데거는 친나치 학자의 대명사처럼 여겨진다). 바그너의 〈파르시팔〉이 이곳에서 쓰였고 마크 트웨인도 작품에서 이 인상적인 도시에 관해 언급하고 있다. 괴테도 하이델베르크에 대한 사랑이 각별했던 것으로 잘 알려져 있다.

그러나 뭐니뭐니해도 이 고도의 생명은 이탈리아의 볼로냐(11세기 말), 프랑스의 파리(12세기), 오스트리아의 빈(1365), 체코의 프라하(1348)대학에 필적하는 역사를 가진 대학일 것이다.

1386년에 설립되어 1986년에 개교 6백 주년을 기념한 하이델베르크대학은 도시의 중심부 전역과 넥카강 건너에 넓게 분산되어 있다. 하이델베르크시는 곧 그 대학이다. 아직도 의학과 자연과학 분야에서는 세계 최고의 수준을 자랑한다. 마이어호프(Otto Fritz Meyerhof)와 비티히(Georg Wittig)를 포함, 하이델베르크대학은 27인의 노벨상 수상자를 배출했다. 교황 피우스 2세, 작곡가 로베르트 슈만, 독일 통일의 총리 헬무트 콜 총리가 이 학교 출신이다.

이 대학의 정식 명칭은 루프레히트-카를스(Ruprecht-Karls)대학이다. 프라하대학과 파리대학에 이어 신성로마제국의 영토 내에서는 세 번째로 세워진 대학이었다. 루프레히트 1세가 자신의 영토 내에 정신적인 중심지를 만들어 이방인들을 끌어들이고 성직자와 관리들을 자체 양성할 목적으로 교황의 인가를 받아 건립하였는데 초대 총장은 네덜란드인 마르질리우스 폰 잉헨(Marsilius von Inghen)이었다. 교수들은 프라하나 파리에서 초빙되어 왔었다고 한다. 16세기 종교개혁의 시기에도 하이델베르크대학은 비교적 그 영향을 덜 받아, 30년 전쟁이 시작된 1618년까지 그 전성기를 구가하였다.

30년 전쟁이 대학을 황폐화하였고 그 이후에도 우여곡절을 겪다가 1803년에 하이델베르크가 바덴주의 통치하에 들어가면서 대학은 새출발을 했다. 그때 바덴주의 제1대 군주였던 카를-프리드리히 대공의 이름이 대학에 추가로 붙여져서 오늘에 이른다. 개교 시에는 신학부, 법학부, 의학부, 철학부 등의 4개 학부로 출발하였고 1890년에 자연과학부가 신설되었다.

이 대학에는 유명한 학생감옥(Karzer)이 있다. 이 감옥은 당초 교칙 위반 등에 대한 엄중한 벌칙을 집행하기 위해 사용되었지만 19세기 들면서 변질되어 재학 중에 한 번쯤은 들어가 보아야 하는 '경력관리'용이 되었다. 하이델베르크를 비롯한 독일 학생감옥의 벽은 유명 맛집처럼 온갖 낙서가 적혀 있는데 괴팅겐대학의 학생감옥에는 비스마르크의 낙서가 남아 있다. 독일에 남아 있는 모든 학생감옥은 문화재로 지정되어 있다.

대학 본부가 있는 광장에서 조금 더 들어가면 대학 도서관이 나온다. 하이델베르크대학이 6백 년 넘는 역사를 가진 유서 깊은 대학인 것처럼 그 도서관도 인상적인 규모다.

260만 권 이상의 장서 외에도 귀중본들과 고문서의 소장으로는 아마 필적할 도서관이 없을 것이다. 법학도들에게는 13세기의 『작센슈피겔(*Sachsenspiegel*)』이 소장되어 있는 곳으로 잘 알려져 있다. 역사의 소용돌이 속에서 도서관의 장서들은 이탈리아로, 또 다른 어디로 옮겨지거나(Bibliotheca Palatina는 1622년 전리품으로서 로마로 옮겨졌다. 그중 일부만이 19세기에 환수되었다) 전쟁의 와중에서 손실되기도 했다고 하지만 이 도서관은 당당히 생존해 왔던 것이다.

'살아 있는 정신에게'

대학광장의 한쪽에 비교적 현대풍의 건물이 서 있는데 하이델베르크대학의 본부 건물이다. 흰색의 신관 대학본부 현관 위에는 '뎀 레벤디겐 가이스트(Dem lebendigen Geist)'라는 문장이 붙어 있다. '살아 있는 정신에게' 정도로 번역될 것 같다. 대학 때 서양사 교수님은 '끝없는 지적 호기심'으로 번역했었다.

하이델베르크대 본부 현관의 문구

이 문장은 바이마르 공화국 시대의 문인 프리드리히 군돌프(Friedrich Gundolf)의 것이다. 군돌프는 하이델베르크대 교수를 지냈는데 학생들 중 하나가 히틀러의 선전장관 괴벨스였다. 괴벨스는 군돌프가 유대인임에도 불구하고 지도교수로 모시고 싶어 했다. 그러나 군돌프는 다른 유대인 교수에게 괴벨스를 보냈고 괴벨스는 1921년에 박사학위를 받았다.

한때 이 문장은 나치가 '뎀 도이첸 가이스트(Dem deutschen Geist)'로 바꾸기도 했다. 1937년에서 1943년 사이에 나치는 하이델베르크가 박사학위를 수여했던 167명의 학위를 박탈했다. 80%가 유대인이었다. 2차 대전이 끝난 후 황폐화한 대학을 재건하는 과정에서 철학 교수 칼 야스퍼스의 주도 아래 원래의 모습으로 복구되었다. 야스퍼스도 부인이 유대인이라는 이유로 1937년에 대학에서 축출되었었다.

하이델베르크대학은 '진실과 정의와 인도주의의 살아 있는 정신'을 위해 봉사할 의무를 진다는 내용의 학칙을 제정해서 오늘에 이른다.

하버드와 예일

옥스퍼드와 케임브리지는 1856년 이래로 해마다 런던의 템스강에서 라이벌 조정경기를 한다(The Boat Race). 2018년에는 케임브리지가 남자팀, 여자팀 모두 승리했다. 이 경기는 영국의 국가적 이벤트다. TV로 생중계된다. 지금까지 모두 164회 겨루어서 옥스퍼드 대 케임브리지가 80:83의 전적이다. 1877년에 한 번 무승부(dead heat)가 나왔다. 옥스퍼드, 케임브리지 두 대학 다 체육특기자 선발이나 장학금이 없다. 조정팀 선수들은 모두 정규 절차로 학교에 입학한 학생들이다.

하버드와 예일 두 학교도 조정 경기를 한다. 예일에서 1843년에, 하버드에서 한 해 뒤에 팀이 창설되었다. 1852년에 예일이 하버드에 먼저 도전장을 내서 옥스퍼드-케임브리지 경기 같은 전통이 150년 넘게 이어져 오고 있다.

1869년에 하버드 조정팀 주장이 옥스퍼드에 도전장을 보냈다. 템스강에서 한번 겨루어 보자는 내용이었다. 옥스퍼드가 도전을 수락했고 하버드팀은 대서양을 건너 런던에 도착, 대대적인 환영과 국빈급 대우를 받았다. 경기는 8월 27일에 구름같은 관중들이 보는 앞에서 펼쳐졌다. 결과는 옥스퍼드의 승리. 『뉴욕 타임스』가 이 경기 보도에 1면의 거의 3/4면을 할애했을 정도로 큰 사건이었다. 이 경기 이후 미국의 거의 모든 대학이 조정팀을 두게 되었다.

하버드와 예일의 라이벌 경기는 미식축구가 더 유명하다(The Game). 1875년에 처음 경기가 열렸다. 그때는 하버드가 4:0으로 예일을 이겼는데 역대 전적은 134전에 예일이 67:59로 앞선다. 여덟 번 무승부였고 1957년에는 어찌되었던 셈인지 예일이 54:0으로 이겼다.

장난치는 것을 좋아하기로 유명한 MIT 학생들은 하버드대의 스타디움에서 열린 1982년 경기 중에 가루를 넣은 큰 풍선을 터뜨려 경기장을 어지럽혔다. 풍선에는 'MIT'라고 쓰여 있었다. 2006년에 스타디움 한쪽에 새겨진 하버드대학의 모토 'VE-RI-TAS'를 'HU-GE-EGO'로 바꿔치기해 놓은 것도 MIT 학생들이다.

하버드-예일 축구경기는 축구경기 이상의 의미를 가진다. 일단 세계에서 가장 영향력이 있고 부유한 사람들을 한데 모으는 행사다. 스위스에서 열리는 다보스 포럼은 경쟁 상대가 못 된다. 6만이 넘는 관중들은 선수들의 이름도 잘 모른다. 그냥 대규모 동창회를 하는 것이다.

이 경기는 옥스브리지 조정경기처럼 진정한 의미에서의 학업과 스포츠 융합을 상징한다. 요즘 세상에서는 거의 멸종된 상징이다.

아이비리그(Ivy League) 성립보다 반세기 앞선 1878년에 하버드, 예일, 프린스턴 세 학교가 축구경기 리그를 결성했는데 이를 '빅3(Big Three)'라고 부른다. 당시에는 이 세 학교가 대학 축구를 휩쓸고 있었다. 이제 이 학교들이 대학 축구에서 정상은 아니지만 아직도 경기는 계속되고 있다.

하버드와 예일 두 학교는 지리적으로 가깝기 때문에 문화적으로도 공통점이 많다. 그러나 대학정책에 있어서는 다른 스타일을 보인다. 예일대와 국립 싱가포르대학(NUS) 총장이 다보스포럼에서 만나 공동으로 대학을 설립하기로 합의한 후에 예일대는 2010년에 싱가포르에 소재하는 예일-NUS대학을 열었다. 파우스트 총장은 조용히 국제전략위원회를 구성해서 하버드가 예일의 선례를 따를 것인지를 검토했으나 답은 부정적으로 나왔다. 하버드는 국제적 확장보다는 케임브리지에 남는다는 것이었다.

하버드의 부총장 한 사람은 "우리는 맥도널드가 아니다"라는 말로 하버드의 입장을 요약했다. 이른바 '학위 장사'에 대한 부정적인 시각을 대변한다. 실제로 미국 대학의 국제 캠퍼스는 유치하는 곳에서 비용을 모두 부담하는 것이 보통이기 때문에 브랜드 장사 성격이 있다. 그러나 예컨대 뉴욕대학과 같이 공격적으로 국제화를 추진하는 학교는 국제화 사업이야말로 이제는 '빅 3'가 아니라 '홀리 트리니티(Holy Trinity)'라고까지 불리는 하버드-예일-프린스턴의 아성에 도전할 수 있는 유일한 방법이라고 믿는다.

아이비리그

하버드는 1954년에 동부 지역 8개 대학으로 결성된 아이비리그 소속 대학이다. 아이비리그는 스포츠가 대학교육의 본질적 가치와 목표를 오염시키지 않도록 하자는 취지에서 출발한 스포츠 연맹이다. NFL에는 아이비리그 각 대학 출신 선수가 한 명 이상 뛰고 있기 때문에 그 이상은 현실이 되었다.

그러나 아이비리그는 스포츠보다는 그냥 동부 지역의 명문대학들을 가리키는 말로 변했다. 하버드, 예일 외에 컬럼비아, 브라운, 프린스턴, 펜실베이니아, 코넬, 다트머스가 아이비리그 소속 대학이다. 남북전쟁 직후 설립된 코넬대를 제외하고 모두 미국 독립 전에 설립되었다.

1800년대에는 담쟁이를 심는 것이 대학 졸업식의 관례였다고 한다. 담쟁이가 대학 캠퍼스 건물의 상징처럼 된 이유다. 아이비리그 이름도 거기서 온 것이다. 세월이 흐르면서 아이비리그는 엘리트 교육기관을 칭하는 말인 동시에 심지어는 브룩스 브라더스가 개척한 '프레피 스타일'이라는 패션 스타일을 가리키는 말이 되었다. 오바마와 트럼프까지 포함해서 16인의 미국 대통령이 아이비리그 출신이다.

예일대학

예일대학은 1701년 코네티컷 식민지가 세운 미국에서 세 번째로 오래된 대학이다. 1716년에 현재의 위치인 뉴헤이븐으로 옮겼고 영국 동인도회사 총독의 이름을 따 예일(Yale)이라고 학교 이름을 정했다.

뉴헤이븐은 존 대븐포트가 이끄는 청교도들이 건설했는데 매사추세츠 식민지에서 이탈한 사람들이다. 뉴헤이븐과 고풍스러운 예일대학 건물들은 스티븐 스필버그의 〈인디아나 존스〉 4편(2008) 초반의 추격씬에서 잘 볼 수 있다. 스필버그의 아들이 예일에 다녔다.

예일대학 졸업생인 영화배우 메릴 스트립은 2010년에 수터 연방대법관을 포함한 아홉 사람과 나란히 하버드대 졸업식에서 명예박사학위를 받았다. 사회자는 메릴 스트립을 '뉴헤이븐에 있는 애매한 학교' 출신이라고 소개했다. 이렇게 하버드와 예일은 항상 서로를 애교 있게 깎아내리는 풍습이 있다.

선의의 경쟁 관계에 있는 두 학교는 가장 많은 미국 대통령을 배출했는데 하버드가 오바마 포함 8명, 예일이 클린턴 포함 5명이다. 아들 부시 대통령은 예일대학을 나와 하버드 경영대를 졸업했기 때문에 중복 계산된다. 아버지 부시도 예일 출신이다.

예일은 60명의 노벨상 수상자와 5명의 필드메달 수상자를 배출했다. 학교 규모는 하버드의 절반 정도 되는데 법학, 경제학, 역사학 등 인문사회 분야에서 특출한 반면 자연과학과 공학이 상대적으로 낙후되어 있다. 신입생의 거의 70%가 연소득 12만 달러 이상인 가정 출신일 정도로 유복한 곳이다.

예일 공대는 1852년에 첫 교수가 부임했고 1932년에 독립된 대학으로 개편되었는데 1961년에는 일개 학부로 축소되었다. 새 건물도 지어졌지만 학부로 강등된 것이 공대를 많이 위축시켰다. 그래서 1990년대에는 예일에서 공학을 없애자는 데까지 논의가 이어졌다. 1994년에 앨런 브롬니가 학부장으로 부임하면서 공대는 서서히 부활할 수 있었다. 레빈 총장이 과학과 공학 분야에 5억 달러를 투자했고 2008년에 공학 및 응용과학대학이 새로 출범했다.

컬럼비아대학

컬럼비아대학은 뉴욕의 맨해튼에 자리 잡고 있다. 1754년에 설립되어서 뉴욕주에서 가장 오래된 대학이며 영국왕 조지 2세의 허가를 받아 '킹스 칼리지'로 세워졌다가 미국 독립 후에 컬럼비아대학으로 개명했다.

뉴욕 지역에 대학이 필요하다는 논의는 1704년으로까지 거슬러 올라간다. 그러나 지지부진했다. 그러다가 강 건너에 프린스턴대학이 세워지자 부랴부랴 대학의 설립을 서둘렀던 것이다. 설립 직후 유일한 교수였던 새뮤얼 존슨 총장이 8명의 학생을 놓고 첫 수업을 진행했다. 1776년에 독립전쟁이 일어나서 학교는 8년간 문을 닫았다. 맨해튼의 트리니티 교회 근처에 있던 학교 건물은 군대의 병원으로 쓰였다. 혁명군이 학교 이름을 컬럼비아로 바꾸었다. 제1대 총장의 아들인 윌리엄 존슨이 총장이 되었다.

컬럼비아대학은 알렉산더 해밀턴 국무장관 이후 지금까지 오바마와 두 루스벨트 대통령, 95명의 노벨상 수상자, 10명의 연방대법관, 26명의 외국 국가원수를 배출했다. 아이젠하워 대통령은 대통령이 되기 전에 이 학교의 제13대 총장이었다. 워런 버핏과 월마트 창업자 롭슨 월튼도 이 학교 동문이다. 뉴욕 대학 다음으로 아카데미상 수상자를 많이 배출했는데 감독상을 받은 첫 여성 캐서린 비글로우도 컬럼비아 출신이다.

브라운대학

로드아일랜드주의 프로비던스(Providence)에 자리한 브라운대학은 1764년에 설립되었다. 처음부터 종교적인 배경에 관계없이 학생을 받아들인 학교다. 나는 입학식과 졸업식으로 두 번 이 학교에 가 보았다.

1631년에 로저 윌리엄스가 영국에서 건너와 매사추세츠 세일럼에서 목사가 되었는데 보스턴의 칼뱅교도들과 대립했다. 국가와 교회가 분리되어야 한다고 주장한 사람이다. 투표권을 교회 신자들에게만 주는 것은 종교적 고뇌를 치유하는 데 의사를 보내는 것과 같다고 역설했다. 결국 윌리엄스는 1636년에 매사추세츠 식민지에서 추방되었다. 오랜 고초를 겪은 후에 로드아일랜드에 정착하게 되었고 자비로운 신의 뜻이 자신을 구원해 준 것이라 여기고 감사의 뜻으로 정착지를 프로비던스로 명명했다. 나중에 영국으로 돌아가 국왕의 식민지 특허장을 얻어 돌아왔다. 로드아일랜드주와 브라운대학의 종교적 관용성이 여기서 나온 것이다.

학교의 이름은 설립 초기에 주도적인 역할을 한 브라운 가문의 이름을 딴 것이다. 학교가 학교에 5천 달러를 기부하는 사람의 이름을 학교에 붙이겠다고 공고를 냈었다. 브라운은 당시로서는 천문학적인 금액인 16만 달러를 기부했다. 브라운이 여럿이어서 어떤 브라운인지를 놓고 옥신각신이 있었는데 더이상 중요치 않다.

학교는 프로비던스 시가에서 가파른 언덕을 올라가야 하는 곳에 자리잡고 있다. '대학 언덕(College Hill)'이라고 부르는 곳이다. 학생들은 캠퍼스 내를 주로 자전거를 타고 다니는데 이 언덕은 오르내리기가 고역이다. 대학 정문은 '밴 윙클 게이트'라고 불린다. 가운데 큰 문이 있고 양쪽에 작은 문들이 있다. 큰 문은 입학식과 졸업식 때만 열린다. 큰 문을 졸업식 전에 지나가면 졸업을 못하게 되는데 뒤

브라운대 정문

로 걸어서 도로 나오면 원상복귀라는 미신이 있다. 대학 취주악대는 이 미신을 비웃으면서 입학식 때 문을 세 번 지나간다.

찰스 휴스 연방대법원장, 존 록펠러 2세, 재닛 옐런 연방준비위원회 위원장, CNN 설립자 테드 터너, IBM 회장 토머스 왓슨, 영화배우 엠마 왓슨, 김용 세계은행 총재, 『뉴욕 타임스』 5세 승계 발행인 아서 설즈버거가 이 학교 졸업생들이고 브라운은 8인의 노벨상 수상자를 배출했다. 스티븐 스필버그와 잭 니콜슨의 딸들이 다닌 곳으로도 알려진다.

브라운은 학생들이 스스로 커리큘럼을 만들어 공부하는 것으로 유명한 학교다. 교육이론에서 '브라운 커리큘럼'이라고 불리는데 1969년에 학생들의 요청으로 도입되었다. 쉽게 말하면 교양필수과목 이수 의무를 없앤 것이다.

프린스턴대학

뉴저지주 프린스턴에 있는 프린스턴대학은 1746년에 설립되었다. 처음에는 이름이 뉴저지대학이었다. 첫 다섯 총장들은 단명했는데 6대 존 위더스푼 총장이 28년 동안 학교를 맡아 자리를 잡는다. 위더스푼은 성직자 교육기관이었던 대학을 차세대 국가지도자 양성기관으로 변모시켰다. 재임기간 중에 독립전쟁이 일어났고 프린스턴 전투로 학교가 큰 손상을 입기도 했다. 조지 워싱턴 사령관이 학교 건물에 대포를 쏜 적도 있다.

1868년에 취임한 제임스 맥코시 총장은 20년 동안 재임하면서 남북전쟁의 여파로 쇠퇴한 대학을 재건했다. 커리큘럼을 개편했고 학교의 인프라를 대대적으로 개선, 확장했다. 대학의 스카이라인인 빅토리언 고딕 스타일의 건물들이 이때 지어졌다. 1879년에 첫 박사 학위가 수여되었다.

프린스턴은 63명의 노벨상 수상자와 14명의 필드메달 수상자를 배출한 학교다. 하버드, 예일과 함께 '홀리 트리니티'라고도 불린다. 노벨 경제학상을 받은 존 내시 교수 덕분에 영화에서도 유명해졌는데(뷰티풀 마인드) 캠퍼스와 건물들이 아름다와서 문학 작품과 영화, TV에 자주 나온다.

제임스 매디슨 대통령과 우드로 윌슨 대통령이 프린스턴 출신이다. 윌슨은 프린스턴 총장으로 있다가 뉴저지주 주지사가 되고 대통령이 되었다. 아마존의 제프 베조스, 구글의 에릭 슈미트, 영화배우 브룩 실즈도 동문이다.

프린스턴은 만년의 아인슈타인이 연구하고 가르친 대학이기도 하다. 아인슈타인은 1933년 독일에 나치 정권이 들어서자 미국으로 망명해서 프린스턴 고등과학연구소에 종신 연구위원으로 정착했다. 당시 미국의 대학들은 유대인 쿼터제를 시행하고 있어서 극히 소수의 유대인만 교수가 될 수 있었다. 아인슈타인은 미국 시민권을 얻었고 1955년 사망 시까지 프린스턴에 머물렀다.

다트머스대학

다트머스대학(Dartmouth College)은 김용 세계은행 총재가 총장을 역임한 학교로 잘 알려져 있다. 뉴햄프셔 주에 있다. 넬슨 록펠러 부통령, 헨리 폴슨, 티머시 가이트너 재무장관이 이 학교를 나왔다.

다트머스는 1769년에 인디언 선교사를 길러 낼 목적으로 설립된 학교다. 최초 기부자들 중에는 나중에 필립스 엑세터 아카데미를 세운 존 필립스도 포함되어 있다.

1816년에는 특이한 사건이 일어난다. 뉴햄프셔 정부가 다트머스를 공립으로 만들려고 시도한 것이다. 다트머스대학(Dartmouth University)이라고 이름 붙여진 학교가 다트머스의 건물을 점거하고 운영을 시작했다. 다트머스는 인근의 건물을 임대해서 수업을 계속했다. 결국 훗날의 국무장관인 졸업생 대니얼 웹스터가 대법원에 소송을 제기했는데 대법원은 뉴햄프셔 정부의 처사가 위법하다고 보았다. 웹스터는 다트머스가 "작은 대학(college)이지만 좋아하는 사람들이 있다"는 말을 남겼다.

다트머스는 20세기에 접어들면서 명문대학으로서의 입지를 굳히게 된다.

코넬대학

조디 포스터의 영화 〈콘택트〉에 세계에서 가장 큰 전파망원경이 나온다. 이 망원경은 푸에르토리코에 있는데 코넬대학이 운영하는 것이다.

코넬대학은 아이비리그에서는 가장 젊은 대학이다. 남북전쟁 직후인 1865년에 에즈라 코넬 상원의원이 약 50만 달러 가치의 재산을 출연해서 학교가 설립되었기 때문에 코넬대학이 되었다. 56명의 노벨상 수상자와 두 사람의 타이완 대통령을 배출한 학교다. 시티그룹 회장이었던 샌퍼드 웨일은 모교에 거액의 기부를 해서 의과대학에 그 이름이 붙어 있다.

코넬대학은 뉴욕대학에 버금가는 국제화 사업으로 특징지어진다. 특히 2001년에 카타르의 도하 인근에 카타르 정부와 합작으로 의과대학의 분교를 열었다. 카타르 정부가 7억 5천만 달러를 내서 학교를 지었다. 코넬은 싱가포르, 인도, 중국에서도 분교를 운영한다. 2004년에 코넬은 스탠퍼드와 공동으로 이스라엘과 요르단 국경 지역에 교육기관을 설립하는 기초 작업을 하기도 했다.

펜실베이니아대학

펜실베이니아대학(유펜)은 벤저민 프랭클린이 설립한 대학이다. 하버드의 파우스트 전 총장이 이 학교 졸업 후 20년 이상 이 학교 역사학 교수로 재직했었다. 펜실베이니아대는 필라델피아에 있기 때문에 가장 많은 수의 독립선언문 서명자와 연방헌법 서명자를 배출했다. 여기에는 미국 국기를 디자인한 프랜시스 홉킨슨도 포함된다.

프랭클린은 당시 다른 대학들이 성직자를 양성하는 목적으로 세워지고 운영되었던 것과는 달리 실용적인 교육을 통해 실무자와 공직자를 키우려는 목적으로 대학의 설립을 주도했다. 그러나 프랭클린의 구상은 다른 인사들이 전통적인 커리큘럼을 선호했기 때문에 실현되지는 못하였다.

유펜은 미국 최초의 의과대학으로도 유명하지만 1881년에 시작된 경영대학원 와튼스쿨(Wharton School)이 특히 잘 알려져 있는 학교다. 와튼스쿨은 베들레헴 스틸의 창업자 조셉 와튼의 이름을 딴 학교다. 와튼은 기업의 경영과 재무가 더이상 도제 시스템을 통해 교육될 수 없다고 생각해서 처음 10만 달러를 출연해 미국 최초의 경영대학을 설립했다.

와튼은 약 150개국에 거의 10만 명의 동문을 가지고 있다. 기업과 금융 분야에서 일일이 열거할 수 없이 많은 최고경영자들을 배출했다. 기업뿐 아니라 트럼프 대통령을 포함 정계와 언론, 사회 각 분야의 리더들도 다수가 와튼스쿨 출신이다.

영화 속의 하버드

금발이 너무해

할리우드는 미국에 대학이 딱 하나밖에는 없는 줄 안다. 하버드. 특히 로스쿨.

〈어 퓨 굿맨(A Few Good Men)〉(1992)과 〈야망의 함정(The Firm)〉(1993)에서 주인공 톰 크루즈는 하버드대 로스쿨 졸업생으로 나온다. 〈숀 코네리의 함정(Just Cause)〉(1995)의 주인공도 역시 그 학교 교수다. 〈크림슨 타이드(Crimson Tide)〉(1995)에서 덴젤 워싱턴이 연기한 핵잠수함 앨라배마호 부함장도 하버드대 출신(군 위탁교육)이다.

단역조차도 하버드 출신들이다. 〈피스메이커(The Peacemaker)〉(1997)에서 다리에 매달려 있던 테러리스트, 〈그래비티(Gravity)〉(2013)에서 스페이스 셔틀에 매달려 장난을 치던 우주비행사도 하버드 출신이란다.

〈금발이 너무해(Legally Blonde)〉(2001)는 할리우드 지역 학교 출신 리즈 위더스푼(스탠퍼드대를 다녔다)을 아예 그 학교로 보낸다. 하버드대를 다니다 그만둔 맷 데이먼은 〈굿 윌 헌팅(Good Will Hunting)〉

(1997)으로 화려하게 그 지역에 복귀한다. 그리고…

알리 맥그로우의 〈러브 스토리(Love Story)〉(1970).

앨 고어 전 부통령은 〈러브 스토리〉가 자기 부부를 모델로 했다고 이야기했다가 곤욕을 치르기도 했다. 고어의 하버드대 1학년 기숙사 룸메이트 토미 리 존스(1969년 졸업)가 이 영화에서 데뷔했었다. 아카데미 작곡상 수상작이다. 토미 리 존스는 영문학과 출신이고, 〈블랙 스완(Black Swan)〉(2010)의 나탈리 포트만은 2003년에 심리학과를 졸업했다.

〈소셜 네트워크(The Social Network)〉(2010)는 당연히 하버드가 무대다. 이 영화는 아카데미 작품상, 감독상, 남우주연상 후보에 올랐다. 페이스북 창업자 마크 저커버그와 그가 자신들의 아이디어를 훔쳤다고 주장하는 쌍둥이 형제의 법적 분쟁이 여기서 다루어진다.

〈뷰티풀 마인드(A Beautiful Mind)〉(2001)는 1994년 노벨 경제학상을 수상한 수학자 존 내시가 모델이기 때문에 프린스턴대학이 무대가 된 영화다.—내시는 프린스턴의 대학원생일 때 연구해 낸 게임이론으로 나중에 노벨상을 받게 된다.—내시는 하버드에서도 입학허가를 받았지만 펠로십을 제안한 프린스턴을 선택했었다. 그런데 영화 마지막 부분에서 노벨위원회에서 나온 사람과 차를 마시는 장면이 나온다. 여기서 내시 역의 러셀 크로우가 자기 아들이 하버드에 다닌다고 자랑한다. 실제 내시가 그랬을 리 없으므로 이 장면 또한 할리우드의 못 말리는 하버드 중독증을 보여 준다.

톰 크루즈

하버드 로스쿨 학생휴게실.

편지함에 조그만 신문이 하나 꽂혀 있다. 신문 제목은 *The Buttafuoco*. 무슨 뜻인지 알 수 없는데, 1면 톱기사 제목은

'수수께끼의 학생, 신원이 밝혀지다.'

찰스 네슨 교수가 지난 학기 증거법 과목에서 한 학생만 B+를 주고 나머지 모든 학생들에게 A를 주는 바람에 학교가 발칵 뒤집어진 일이 있다. 문제는 왜 한 학생만 B+를 받았으며, 그 학생은 도대체 누구인가였다. 신문은 취재 결과 그 학생이 누구인지가 마침내 밝혀졌다고 보도하면서 그 학생이 학교 건물 밖에 앉아 1인 농성을 하고 있는 사진을 싣고 있었다. 물론, 고개를 숙인 상태여서 얼굴은 보이지 않는다.

*The Buttafuoco*는 학생들이 심심하면 장난으로 발간하는 유머신문이다. 이 단어는 이탈리아의 어떤 지역에서 생산되는 와인의 이름이다. 주동자들이 아무렇게나 갖다 붙인 이름인데 사전을 찾느라 쓸데없이 시간을 허비하게 만든다.

그 다음 페이지의 기사.

'톰 크루즈, 종신교수직을 제안받다!'

영화배우 톰 크루즈가 하버드 로스쿨에 정교수로 스카웃되었다는 것이다.

'역시… 이렇게 될 줄 알았다.'

톰 크루즈는 하버드 로스쿨과 인연이 깊은 배우다. 그런데 엉뚱하게도 학장이 크루즈를 학교로 초청해서 감사패를 전달하는 일이

일어났다. 학교의 이미지를 고양하는 데 큰 도움을 주었다는 이유다. 사실 시나리오 작가한테 공을 돌려야 맞을 텐데 말이다.

톰 크루즈가 교수로 임용되었다는 소식은 이 일이 있은 후에 흘러나온 것이다. 이 유머신문은 톰 크루즈의 교수 임명에 대해 다른 교수들이 '젊고 미숙한 교수가 교수진에 합류하는 데 대해 환영의 뜻을 표했다'고 전했다. 그러나 학교의 민권운동 단체가 "톰 크루즈가 백인 남성(White Male)이라는 사실에 비추어 보면 하버드대가 다시 한 번 뿌리 깊은 인종적 편견을 드러냈다"고 학교를 비난했다는 사실도 같이 보도했다.

이 신문은 톰 크루즈보다는 우피 골드버그가 더 적합한 후보라고 생각했다. 우피 골드버그가 최근에 발표한 학술논문이 없는 것은 사실이지만 그것은 하버드 로스쿨의 몇몇 교수들도 마찬가지라고 주장했다.

그리고 몇 년 후 크루즈가 다시 학교에 나타났다는 소식이 들려왔다.

브루스 헤이 교수의 엔터테인먼트법 수업시간에 초청되어 학생들과 나란히 앉아 1시간 동안 수업을 듣고 토론에 참여했다. 톱스타들이 으레 그렇듯이 크루즈도 초상권 침해 사건 등 몇 건의 소송사건에 연루되었는데 자신의 경험을 수업시간에 이야기하기도 했다고 전해진다.

물론, 수업이 끝난 후에는 학생들의 사진촬영 요청 쇄도로 오랫동안 강의실에 머물렀다. 학생들의 신문은 여기서 다시 '크루즈가 학교의 어떤 교수보다 더 수업 후 학생들에게 많은 시간을 할애해 주었다'는 점을 강조했다.

감사패 에피소드 때 초등학교에 갓 들어갔었을 이 학생들이지만 20년이 지났어도 교수들에게 불만이고 톰 크루즈의 편이다.

맷 데이먼 · 나탈리 포트만

하버드대 출신 영화배우로 유명한 두 사람이 있다. 앞서 언급한 맷 데이먼과 나탈리 포트만이다.

본 시리즈의 영화배우 맷 데이먼은 흥행 보증수표(bankable) 중 한 명으로 꼽힌다. 영화에 단순히 출연하기만 해도 그 영화는 어느 정도 흥행이 되게 하는 배우라는 의미다. 또 맷 데이먼은 지미 킴멜 쇼에서 항상 킴멜에게 당하는 어리숙하고 착한 이미지의 라이벌로 등장하는데 이것이 데이먼의 대중적 호감을 높이는 데 기여했다. 간단히 말하면 사람들이 인간적으로 좋아하는 배우다. 감정이 없고 빈틈없는 제이슨 본 캐릭터와는 사실 많이 다르다.

하버드대학 출신(?)인 맷 데이먼은 매우 이지적인 느낌을 준다. 졸업까지 12학점만 더 따면 되는데도 영화에 출연하기 위해 학교를 떠났다. 영문학 수업에서 습작으로 〈굿 윌 헌팅〉(1997)의 시나리오를 썼다. 이것으로 여덟 살 때부터 절친인 벤 애플렉과 함께 아카데미 각본상을 받았다. 데이먼은 애플렉보다 두 살 위다.

데이먼은 〈굿 윌 헌팅〉 촬영장에서 스티븐 스필버그를 만나게 되었는데 거기서 〈라이언 일병 구하기〉에 캐스팅되었다. 소더버그 감독의 〈오션스 일레븐(Ocean's Eleven)〉(2011)으로 할리우드 스타로 자리 잡게 된다. 이후 본 시리즈가 나왔다. 2015년작 리들리 스콧 감독의 〈마션〉으로 아카데미 남우주연상 후보에 올랐다.

나탈리 포트만은 네 살 때부터 무용을 배우기 시작했고 열 세 살에 뤽 베송의 〈레옹〉(1994)으로 영화에 데뷔했다. 고아 소녀 마틸다 역이다. 장 르노, 게리 올드먼과 함께 출연한다.

포트만은 예루살렘에서 태어났는데 세 살 때 미국으로 건너왔다. 미국과 이스라엘 이중국적이다. 고등학교 때 〈스타워즈 에피소드 1〉(1999)에 아미달라 공주로 출연했다. 졸업시험을 보느라 시사회에는 참석하지 못했다. 하버드대학에 진학해서 2003년에 심리학 전공으로 졸업했다.

대학 시절에는 영화보다는 학업에 전념했다. 로스쿨 앨런 더쇼비츠 교수의 조교로 일하기도 했다. 〈스타워즈 에피소드 2〉(2002)는 여름방학을 이용해서 찍었다. 졸업 후에는 예루살렘의 히브리대학 대학원 과정으로 진학했다. 학창 시절 두 편의 논문을 전문학술지에 발표했다. 어학에 취미가 깊어 불어, 일본어, 독일어, 아랍어를 한다.

포트만이 본격적으로 인정받기 시작한 작품은 마이크 니콜스 감독의 〈클로저〉(2004)다. 줄리아 로버츠, 주드 로, 클라이브 오웬과 함께 나온다. 포트만은 골든 글로브 여우조연상을 받았고 아카데미 여우조연상 후보에 올랐다. 나중에 아카데미상을 받고도 가장 먼저 니콜스 감독에게 감사했다. 삭발 연기를 보인 〈브이 포 벤데타〉(2005)도 대표작들 중 하나다.

나탈리 포트만은 2010년의 〈블랙 스완〉으로 최고의 연기력을 보이면서 골든 글로브와 아카데미 여우주연상을 받아 정상의 배우 자리에 오른다. 한 발레리나가 예술적 완전성을 추구하는 과정에서 그 대가로 겪는 심리적 혼돈을 보여 주는 명화다. 6개월 동안 매일 5-8시간씩 발레 연습을 해서 체중이 20파운드 줄었다고 한다. 여기서 발레 대역배우와 촬영 분량을 놓고 약간의 논란이 벌어지기도 했다.

이 후 포트만은 〈토르〉 1, 2편에서 제인 포스터 역을 맡기도 했고 재클린 케네디의 일대기인 〈재키(Jackie)〉(2016)로 아카데미 여우주연상 후보가 되었다.

포트만은 유명한 동물보호운동가다. 물론 채식주의자다. 환경보호와 빈곤퇴치운동에도 열심이다. 대통령 선거에서는 민주당의 힐러리 클린턴, 버락 오바마를 지지했다. 그러나 존 맥케인 의원을 존경한다고 한다. 맥케인의 전쟁관에 동의할 수 없을 뿐, 매케인을 매우 도덕적인 인물로 생각한다. 포트만은 2015년 하버드대학 졸업식(Class Day)에서 연설했다.

코멘스먼트

영어로 졸업식을 코멘스먼트(Commencement)라고 한다. 중세의 대학에서 석사학위(Master of Arts)를 수여하면서 교수 자격을 부여하던 의식인 인셉티오(Inceptio)에서 유래한 단어다. 1642년에 하버드대학에서는 9명의 졸업생이 처음으로 졸업식에 참가했다고 한다.

17세기에는 졸업식을 학기 초에 했다고 하는데, 곧 학기 말로 바뀌었다. 모든 학생이 졸업해서 교수가 되는 것은 아니었고 졸업식과 함께 졸업생들은 각기 사회로 진출하기 때문이었다. 하버드대학의 졸업식은 이해하기 어려운 전통과 격식에 맞추어서 진행되었다.

대학의 취주악대가 연주하는 음악에 맞추어서 총장과 학장단, 그리고 초청 인사들이 입장한다. 모두 자리를 잡으면 미들섹스주의 셰리프가 의식의 시작을 선언한다. 담임목사가 기도를 한다. 합창단이 구노가 작곡한 〈Domine salvum fac〉라는 노래를 합창한다. 졸업생 대표가 라틴어 연설을 한다. 이 연설은 대부분의 참가자가 알아듣지 못한다.

재학생 대표와 졸업생 대표가 각각 영어 연설을 한다. 다시 합창단이 바흐가 작곡한 〈Dona nobis pacem〉이라는 노래를 연주한다. 총장이 인문대학 졸업생들에게 학위를 수여한다. 합창단과 밴드가 다른 노래를 연주한 후 대학원 졸업생들에게 학위가 수여된다.

의대생들과 법대생들이 졸업장을 받기 위해 모두 자리에서 일어섰을 때는 곳곳에서 장난기 어린 야유가 쏟아졌고 의대생들과 법대생들은 그에 대해 반격을 가했다. 또 다른 노래. 총장이 학부 졸업생들에게 학위를 수여한다. 명예학위가 수여된다. 하버드 찬가가 연주된다. 감사기도. 미들섹스주 셰리프가 의식의 종료를 선언한다. 밴드가 행진곡을 연주한다.

이로써 공식적인 졸업식이 끝나는데 오후에는 동창회가 마련하는 별도의 행사가 있다. 여기서 그 유명한 초청 귀빈의 연설이 행해진다.

1994년의 내 졸업식에서는 고어(Al Gore) 당시 부통령이 연설했다. 그리고 스티븐 스필버그 감독의 〈아미스타드(Amistad)〉에서 스토리(Joseph Story) 대법관역을 맡았던 블랙먼(Harry Blackmun) 대법관도 참석했다. 고어 부통령은 하버드 졸업생으로서 당시 자녀들이 하버드에 재학 중인 학부형이었는데 학생들의 열렬한 환영을 받았다. 일반적으로는 '미스터 스티프(Mr. Stiff)'라는 별명이 말해 주듯이 딱딱하고 상류층의 이미지를 가진 인물이지만 학생들 사이에서의 '대중적'인 인기는 대단했다.

초청 귀빈의 연설은 세간의 큰 관심거리이며 언론에서는 공식적인 졸업식 행사보다 더 중요한 이 날의 하이라이트가 된다. 지금까지 마셜, 브래들리, 패튼 장군, 솔제니친, 부토 대통령, 콜린 파월, 스티븐 스필버그, 마크 저커버그 같은 명사들이 초청되었고 여러 가지 화제를 만들어 냈다.

이 행사가 끝나면 로스쿨에서는 별도의 학위수여식이 있다. 모든 졸업생이 학장으로부터 직접 학위증을 받는다. 어리다(Phillip Areeda) 교수가 학생들이 뽑은 최우수 교수상을 받았다. 블랙먼 대법관이 미국 연방대법원은 영웅적인 기관이며 미국 연방헌법은 영웅적인 문서(documentary hero)라는 취지의 연설을 했다. 대법관으로 지명받은 상태였던 브라이어(Stephen Breyer) 판사의 모습도 보였다. 블랙먼 대법관이 초청 연사였기 때문에 1994년 졸업생들은 특별한 행운을 얻었던 것으로 생각하고들 있었다.

친구들 사이에서 블랙먼 대법관의 별명은 'good ol' Blackhouse Harry'였는데 블랙먼 대법관이 1학년일 당시 리치(Bart Leach) 교수가 좌석표를 잘못 읽어 이 미래의 대법관을 'Mr. Blackhouse'라고 불렀기 때문이다. 1970년에 닉슨 대통령에 의해 임명되어서 24년간 연방대법원에 봉직했다. 재임 기간 동안, 다소 보수적이던 법원을 상당히 진보적으로 변화시키는 데 큰 역할을 했다. 텍사스주의 낙태금지법을 위헌으로 본 로 대 웨이드(Roe v. Wade) 판결의 주심으로 역사에 기록되었다. 억압받고 소외된 사람들을 위해 많은 노력을 기울인 것으로도 추앙받는다. 대법관들 중 가장 많은 수의 여성 조사관을 뽑아썼다.

하버드의 코멘스먼트를 끝으로 비교적 길었던 내 학생 생활은 마감되었다.

대학의
지배구조

배카우 총장

하버드대학 제29대 총장은 터프츠대 총장을 지낸 로런스 배카우(Lawrence Bacow) 박사다. 지난 11년간 학교를 이끌어 온 드류 파우스트 총장에 이어 2018년 7월 1일 취임했다. 당초 오바마 전 대통령, 옐런 전 연방준비위원회 의장, 김용 세계은행 총재 등 학계 밖의 많은 사람들이 하마평에 올랐지만 학계 인사로 결론났다.

모친이 아우슈비츠 강제수용소 생존자인 배카우는 MIT에서 경제학을 공부한 후 하버드대 로스쿨을 졸업하고 하버드대 행정대학원에서 박사학위를 받았다. MIT에서 24년간 환경정책 등을 가르치고 MIT 대학이사장을 지낸 후 터프츠대 총장으로 부임해서 10년간 학교를 이끌었다.

신임 총장의 선출 직후에 상세한 브리핑 기사가 교내 소식지(*The Harvard Gazette*)에 실렸다. 이 기사는 기자들이 총장 선출에 직간접적인 정보를 가지고 있는 주요 인사들의 인터뷰를 정리한 것이다. 자세히 뜯어 보면 하버드가 왜 배카우로 낙점했는지를 엿볼 수 있고 이는 결국 하버드대가 미래에 어떤 방향으로 나아가고자 하는지를 알 수 있게 해 준다.

하버드대 총장선출위원회는 먼저 지금이 고등교육과 학술연구의 가치가 여러 방면에서 의심받고 있는 중차대한 시기라는 점을 인식했다. 이러한 시기에는 대학이 노련한 리더를 필요로 하며 그 리더는 전략적으로 사고할 수 있는 사람이어야 하고 전략을 엄중하게 집행할 수 있어야 한다. 나아가 자신의 대학이 보유하고 있는 역량과 문제를 잘 파악하고 대학과 모든 구성원, 사회 전체의 발전에 기여하고자 하는 열정을 가지고 있어야 한다. 배카우는 그 최적임자라는 것이다.

배카우는 터프츠대 총장으로 재직하는 동안 학생들에게 다양한 기회의 지평을 넓혔다. 교육과 연구의 혁신을 도모했고 단과대학들과 학과들 간 연계와 협력을 증진시켰다. 대학이 사회에 공헌할 수 있는 방법을 고민한 사람이기도 하다. 특히 학생들의 경력개발기회 확충 차원에서 장학금을 두 배로 늘리고 저소득층 학생들의 학자금 대출을 장학금으로 바꿨다. 공공분야와 비영리 분야에 진출하고자 하는 학생들을 위해서는 대출금 상환을 지원하는 프로그램을 도입했다.

학사 운영 측면에서는 학생들의 학부 시절 경험을 풍부하게 하고 국제화에 매진했다. 연구와 대학원 교육에 대한 투자를 확대하고 사회의 변화에 부응하기 위해 8개 단과대학들 간 연계와 학제적 프로그램을 개발했다. 대학의 사회공헌을 위해 77개국 360개 대학들이 참여하는 국제 콘퍼런스를 발족시키기도 했다. 최근에는 온라인 교육을 포함한 대학 운영의 전략적 측면에 대해 많은 생각을 한 것으로 알려진다.

이런 업적들이 하버드가 배카우를 총장으로 선출하는 배경이 됐다. 총장선출위원회는 4천 명이 넘는 학생들의 의견도 수렴했다.

물론 총장의 선출에는 객관적인 실적 외에도 오랜 세월 동안 관련된 인사들과의 교류에서 축적된 개인적인 품성에 대한 탁월한 평가와 대인관계 등이 반영되었을 것이다. 특히 배카우는 2011년부터 하버드대학법인의 이사여서 현 총장뿐 아니라 대학 관계자들과 교분이 깊다. 총장 후보로 거론되기 시작하자 이사직을 사퇴했다. 그러나 그런 요소들은 하버드대뿐 아니라 모든 대학의 리더에게 반드시 요구되는 덕목이라 특별한 것이 아니다.

차기 총장에 선출된 후 배카우는 "내가 아는 하버드는 언제나 최소한 세 가지에는 양보가 없었다. 첫째, 진리의 추구, 둘째, 수월성의 숭상, 셋째, 기회의 제공이다"라고 강조했다. 물론 성별과 소수자를 배려하는 다양성의 확대에도 양보는 없다고 했다.

미국의 경우 대학 총장은 학문과 교육의 세계를 상징하고 학교와 사회가 나아가야 할 방향을 제시하는 지적 지도자형이었다가 점차 기금의 모금과 학교 행정에 전념하는 관리자형으로 변모되어 왔다. 가장 바람직한 총장상은 양자를 겸비한 인물일 것이다.

그러나 대학이라는 거대한 조직과 살림을 끌어가는 일은 만만치 않은 것이어서 양자 겸비는 쉽지 않다. 최근의 경향은 학문적으로 탁월한 학자가 특이하게도 행정과 모금에 흥미를 보이고 실적을 쌓은 경우 그런 인물을 초빙하는 것이나. 46세에 취임해서 20년간 학교를 이끌었던 레빈 전 예일대 총장이 좋은 사례다.

우리 대학들이 미국 대학들이 선호하는 총장상을 그대로 가져올 필요는 없다. 특히 우리 총장들에게는 4년이라는 길지 않은 임기가 있고 취임 준비 기간도 짧아 '현업'에 즉시 투입될 수 있는 검증된 실천력이 요구된다. 또 고유의 '총장 흔들기'까지 견뎌 내며 비전을 실현해야 하는 척박한 여건하에 있다. 그 역할과 인적 환경의 역학관계가 복잡해서 미국 총장들보다 더 강력한 인내심과 포용력을 겸비해야 한다. 그런 준비가 없으면 바로 차기 후보군이 등장해 버린다.

그러나 가장 앞서가는 대학이 차기 리더를 뽑을 때 어떤 방향을 채택했는지를 아는 것은 여전히 중요하다. 위에서 표출된 것들만으로 보면, 연구를 통한 진리의 추구나 연구와 교육에서의 수월성 추구 같은 영구적 중요성을 가지는 덕목들 외에 첫째, 학생에 대한 지원, 둘째, 학문 간 연계와 통합, 셋째, 온라인 교육 등 교육 방법과 인프라에 대한 전략, 넷째, 대학의 사회공헌 같은 가치들이 중점적으로 고려되었던 듯하다. 우선순위 차이는 있을 수 있지만 우리에게도 다 중요한 것들이다.

파우스트 총장

2018년 6월 말 퇴임한 하버드대학 제28대 총장 파우스트(Drew Gilpin Faust)는 여러 가지 기록을 세웠다. 우선 하버드 역사상 최초의 여총장이다. 아이비리그에서는 다섯 번째 여총장이다. 그러나 파우스트는 총장에 취임하면서 이렇게 말했다.

"나는 하버드대학의 여총장이 아니라 하버드대학의 총장이다."

파우스트는 1672년 이래 처음으로 하버드를 학부든 대학원이든 나오지 않은 외부 출신 총장이고 학교 역사상 첫 번째로 남부 지방(버지니아)에서 성장한 총장이다. 2007년에 선출되어 2018년 6월 말까지 11년 동안 학교를 성공적으로 이끌었다.

파우스트는 특히 'One Harvard'라는 모토하에 단과대학, 대학원들을 협력적·유기적으로 운영하는 데 역점을 두었다. 여성과 소수자 배려에 있어서도 괄목할 만한 진전을 이루어 냈고(하버드대의 여성 정교수 비중은 26%다) 인문학, 과학과 공학 부문을 많이 배려했다. 학제직 프로그램도 확대했다. 그리고 뭐니뭐니 해도 8조 원이 넘는 기금 모금에 성공한 것이 가장 큰 평가를 받는다. 학교의 미래를 닦은 것이기 때문이다. 학생 장학금도 취임 시 3억 4천만 달러 규모였던 것이 퇴임 시에 5억 4천만 달러 규모로 커졌다.

파우스트는 펜실베이니아대학에서 역사학을 전공하고 동 대학의 교수가 되었다. 남북전쟁과 미국 남부 지역 역사의 권위자다. 2001년에 래드클리프의 학장으로 임명될 때까지 25년 동안 학교의 행정을 담당한 적이 없는 전형적인 평교수로 일했다. 그래서 행정 능력이 검증되지 않은 후보라는 부담도 있었다.

파우스트는 실패한 총장으로 기록된 래리 서머스 전 총장이 여성 비하 발언 등으로 물의를 일으켜 사임하고 데릭 복 전 총장이 직무대행을 하면서 총장으로 선출한 사람이다. 같이 총장 후보에 올랐던 프로보스트와 로스쿨 학장은 서머스가 임명한 인사들이라는 이유로 낙점받지 못했다. 1순위 후보였던 노벨 화학상 수상자 토머스 체크는 본인이 고사했다.

파우스트 총장의 재임 기간 동안 하버드는 큰 무리 없이 꾸준히 발전했다. 서머스 전 총장이 학교의 발전에 걸림돌이 되었었던 데 대한 반사적 효과도 있었다. 실제로 하버드는 서머스 문제로 발전기금 모금 캠페인을 수년 동안 연기했었다.

유일한 논란거리는 크리스티나 로머 교수 '사건'이다. 오바마 행정부의 대통령경제자문위원회 위원장이었던 버클리대의 크리스티나 로머 교수는 2008년에 하버드로 이적하려다가 파우스트 총장의 거부권 행사로 버클리에 남았다.

미국 대학에서는 배우자가 교수인 경우 가급적 같이 옮기게 하는 관행이 있는데 역시 버클리의 경제학 교수인 남편 데이비드 로머가 케네디스쿨로 가게 되어서 크리스티나도 같이 가려고 했던 것이다. 자녀 셋 중 둘이 MIT에 들어갔고 노부모가 매사추세츠에 살아서 부부 교수의 이동은 자연스러워 보였다. 그러나 파우스트 총장의 결정 때문에 데이비드 로머도 버클리에 남기로 결정했다.

파우스트 총장이 거부한 이유는 아직도 잘 알려지지 않고 있다. 신케인스적인 생각을 가진 총장이 신고전파 경제학자들을 탐탁지 않게 생각한 것 같다든지 아니면 MIT 출신 두 사람을 한꺼번에 하버드에 들이는 것이 싫었을 수도 있다는 추측만 무성할 뿐이다.

단과대학 차원에서 결정된 인사를 총장이 뒤집는 일은 그리 많지 않을 뿐 아니라 일단 이런 일이 일어나면 큰 논란이 생긴다. 서울대에서도 이런 일이 가끔 있다. 많은 사람들이 하버드 경제학부에서 뭔가 잘못 판단했거나 총장이 실수한 것으로 본다. 이 사건이 발단인지는 몰라도 하버드에서는 파우스트 총장의 재임 동안 노벨상 수상자를 포함한 저명한 경제학자들이 다수 MIT나 스탠퍼드로 옮겨 갔다.

파우스트 총장의 거부에 대해 하버드와 버클리 양 대학의 경제학부는 같이 강한 유감과 실망을 표출했다. 특히 버클리대 경제학부는 로머 부부가 떠나지 않게 되어서 환영한다고는 했지만 동시에 자존심이 몹시 상했다.

이 정도 큰 사건이 하버드에서 일어나면 언론에서 취재 경쟁도 벌어지기 때문에 그 배경이 밝혀지는 것은 어렵지 않다. 그러나 총장과 당사자들은 물론이고 이 결정에 관여했던 사람들 중 누구도 입을 열지 않아서 이 사건은 아직도 미스터리로 남아 있다. 대학 인사에 관한 모든 이야기가 나중에라도 다 밝혀지는 우리 실정과는 큰 차이가 있다.

파우스트 총장은 대학 밖의 민감한 문제와 대학이 연결되는 사안들 중 하나였던 ROTC 문제도 전향적으로 해결했다. 미군은 클린턴 행정부 이래로 동성애자들을 군 내에 허용하지 않는 정책(Don't ask, don't tell)을 채택해 왔는데 파우스트는 그 정책에 반대했다. 2011년에 오바마 정부에 의해 그 정책이 폐기되자 파우스트는 하버드에 예비군 교육본부를 허가했고 해군 ROTC를 캠퍼스에 다시 부름으로써 미국 대학들 중 처음으로 ROTC를 부활시켰다. 육군 ROTC와 공군 ROTC는 2012년과 2016년에 각각 부활했다.

2016년 파우스트는 18세기에 하버드대학 워즈워스 하우스에서 노예로 일했던 네 사람의 흑인 이름을 새긴 동판을 설치하는 행사를 치르기도 했다. 하버드와 노예제도의 관련성을 보다 더 깊이 이해하려는 노력의 일환이다. 이들의 이름은 각각 티투스, 비너스, 빌하, 쥬바였는데 아직 이름이 남아 있고 그 이름을 발견해 낸 것이 놀랍다.

비판적인 의견도 없지 않다. 예컨대 『보스턴 글로브』는 파우스트에 호의적이지 않다. 파우스트의 '전임자 서머스와 다르기만 하면 된다'는 기조와 40조 원의 기금을 운영하는 하버드관리회사의 실패를 부각시켰다. 실적은 있지만 잘못한 것도 적지 않아서 그럭저럭한 총장이었다는 평가다.

『보스턴 글로브』의 한 칼럼니스트는 '하버드 총장직을 다시 위대하게 만들 때다(Maybe it's time to make the Harvard presidency great again)'라는 냉소적인 표현까지 썼다.

대학 이사회

대학은 정부의 재정지원을 받는 교육기관이다. 정부의 지원을 받지 않는 경우에도 대학에 하는 기부에는 세금혜택이 있다. 따라서 대학은 재원과 재산, 사람을 투명하게 법규를 준수하는 방식으로 관리해야 할 의무를 진다.

또, 대학은 대학자치의 원칙에 따라 자유를 누린다. 따라서 대학은 그 임무와 핵심적인 가치관에 따라 자치적으로 운영되어야 한다. 대학은 이에 필요한 규칙과 원칙의 집행을 통해 대학 안팎의 모든 이해관계자들의 기대에 부합하여야 한다. 대학 지배구조가 중요한 이유다.

대학 이사회는 대학지배구조의 중심이다. 사립대학은 물론이고 국가로부터 독립된 지위를 가진 대학의 학사에 관한 사항과 기타 제반 결정은 대학의 이사회가 내리게 된다. 이는 총장을 누가 선출하는지의 문제와는 별개다. 총장은 형식적으로라도 이사회가 선출하는 대학도 있고 특별위원회가 선출하는 대학도 있다.

하버드대학 이사회

하버드대학의 지배구조는 두 축으로 구성되어 있다. 하나는 총장과 이사회(President and Fellows of Harvard College)다. 이를 하버드법인(Harvard Corporation)이라고 부른다. 두 번째 축은 감독위원회(Board of Overseers)다. 마치 주식회사의 지배구조에서 독일식 이원적 이사회 구조와 유사하다. 이 구조는 17세기 중반에 확립되어서 아직까지 전해져 내려온다.

하버드법인은 대학의 설립목적을 달성하는 데 필요한 모든 운영책임을 진다. 총장과 재무관(Treasurer), 그리고 펠로들이다. 펠로를 대학 이사라고 불러도 될 것이다. 이사회는 현재 13인으로 구성되어 있다.

감독위원회는 대학의 장기 발전전략 측면에서 법인을 자문한다. 법인이 내리는 결정 중에는 감독위원회의 승인을 받아야 되는 것들도 있다. 30인의 위원과 당연직인 총장, 재무관 총 32인으로 구성된다. 위원은 하버드법인 이사와 보직자들을 제외한 하버드대 졸업생 후보 중에서 동문들이 선출한다. 후보는 동창회가 추천한다. 임기는 6년이다.

케네디 대통령은 1957년에 위원으로 선출되었는데 그 부친이 "이제 종교 때문에 백악관에 입성하지 못할 일은 없게 되었다. 아일랜드계 가톨릭 신자가 하버드대 감독위원회에 선출되었다면 선출되지 못할 자리가 없는 것이다"라고 말한 일화가 있고 오바마 대통령은 1991년에 위원에 선출되지 못한 이력이 있다.

케임브리지대학 이사회

하버드대학 설립의 모델이 되었던 영국 케임브리지대학의 지배구조는 하버드와 다소 다르게 되어 있다. 비교해 보면 그 차이가 잘 드러난다.

케임브리지는 대학자치와 민주주의 원칙에 따라 리전트 하우스(Regent House), 이사회(General Board of the Faculties), 카운실(Council) 등 세 기관에 의해 운영된다. 마치 주식회사의 지배구조를 연상시킨다.

리전트 하우스는 약 5천5백 명의 교수와 직원들의 기구다. 이 기구 내에 평의회(Senate)가 있는데 리전트 하우스 멤버들 중 석사학위 이상 소지자들로 구성되며 가장 중요한 역할은 총장(Chancellor)과 부총장(Vice-Chancellor)을 선출하는 것이다. 주식회사의 주주총회와 비교될 수 있다.

이사회는 카운실의 보고를 받아 필요한 결의를 행하는 기관이다. 부총장이 의장이며 7개 단과대학 학장들이 멤버에 포함된다. 학생 2명이 참여한다. 이사회는 한 학기에 3회 정도 회합한다. 대학의 학사에 관한 모든 사항을 심의하고 직원들을 감독한다. 여러 개의 기능적 소위원회를 두며 실질적으로는 소위원회들이 필요한 결의를 행하고 있다. 현재 학사위원회를 포함한 7개의 소위원회가 있다.

대학의 일상적인 행정은 카운실이 담당한다. 경영진이다. 카운실은 총장단, 학장단 대표, 교수 대표, 리전트 하우스 대표, 학생 대표, 외부인사 등으로 구성된다. 현재 25인인 카운실 멤버의 임기는 4년이며 특이하게도 리전트 하우스에서 선거로 선출된다.

영국과 영연방 국가의 대학 총장은 대학의 운영 책임자가 아니라 학교를 대표하고 행사를 주관하는 상징적인 인물이다. 우리나라나 미국의 총장에 해당하는 인사는 부총장이다. 내각제 국가에서 대통령과 총리의 구별과 같다고 보면 된다.

케임브리지대의 경우 엘리자베스 2세 여왕의 배우자 에딘버러 공 프린스 필립이 36년 간 총장 직함을 가졌었다. 부총장은 1992년 이전에는 단과대학 학장이 겸하는 부업이었는데 1992년부터 전업 직책이 되었고 5인의 부부총장(Pro-Vice-Chancellor)을 둔다. 우리로 치면 부총장들이다.

현재 케임브리지대의 346대 부총장은 캐나다 브리티시컬럼비아대 부총장을 지낸 국제법 학자 스티븐 투프(Stephen Toope)다. 하버드, 맥길을 거쳐 케임브리지에서 박사학위를 받았다. 옥스퍼드대는 현재 여성이 부총장이다. 세인트앤드류스대 부총장을 지낸 루이즈 리처드슨(Louise Richardson)이다. 국제정치학자다. 아일랜드 출신이고 더블린의 트리니티, UCLA를 거쳐 하버드에서 박사학위를 받았다.

총장의 임기

미국 예일대학 제22대 총장 릭 레빈은 46세에 취임해서 66세까지 20년간 학교를 이끌었다. 같이 일했던 역대 프로보스트 7인은 모두 MIT와 옥스퍼드를 비롯한 다른 대학의 총장(또는 프로보스트)이 되었다. 레빈의 재임 기간 예일대는 학문적 수준, 학생의 학업성취도, 교수와 직원들의 복지, 기금조성 등 모든 면에서 크게 도약한 것으로 평가된다.

그 오랜 재임 기간에 자신이 총장이 되고 싶었던 사람들만 제외하고 모든 사람들의 삶이 나아진 것이다. 만약 레빈 전 총장이 임기 때문에 그렇게 오래 그 자리에 있지 못했었다면 지금의 예일대학은 어땠을까?

대통령, 국회의원 같은 선출직에는 국내외를 막론하고 다 임기가 있다. 감사원장, 검찰총장 등 대통령이 임명하는 직책도 같다. 또 금융기관 경영진, 공기업 경영진 모두 임기가 있다. 사실 일하는 모는 사람들에게는 정년이라는 임기가 있고, 자연이 모든 사람에게 정해준 임기인 수명이 있다. 이 임기라는 것의 존재는 해당되는, 그리고 주위의 관련된 모든 사람의 생각과 행동에 큰 영향을 미친다.

5년 단임제 대통령과 4년 중임제 대통령의 국가운영 모습이 판이하게 다르다는 것은 굳이 미국과 비교해 보지 않아도 잘 알 수 있다. 사실상 임기가 없는 재벌회장과 임기가 보장되어도 실제로 잘 지켜지지 않는 일부 대기업 전문경영인의 경영 스타일은 많이 다르다. 회사 안팎의 사람들이 회장을 다르게 대하기 때문이다.

임기가 너무 짧거나 임기의 존재 자체가 불합리하게 느껴지는 경우도 있다. 유능한 총장, 기관장, 경영자들이다. 그러나 임기를 없앨 수는 없다. 세상은 변하고 사람도 변하고 건강상태도 변하기 때문에 주기적으로 평가하고 바꿀 기회가 필요하다. 실제로 어떤 경우에는 임기가 너무 길게 느껴지는 사람도 있다.

'내 임기 동안'이라는 생각도 항상 문제다. 전임자를 폄훼하거나 임기 동안 이런저런 무리수가 두어진다. 임기 끝에 무리해서 실적을 올리고 떠나면 후임자가 부담을 안는다. 다른 생각이 있는 전임자는 후임자와 조직보다는 자신의 다음 경력을 생각한다. 다음 경력이 눈에 보이는 총장과 기관장은 임기 끝까지 조직 장악력이 있고 이 자리를 마지막으로 생각하고 일에 전력하는 총장과 기관장은 레임덕을 겪는다. 거꾸로다.

금융기관 CEO의 임기는 항상 짧아서 문제다. 임기가 너무 짧은 경우 아무 일도 하지 못한다. 사람들이 따르지 않는다. 스스로도 초기가 지나면 동력이 떨어진다. 그러나 낙하산으로 내려오는 인사가 많다면 임기를 늘려 둘 수도 없고 임기가 남아 있어도 정권이 바뀌면 물러나라는 압력이 발생한다. 이 임기 문제가 낙하산 문제와 함께 우리나라 금융기관들의 경쟁력과 직결된다는 데 아무도 이의가 없을 것이다.

사모펀드의 무리한 자금유치와 투자도 마찬가지다. KKR의 헨리 크래비스가 말했듯이 회사를 사들이는 것은 어떤 바보도 할 수 있는 일이다. 나중에 높은 값으로 되팔 때 돈이 생기는 것이다. 그러나 투자자금을 유치하고 회사를 사들이는 것은 내 실적으로 잡히고, 5년 후에 그 회사가 팔리든 말든 그것은 내 일이 아니다. 그때가 되면 사실 내가 회사에 있으리라는 보장도 없다.

공직, 대학 총장, 금융기관 경영자 모두 일단 4-5년 정도의 임기 보장을 기본으로 하고, 연임할 수 있으며, 실제로 연임한다는 것으로 기본 규칙이 정해져야 한다. 국내외의 여러 사례를 비교하면 그런 결론이 나온다. 사회조직 운영의 사이클이다. 돌아가면서 해야 한다는 생각은 그런 자리를 사유화하려는 의도를 가진 사람들에게서 나오는 것이다.

우리가 무슨 일을 하든 사적인 동기와 이익은 기본이다. 그러나 점점 자리의 본래 기능과 의무는 완전히 뒷전이 되는 것 같다. 공기업 인사에서도 이 점이 고려되어야 할 것이다. 40년만에 처음으로 한국은행 총재가 연임된 것은 좋은 선례가 될 것이다.

불신임을 받은 서머스 총장

교수들의 불신임 결의로 총장직에서 물러난 사람이 래리 서머스 제27대 총장이다. 하버드대 총장이 되기 전까지 서머스는 다양하고 화려한 이력으로 각광받던 사람이었지만 그의 재임 기간 내내 하버드는 이런저런 문제로 홍역을 치렀다.

서머스는 양친이 펜실베이니아대학 교수인 유대인 가정에서 태어나 신동으로 자랐다. 노벨 경제학상 수상자인 폴 새뮤얼슨과 케네스 애로의 조카이기도 하다. 열여섯 살에 물리학을 공부하러 MIT에 입학해서 경제학으로 바꿔 졸업했다. 하버드에서 경제학박사학위를 받고 스물여덟에 하버드대 경제학부 교수가 된다. 하버드 역사상 최연소 정교수다.

1991년에 수석 이코노미스트로 세계은행으로 가기 전까지 경제학 분야에서 많은 연구 업적을 남겼다. 1993년에 클린턴 행정부에 합류해서 재무장관까지 지냈고 2001년 부시 행정부 출범으로 정부를 떠나 하버드대 총장이 되어 5년 동안 재임했다.

서머스는 총장이 되자마자 논란을 일으킨다. 서머스는 아프리칸

아메리칸학과의 학과장 코넬 웨스트가 민주당 대통령 후보 빌 브래들리 상원의원의 선거운동을 지원하기 위해 3주간이나 학교를 비웠다고 비난했다. 또, 웨스트가 학점 인플레의 원인 제공자이며 웨스트의 랩 앨범이 대학에는 창피한 일이라고 덧붙였다. 웨스트는 강하게 총장을 비판하고 원래 있던 학교 프린스턴으로 돌아가 버렸다.

2004년에 하버드대는 서머스의 절친인 경제학과의 안드레이 슐라이퍼 교수가 정부로부터 소송을 당하자 2,650만 달러를 화해금액으로 지불한 일이 있다. 슐라이퍼 교수는 러시아 정부를 위해 민영화 프로그램을 만들어 주면서 동시에 러시아 회사들의 주식을 산 혐의로 정부로부터 제소되었었다.

법원은 하버드대도 위법행위를 했지만 정부에 대한 배상은 슐라이퍼가 다 해야 한다고 판결했다. 그러나 2005년에 슐라이퍼는 2백만 달러만 배상하고 나머지 금액은 전액 하버드가 지불했다. 그러고도 슐라이퍼가 교수직을 지키자 충격을 받은 교수들은 총장을 비난하기 시작했다.

2005년 초 한 콘퍼런스에서는 오찬연사로 초청되었던 서머스가 한 발언이 문제를 일으켰다. 주제는 '왜 명문대학과 연구소의 과학과 공학 분야에서 여성 정교수의 수가 적은가?'였다. 서머스는 여러 가지 가설을 제시한 후에 여성의 역할이 저조한 이유는 사회화 과정이나 차별보다는 여성성 자체에 내재적인 것이라는 결론을 내린다.

이 발언은 하버드에서는 물론이고 전국적으로 강한 반발을 불러왔다. 서머스는 수 차례 사과를 해야 했고 지지자들은 서머스의 발언이 학자적 의견표명이 허용하는 범위 내에 있다고 옹호했다. 서머스의 의견 자체를 지지하는 사람도 물론 있었다. 그러나 서머스가 이듬해 하버드대 총장직에서 물러난 것과 오바마 행정부에서 재무장관에 기용되지 못한 것이 이 발언 때문이라는 해석이 많다.

여러 가지 이유가 종합되어 2005년 3월에 하버드의 인문사회과학대학 교수진은 218 대 185로 서머스 총장에 대한 불신임 결의를 채택했다. 경징계를 권고하는 결의도 253 대 137로 가결되었다. 그러나 대학 이사회는 총장 지지성명을 발표했다. 교수들과는 달리 학생들은 총장을 지지했다. 학부생 57%가 총장의 사퇴에 반대했다. 또, 7월에는 이사 한 사람이 서머스의 발언과 총장 급여인상에 반대하면서 사퇴했다(현재 하버드대 총장의 총 보수는 우리 돈으로 약 14억 정도 된다). 사직서에는 총장의 사퇴 요구가 적혀 있었다. 학교가 일대 혼란에 빠진 것이다.

결국 서머스는 2006년 2월에 동년 6월 말일 자로 사퇴한다는 발표를 하게 된다.

사퇴 후 1년간 안식년을 보낸 서머스는 하버드대학의 교수로 복귀해서 케네디스쿨과 경영대학 양쪽에 연구실을 얻었다. 그러나 주로 학교 밖에서 활동하고 있고 가장 최근에는 벤 버냉키 연준이사회장의 후임으로 거론되기도 했다.

전반적으로 서머스는 대단히 뛰어난 지적 능력의 소유자이지만 덕이 없는 사람 같아 보인다. 시대적 상황의 차이는 있지만 서머스 총장을 엘리엇 총장과 비교해 보면 여러 가지를 느끼게 된다.

하버드대 역사상 가장 위대한 총장이라는 평가를 받는 엘리엇 총장의 경우 그다지 성공적이라고 볼 수 없었던 개인적인 경력의 소유자였지만 나라가 처해 있는 상황에서 대학이 수행해야 할 역할에 대해 깊은 고민을 한 사람으로서 총장이 되었고 확고한 대학관을 특유의 절도 있는 개성과 결합시켜 학교를 발전시켰다.

반면에 서머스 총장은 타고난 재능과 화려한 경력, 사회적 자산을 무기로 총장직을 합당한 예우를 받으면서 자신의 능력을 발휘할 하나의 '자리'로 생각했던 것 같다. 학교도 그런 점에 기대를 걸었다. 그러나 몸에 밴 자신감이 신중하지 못한 언행으로 연결되었고 본인에게나 대학에나 불행한 결과를 낳았다. 서머스의 현재 타이틀이 'Charles W. Eliot University Professor'인 것이 역설적으로 보인다.

우리 대학들의 리더를 뽑을 때도 두 총장의 차이를 잘 생각해 보아야 하겠다. 두 총장의 장점만 합친 인물이 있으면 제일 좋겠다.

대학의 주인은 누구인가

우리 대학들이 홍역을 치렀다. 이화여대처럼 '국정농단'이란 특수한 사건의 여파로 어려움을 겪은 곳도 있고 총장을 임명하지 못한 몇몇 국·공립대학의 사례처럼 대학 운영에 정부가 특수한 역할을 하는 우리 사회의 특징 때문에 앞으로 나아가지 못하는 곳도 있다. 일부 대학은 제2캠퍼스, 분교 문제로 논란과 어려움을 겪는다.

최근 서울대학교는 시흥캠퍼스 문제로 어려운 상황을 겪고 있는데 서울대가 우리 고등교육에서 차지하는 위상을 고려하면 이것을 단순히 제2캠퍼스 문제로 보는 데 그쳐선 안 될 것이다. 시흥캠퍼스 문제는 이미 학생이 대학운영 의사결정에 참여하고 총장 선출제도를 개선하는 것을 포함한 대학 지배구조 문제로 확대됐고 대학의 기업화나 캠퍼스의 상업화 같은 현상이 더 이상 모종의 패러다임 정립 없이는 진행되기 어렵다는 것을 보여 준다.

2018년 서울대학교는 총장을 선출하면서 종래 교수와 직원 일부가 참여해서 후보들을 평가하는 데서 한 걸음 더 나아가 학생과 동문들도 평가에 참여하도록 했다. 부속 중고교 교장선생님들도 참여했다. 물론 최종적인 결정은 이사회가 내린다.

이런 변화는 사회 전체의 변화를 반영한다. 열린 사회, 공유하는 사회, 소통과 공감 같은 가치가 점차 더 중요하게 느껴지고 있고 영리 주식회사에서조차 종업원을 위시한 주주 외의 이해관계자들이 지배구조에 발언권을 행사하려 한다. 대학도 지배구조에서 이러한 변화의 영향을 받지 않을 수 없다.

역사적으로 대학지배구조에는 다양한 모델이 존재했다. 학생이 주역이었던 중세 볼로냐대학 모델, 교수가 주역인 파리대학 모델, 대학의 운영자들이 주역인 현대 영국의 고등교육법인 모델 등이 그에 속한다.

볼로냐대학 모델

이탈리아의 볼로냐대학은 1088년에 설립된 것으로 알려진 세계에서 가장 오래된 대학이다. 앞에서 이미 소개했다.

볼로냐대학에서는 초기에 학생 길드가 학위 수여에 관한 사항만 제외하고 교육과정, 교수의 임용과 해임, 보수 결정 등 모든 사안에 영향력을 행사했다. 학생들이 대학의 주역이었던 셈이다. 학생 대표들의 결정을 학생 전원이 과반수 결의로 추인했다. 교수들은 강좌를 성공적으로 끝내지 못하는 경우 징계를 받았다.

이에 대응하여 교수들도 단체를 결성하여 몇몇 권한을 확보하였는데 이후 볼로냐 시 정부가 교수들의 급여를 세금에서 지불하도록 하면서 학생과 교수 간의 마찰은 해소되었고 대학은 공립으로 전환

되었다. 14세기부터는 학생들이 교수들에게 권한을 이양해서 교수들이 학교의 운영에 더 깊이 관여하게 되었다.

파리대학 모델

프랑스의 파리대학은 학자들에 의해 설립되어서 볼로냐대학과는 전혀 다른 지배구조를 갖추고 출발하였다. 파리대학은 교수들에 의해 운영되었는데 교수들은 교회의 감독을 받았다. 총장은 교회 소속으로서 교수들에게 강의 권한을 부여하거나 박탈하였다. 총장은 외부인으로 여겨져 교수진과의 마찰이 적지 않았다고 한다. 이는 급기야 교수들이 길드를 조직하도록 하였다.

13세기의 파리대학은 신학, 의학, 교회법, 인문학(arts) 등의 학부로 구성되었고 인문학부가 가장 규모가 커서 총장(rector)이 운영하였다. 다른 학부들은 학장(dean)들이 운영하였다.

옥스브리지와 스코틀랜드 모델

옥스퍼드와 케임브리지는 파리대학 모델을 수입하였다. 총장(chancellor)을 두었고 교수들이 대학의 제반 문제를 관장하였다. 외부의 간섭은 일체 배제하였다. 여기서부터 옥스브리지는 대학자치의 원형이라고 할 수 있는 지배구조를 발전시켰다. 그러나 옥스브리지는 영국교회와는 가까운 관계를 유지했다.

세인트앤드류스, 에딘버러 등 스코틀랜드의 대학들도 파리대학 모델을 수입해서 15세기와 16세기에 독자적인 지배구조 모델을 발전시켰다. 에딘버러대학의 경우 설립 주체인 에딘버러시 의회가 대학에 대한 감독권을 가지고 있었다. 1858년에는 대학법이 제정되었다. 이 법에 의하면 대학은 다수의 외부인들로 구성된 위원회가 대학에 특별히 부여된 권한을 제외한 모든 권한을 보유하였다.

옥스브리지 모델과는 달리 스코틀랜드 모델은 외부의 간섭을 허용한 것이다. 그러나 옥스브리지와는 달리 대학은 교회와는 먼 관계였다.

영국 고등교육법인과 미국 모델

영국의 고등교육법인(Higher Education Corporation)은 1988년 제정된 교육개혁법(Education Reform Act)에 의해 도입된 것이다.

옥스브리지, 스코틀랜드 모델과는 달리 고등교육법인 모델은 학교의 운영권한을 학교법인에 배타적으로 귀속시킨다. 학교의 운영에 대한 모든 결정은 운영위원회(governing board)가 내리게 되고 학사와 학술에 관한 사항은 부총장이 총괄하여 필요한 정보를 운영위원회에 제공한다. 이 모델은 전통적인 단과대학별 지배구조는 포함하지 않는다.

미국 대학들은 초기부터 총장이 대표하는 이사회가 운영에 관한 권한을 보유하는 것으로 지배구조를 형성했다. 그러나 동시에 학교에 설치된 다양한 종류의 위원회가 이사회의 결정에 영향을 미친다.

대학 지배구조의 새 모델

현재 세계 대학들은 시장과 경쟁을 신봉하는 신자유주의의 영향 아래 있다. 토론토대 존스(Glen A. Jones) 교수의 지적처럼 신자유주의는 사회에서 대학이 수행하는 역할과 대학의 정체성을 크게 변화시켜 사기업과 마찬가지로 대학도 최소 비용으로 최대 성과를 창출하는 경제적 생산기능을 발휘하라고 압력을 가한다. 대학교육을 상품화하여 정량평가의 대상으로 삼은 것이다.

이 때문에 대학은 예산절감, 발전기금 조성, 정부지원 유치, 교직원 구조조정, 학술연구의 상업화, 고용시장에 정합하는 교과목 개편과 학과 통폐합 같은 척박한 환경에 내몰렸다. 학생들은 등록금 인상 압력에 예민한 상태다.

그 결과 대학의 운영구조는 위계질서가 중시되는 기업 운영체계와 유사한 양상을 띠고 지배구조에 대한 발언권이 없는 강사, 비정규직원이 늘어난다. 운영책임을 맡은 총·학장은 기업 경영자들에게 적용되는 것과 비슷한 지표에 의해 역량이나 성과를 평가받으며 자본시장의 리그테이블을 본뜬 대학평가와 순위발표가 성행한다.

동시에 주식회사 주주권 강화와 종업원을 포함한 이해관계자의 경영 참여 요구 조류는 대학 지배구조에도 그대로 투영된다. 이 과정에서 대학교육은 투자로 인식되어 교육이 공공재가 아닌 사유재산이란 인식을 가진 세대가 늘어나고 이들은 학부모가 되어 돌아온다. 학문의 자유와 대학 자치라는 가치도 자연스럽게 잠식된다.

그러나 사회 전체가 지향하는 방향이 달라진 현실에서 대학이 계몽사상과 자유주의로 대변되는 훔볼트형 고전 모델에 집착할 여유가 없다고 보면 신자유주의적 대학 모델은 앞으로도 유지될 것이다. 대학은 글로벌 지식경제 시대에 지식과 정보를 효율적으로 생산하고 전파하는 낭만 없는 기능적 허브로의 변모를 계속할 것이다.

그러면 대학에 기업지배구조의 원리를 차용하지 않을 이유도 없다. 기업의 주인(주역)은 주주나 종업원, 채권자가 아닌 경영자들이란 이론에 의하면 대학의 주인은 총장을 중심으로 한 운영자들이고 새로운 대학 모델의 시현을 위해선 지금보다 더 많은 재량과 권한을 필요로 한다. 학생이 주역이던 중세 볼로냐대 모델이나 교수가 주역인 파리대 모델이 아닌 현대 영국의 고등교육법인 모델이 이에 맞는다.

그러나 왜 경영자가 기업의 주인인지를 설명하는 이론에 의하면 대학의 운영자들은 교수, 직원, 학생, 나아가 사회 전체의 이익을 위해 그들의 의견을 경청하고 적극적으로 소통하며 이를 대학의 운영에 반영하는 시스템을 갖추고 효율적인 작동을 항상 책임져야 한다. 주주와 고객, 사회적 책임을 망각하는 기업이 살아남을 수 없는 것과 같다.

우리가 대학에 부여해 온 전통적 가치를 하루아침에 포기할 순 없을 것이다. 그러나 나라와 사회 전체가 거대한 세계적 조류의 일부인 것도 어쩔 수 없는 일이다. 새로운 모델에 맞는 지배구조를 정립해 대학이 속히 제 기능을 발휘하도록 해야 한다.

부정청탁금지법과 총장선거

'부정청탁 및 금품등 수수의 금지에 관한 법률'(일명 김영란법)은 국민으로부터 국가권력을 위임받은 공직자의 부패를 방지하기 위한 것이다. 대학교수를 염두에 둔 것은 아니다.

그런데 교수가 공직자 등의 범위에 포함되면서 의도치 않은 것으로 보이는 어색한 일들이 일어난다. 학생이 교수에게 캔커피를 건네면 안 된다는 것은 상징적인 사례고 실제로 대학의 자치와 학문의 자유 침해가 일어난다.

예컨대 교수가 학회에 나가 토론하는 것까지 사전신고하게 하고 위반하면 제재한다. 심지어 사례를 받지 않아도 신고해야 하는데 이는 법의 취지와 아무 관련이 없다.

학회 토론은 공직자들에게는 가끔 하는 부차적인 일이지만 교수직에는 중요한 일부다. 직무관련성이라는 불확실한 개념 때문에 의대 교수와 법대 교수의 행동이 다른 평가를 받는데 이는 법이 교수를 학자가 아닌 공직자로 보기 때문이다.

반면 김영란법은 우리 대학의 가장 어려운 문제인 총장·학장 선출이나 교수임용 과정에는 긍정적인 영향을 미쳐 앞으로 대학의 미래가 크게 바뀔 수 있다.

예를 들어 김영란법은 제5조 제1항에서 채용·승진·전보 등 공직자 등의 인사에 관해 법령을 위반해 개입하거나 영향을 미치도록 하는 행위를 부정청탁으로 규정했다.

또한 김영란법은 그 제4조에 교수를 포함한 공직자 등은 사적 이해관계에 영향을 받지 말고 공정하고 청렴하게 직무를 수행해야 하며 직무수행과 관련해서 공평무사하게 처신하고 직무관련자를 우대하거나 차별해서는 안 되게 해서 인사청탁을 바로 법령 위반으로 만들어 놓았다.

지금 대다수 대학의 총장, 학장 선출은 간선제나 임명제다. 서울대의 경우 학장은 단과대 추천으로 총장이 임명한다. 따라서 총장의 선출과 학장의 임명에 영향을 주기 위해 청탁하는 모든 행위는 김영란법 위반이 될 것이다.

공개된 기준과 절차에 따라 공식적·일괄적으로 진행되는 행동 외에 관련된 사람을 개별 접촉해서 지지를 요청하거나 특정 후보의 지지를 부탁하는 것은 사회상규 범위 밖이면 규제 대상으로 보인다. 총장선거나 교수임용도 같다.

본인을 지지해 달라고 하는 것은 제재 대상이 아니다. 그러나 특정 후보를 지지해 달라고 하는 것은 과태료 대상이다. 따라서 선거캠프의 역할은 득표활동이 아닌 공약개발이 될 것이다.

청탁을 받고 신고하지 않으면 과태료 제재를 받는다. 종래에도 선거철에는 입장이 곤란해서 후보를 피해 다니는 교수들이 있었다. 앞으로는 마주쳐서 지지를 부탁받으면 동료 교수를 신고해야 하는 난감한 일이 생긴다.

청탁을 받고 지지하면 2년 이하 징역형이란 무거운 벌이 기다린다. 물론 누구를 실제로 지지했는지는 비밀투표 등의 경우 밝혀지기가 쉽지 않을 것이다. 그러나 이는 입증의 문제다.

이사회가 총장을 선출하는 학교에선 이사회 결의가 대개 비밀이 아니기 때문에 직접이나 제3자를 통해 개별적으로 지지를 부탁하는 것은 매우 위험해진다. 이사회가 그런 후보는 원천배제할 수밖에 없기 때문이다.

대학의 총장, 학장 선출 과정이 변하면 업적 외에도 인간관계와 친화력을 자산으로 출마하는 후보들이 연구실에 앉아 대학의 비전이나 학문만 생각해 온 후보에 비해 별로 유리하지 않을 것이다. 미래를 준비하는 후보들도 전략을 달리 마련해야 할 것이다. 자격은 충분하지만 성격이나 연고 부족을 이유로 나서지 않던 사람들이 나설 수도 있겠다.

대학의
재정과 기금

스탠퍼드가 하버드로 간 진짜 이유

릴런드 스탠퍼드(Leland Stanford, 1824-1893)는 스탠퍼드대학의 설립자로 가장 잘 알려져 있지만 캘리포니아 주지사와 연방 상원의원을 지낸 정치인이었다. 캘리포니아 골드러시 시대에 서던퍼시픽과 센트럴퍼시픽 같은 굴지의 철도회사 오너로 막대한 부를 쌓았던 사람이다.

인터넷에 떠돌았던 이야기처럼 캘리포니아 주지사를 지냈고 당시 가장 부자였던 스탠퍼드가 남루한 행색으로 약속도 없이 하버드대 총장을 찾아갔고 대기실에서 기다리다가 총장이 결국 만나 주지 않아 발길을 돌렸다는 것은 생각하기 어렵다.

스탠퍼드대 도서관이 홈페이지에 게시해 놓은 역사적인 사실은 이렇다.

스탠퍼드의 외아들 릴런드 스탠퍼드 2세는 16세가 되기 얼마 전에 이탈리아의 피렌체에서 장티푸스로 사망했다. 스탠퍼드 2세가 하버드를 다녔다거나 사고로 사망했다는 것은 와전된 이야기다.

아들이 죽은 후에 스탠퍼드 부부는 캘리포니아의 차세대(Children of California)를 맡길 기관을 설립하기로 결심한다. 유럽에서 돌아오는 길에 동부에 머무르던 부부는 하버드, 코넬, MIT, 존스홉킨스대를 방문해서 총장들과 자신들의 계획에 대해 협의했다. 여기에 하버드대학의 엘리엇 총장이 포함되었다.

실제로 엘리엇 총장은 훗날 스탠퍼드대의 초대 총장이 된 데이비드 조던(David Starr Jordan)에게 보낸 1919년 6월 26일 자 편지에서 스탠퍼드 부부와의 만남을 설명하고 있다.

스탠퍼드가 엘리엇 총장을 만났을 당시에는 아직 종합대학을 설립할 것인지 공대나 박물관을 설립할 것인지를 결정하지 못하고 있었다고 한다. 엘리엇 총장은 종합대학 설립을 권유했고 5백만 달러를 기금 액수로 제안했다. 역사적 기록에 따르면 이 제안에 대해 스탠퍼드 부부는 서로 얼굴을 쳐다본 뒤에 그 액수는 자기들이 마련할 수 있다고 엘리엇 총장에게 답했다 한다.

결국 스탠퍼드는 1885년에 아들의 이름을 붙인 종합대학과 박물관을 설립했다. 박물관은 샌프란시스코에 세우려 했다가 나중에 대학 근처로 장소를 옮겨 설립했다. 동부의 코넬대학을 모델로 삼았기 때문에 스탠퍼드대는 처음에는 '서부의 코넬'로 불렸다. 초대 총장이 코넬 출신이었고 교수들 중에도 코넬 출신들이 많았다. 코넬대는 미국 최초의 남녀공학 종합대학이었다. 여러 가지 전향적인 정책을 도입했던 학교다. 스탠퍼드대는 코넬대를 벤치마킹해서 유사한 정책을 채택했다.

설립자 릴런드 스탠퍼드는 1893년에 69세의 나이로 타계한다. 이후 스탠퍼드는 재정난을 겪었다. 대학 이사들은 재정난을 타개하기 위해 당분간 학교 문을 닫으려고 했으나 미망인 제인 스탠퍼드는 반대했다. 당시 학교는 정부로부터 1천5백만 달러짜리 소송도 당하고 있었다. 1895년에 정부가 소송을 취하하자 학교는 특별 휴일을 선포할 정도로 기뻐했다.

제인 스탠퍼드와 가까웠던 스탠퍼드 로스쿨 출신 변호사들이 대학 재산에 대한 면세혜택을 부여하도록 하는 캘리포니아주 헌법 개정을 성공적으로 이끌어 냈는데 제인 스탠퍼드는 그 덕분에 가지고 있던 주식을 학교에 내놓을 수 있었다.

1901년 제인 스탠퍼드는 전 재산인 3천만 달러를 학교에 기부했다. 1905년에 타계하면서 나머지 7백만 달러의 재산 중 4백만 달러를 다시 학교에 기부했다. 이로써 스탠퍼드 부부는 지금 가치로 환산해서 약 10억 달러, 즉 1조 원이 넘는 돈을 학교에 출연한 것이 된다.

스탠퍼드대는 2018년 3월 현재 81명의 노벨상 수상자와 일곱 사람의 필드메달 수상자를 배출한 명문이다. 교수와 졸업생이 가장 많이 창업을 한 학교이기도 하다. 21세기에 들어서만 해도 알파벳, 인스타그램, 스냅챗, 스페이스X, 유튜브 등 기업들이 스탠퍼드 졸업생들에 의해 만들어졌다.

스탠퍼드대의 예산은 2016-2017학년도에 우리 돈으로 약 6조 원이었다. 기금에서 예산의 20%, 학생 등록금에서 예산의 15%, 병원에서 예산의 20%가 충당된다. 2016년 현재 스탠퍼드대의 기금은 224억 달러다. 하버드, 예일, 텍사스에 이어 세계 4위다.

만일 스탠퍼드가 따로 대학을 세우지 않고 하버드에 거액 기부를 했었다면 오늘날의 스탠퍼드대학은 존재하지 않았을 것이다. 하버드가 더 좋은 학교가 되었을 가능성은 있지만 스탠퍼드가 생긴 것 만큼 좋은 영향을 미쳤을지는 미지수다.

스탠퍼드대 교정

스탠퍼드와 실리콘밸리

'실리콘밸리의 아버지'

1940-1950년대에 스탠퍼드 공대 학장이었던 터먼(Frederick Terman, 1900-1982)은 교수들과 졸업생들에게 기술지식을 상업화해서 적극적으로 창업할 것을 권유했다. 그 결과로 휴렛-패커드(HP) 같은 성공적인 기업들이 탄생한 것이다. 휴렛과 패커드는 터먼의 학생들이다. 그 후 실리콘밸리가 융성하자 터먼에게는 '실리콘밸리의 아버지'라는 칭호가 붙었다. 트랜지스터를 발명한 쇼클리도 터먼의 권유로 실리콘밸리에 돌아와서 반도체 회사를 열었는데 여기서 페어차일드 반도체를 포함해 다수의 반도체 회사가 탄생하게 된다.

터먼은 스탠퍼드에서 화학을 공부하고 대학원에서는 전기공학을 전공했다. 부친이 스탠퍼드의 심리학 교수였다. 부친은 영재교육을 연구했는데 IQ 테스트를 창안한 학자다. 터먼은 MIT로 옮겨 전기공학으로 학위를 받고 스탠퍼드로 돌아와 교수가 되었다.

터먼은 1951년에 군사용 기술의 연구개발을 위해 학교 인근에 산업단지(Stanford Industrial Park; 오늘날의 Stanford Research Park)를 조성해서 대기업들을 입주시켰다. 물론 임대료도 챙겼다. 록히드, 제록스, GE, HP 같은 기업들이 모여들었다. 이 산업단지는 학교 재정에 큰 도움이 되었을 뿐 아니라 산학협력의 중심이 되었고 학생들의 창업 의욕을 고취시켰다. 온갖 천재들이 다 모여들어서 서로 교류하는 장소가 되었다. 학교는 회사 사람들을 교육시켰고 회사는 학생들을 채용했다. 구글은 1백 명의 스탠퍼드 출신들로 시작했고 지금도 20명 중 하나는 스탠퍼드 출신이다.

터먼이 공대 학장일 때만 해도 스탠퍼드 공대는 마이너리거였다. 2차 대전 당시 미국 국방부는 독일의 레이더 시스템을 연구하기 위해 전국의 공대에서 인재를 모았는데 터먼이 8백 명의 팀을 운영하게 되었다. 그러나 정부는 터먼의 팀을 스탠퍼드가 아닌 하버드로 보내 작업하게 했다. 지금은 그런 일이 일어날 까닭이 없다. 스탠퍼드가 아이비리그의 모든 대학들을 추월해 버린 것이다. 아이비리그가 엘리트를 상징한다는 말이 스탠퍼드 때문에 빛이 바랬다.

터먼은 1955년부터 10년 동안 스탠퍼드의 프로보스트로서 국방부의 지원을 더 끌어내기 위해 공학, 과학, 통계학 분야의 확충에 힘썼다. 또, 스탠퍼드대학은 벨 연구소, 쇼클리 반도체, 페어차일드 반도체 등 실리콘밸리 기업들의 지원을 받아 이 기업들과 공동으로 물리학 분야에서 다수의 업적을 냈다. 이후 1976년에는 버턴 릭터(Burton Richter)가, 1995년에는 마틴 펄(Martin Perl)이 노벨 물리학상을 수상했다. 두 사람 다 스탠퍼드 선형입자가속기연구소(SLAC)에서 일했다.

터먼은 1966년에 「터먼 보고서」를 작성해서 박정희 대통령 정부가 오늘날의 KAIST를 만드는 데 결정적인 도움을 주기도 했다.

'실리콘밸리의 주주' 스탠퍼드

스탠퍼드는 학문적 연구가 지식만을 위한 것이라는 오래된 통념도 부숴 버렸다. 스탠퍼드는 학교 주위에 '테크 붐'을 일으켰다. 구글, 시스코 등 4만 개 이상의 기업들이 생겨났다. 실리콘밸리에서 일어나는 다수의 혁신은 학교 밖이 아니라 학교 안에서도 일어난다. 창업과 특허로 교수와 학생, 학교가 벌어들이는 돈이 막대하다. 학생들은 졸업해서 성공적인 기업인이 되고 학교에 넉넉하게 기금을 내놓는다. 예컨대 HP는 지금까지 약 3억 달러를 내놓았다. 스탠퍼드는 사상 최초로 1년에 10억 달러 이상을 모금한 학교다.

학교가 정부 예산이나 기부금을 타내려고 민폐를 끼치는 것이 아니라 주변에 생태계를 조성해서 부를 창출해 주고 일부를 회수하는 것이다. 스탠퍼드가 실리콘밸리에 지분을 가지고 있어서 주주로서 배당을 받는 셈이다.

이 정도의 커뮤니티는 기술기업들로만 돌아갈 수 없다. 무수히 많은 다른 업종의 기업들이 가세했다. 모두 R&D 센터를 실리콘밸리에 세우기 시작한 것이다. 해외의 최고급 인력들도 실리콘밸리로 모여든다.

이쯤 되면 학교도 이들의 수준에 맞춘 커리큘럼으로 교육을 할 수밖에 없어지는데 그러려면 최고급 교수들을 영입해야 한다. 스탠퍼드는 전 세계의 최고수들을 빨아들였다. 다른 대학들은 스탠퍼드가 돈으로 교수들을 쓸어 간다고 불평하는데 어쩔 수 없다. 그리고 이 모든 것이 이 지역의 보수수준과 소비수준을 끌어올려 모든 분야의 인재들이 이 지역을 선호하게 만들었다. 내가 최근에 이 지역을 찾았을 때는 소위 돈 냄새가 난다고 할 정도로 모든 것이 호황이었고 풍족했다. 거기다가 기후까지 최고다. 공대뿐 아니라 다른 모든 학과들이 발전한다.

이런 총장님을 찾습니다

스타 총장들

시사주간지 『타임』은 미국 대학의 10대 총장을 선정한 적이 있다. 두 사람의 여성 총장이 포함되었는데 그중 한 사람이 미시건대 메리 수 콜먼 전 총장이다. 콜먼 총장은 특히 발전기금 모금 실적 부문에서 최고의 총장으로 기록되었다.

콜먼 총장은 2002년에 취임했다. 당시 주 정부가 주립대학임에도 불구하고 미시건대 예산의 10% 정도만 지원하고 있어서 학교 재정난이 심각했다. 콜먼 총장은 대대적인 기금 모금 캠페인을 시작해서 2008년까지 32억 달러를 모금한다. 매년 6천억 원 정도를 모금한 것이다. 이 숫자는 미국 주립대학 역사에서 최고 기록이다. 미시건대는 2008년에 연구비로 10억 달러를 지출할 수 있었다. 당연히 학교의 위상이 높아졌다. 미시건대는 2017년 기준 세계에서 열 번째로 돈이 많은 대학이고(하버드대 1위) 연구비 예산은 2위다(존스홉킨스대 1위).

역시 10대 총장에 포함된 존 섹스턴 전 뉴욕대 총장은 2002년에서 2015년까지 재직했는데 한 캠페인에서 30억 달러를 모금하기도 했다. 섹스턴 총장은 그 돈으로 재정난을 겪고 있던 버클리대 등지에서 유능한 교수들을 대거 스카우트했다. 맨해튼의 고급 아파트를 무상으로 제공하는 파격적인 인센티브를 제공하여 뉴욕대에서는 교수의 지위를 보려면 어떤 아파트에 사는지를 보면 된다는 말까지 생겨났다. 아파트 무상사용을 과세대상 소득에서 제외하는 수완도 발휘했다.

섹스턴 총장은 적극적인 국제화 사업을 추진했다. 2007년에 아부다비에 분교를 열었다. 비용은 전액 아부다비 정부가 부담했다. 뉴욕대는 해외에 분교를 연 첫 대학이 되었다. 전 세계에서 학생을 모집했는데 첫 해에 지원자의 2%만 입학할 수 있었다. 39개국에서 온 학생들이 입학했다. SAT 기준으로 미국 5대 대학에 필적했다. 뉴욕대 학생들은 40% 이상이 재학 중에 해외에서 공부하는 경험을 쌓는다. 텔아비브와 상하이에도 분교가 있고 국립 싱가포르대와는 공동 교육과정을 운영한다.

또 다른 전설적인 총장은 릭 레빈 전 예일대 총장이다. 1993년에서 2013년까지 무려 20년을 총장으로 재직했다. 취임 당시 32억 달러였던 기금을 퇴임 때 2백억 달러로 불려 놓았다. 레빈 총장은 학교 시설의 70%를 개보수했다. 인근 17개 건물을 매입해서 캠퍼스를 확장하고 첨단화했다. 직원들에게 의료보험 혜택과 유급휴가를 제공하고 급여도 인상했다. 중국과의 교류 사업에 역점을 두었고 싱가포르 정부가 비용을 전액 부담해서 국립 싱가포르대와 공동 프로그램(Yale-NUS)을 만들었다.

기금총장을 찾아서

발전기금 모금은 모든 대학 총장들의 짐인 동시에 구원이라고 한다. 모금은 대학의 담당 부서가 총장을 지원해서 조직적으로 진행되지만 총장 개개인의 개성과 역량이 결과를 크게 좌우한다. 그래서 아무리 탁월한 실적이 있어도 기금을 모으지 못하면 훌륭한 총장으로 평가받지 못하고 기금을 잘 모으면 다른 일을 조금 못해도 후한 평가를 받는 것이 대학 총장 자리다.

여기에는 타당한 근거가 있다. 대학 재정이 튼튼할수록 뛰어난 교수 유치가 가능하고 연구비 지원으로 지식의 생산과 교육이 원활해진다. 시설이 첨단화되어서 교수의 연구와 학생 생활이 윤택하다. 장학금도 넉넉해진다. 따라서 입학 경쟁률이 올라간다.

발전기금의 조성과 대학의 랭킹 간에 상관관계가 있다는 보고도 있다. 실제로 2017년 대학의 기금은 하버드대 345억, 예일대 254억, 텍사스대 242억, 스탠퍼드대 224억 달러 순이다. 미국 밖에서는 사우디 대학들이 가장 부자이고 그 외 싱가포르 난양공대 24억, 오사카대 23억 달러의 순이다. 각종 대학평가와 대체로 순위가 일치한다.

세계적으로 신자유주의가 퇴조하고 있지만 유독 대학에서는 반대의 현상이 두드러지고 있다. 사회에서 대학이 수행하는 역할과 대학의 정체성이 변했다. 앞에서도 언급했듯이 대학도 사기업과 마찬가지로 최소 비용으로 최대 성과를 창출하는 경제적 생산기능을 발휘하라는 압력을 받는다. 대학교육은 정량평가의 대상인 상품화하고 있다.

여기서 발전기금 조성은 핵심적인 중요성을 가진다. 이런 조류를 비판할 수는 있으나 우리 대학들이 국제무대에서 경쟁해야 하는 것도 부인할 수 없다. 각 대학에서는 혁신적인 재원 조달 계획을 제시하고 그 실천력이 검증된 인사가 총장이 되어야 한다.

등잔 밑이 어둡다

가장 큰 기부자들은 졸업생들과 학부모들이다. 성공한 졸업생이 많을수록 기부가 많이 들어온다. 하버드가 가장 부자인 이유도 여기에 있다. 특별한 이유 없이 자신과 연고가 없는 대학에 기부를 하게 되지는 않는다. 그래서 대학은 학생들을 미래의 기부자로 보아 잘 가르치고 성공하게 도움을 주고 성공하면 학교 생각도 해야 한다고 교육을 시켜야 하는 것이다. 그런데 이것이 특별히 어렵지는 않다. 학생들에게 동문들이 기부하는 모습을 보여 주기만 하면 된다.

자신이 졸업하지는 않았어도 자녀가 다니거나 졸업했으면 기꺼이 기부금을 내는 사람이 많다. 자기 자녀를 위한다는 기분도 든다. 이렇게 되면 자녀도 부지불식간에 기부 교육을 받게 된다.

이 프로세스에서 큰 작용을 하는 것이 이른바 '레거시(legacy policy)'라는 것이다. 부모가 동문이고 기부자이면 입학에서 자녀를 우대하는 제도다. 스탠퍼드를 포함해서 많은 사립대학들이 이 제도를 채택하고 있는 것으로 알려진다. 이 혜택을 받으면 자연히 학교에 더 호의적이 되고 부모에게 경제적 여유가 있다면(대개 있다) 기부 의사가 생긴다. 어떻게 보면 선순환인데 우리 시각에서는 금수저의 대물림이 될 수 있다. 스탠퍼드가 스스로 밝힌 자료에 의하면 부모가 동문인 학생이 입학할 확률이 아닌 경우보다 3배나 높다.

스탠퍼드는 교수들에게도 이 제도를 채택하는 것 같다. 자녀를 셋이나 스탠퍼드에 보낸 한 스탠퍼드 교수에게 교수 자녀 우대가 있는지 물어보니, 그런 것은 없고 다만 입학 원서를 낸 후에 입학관리 부서에 원서를 냈다는 사실을 알려주기는 해야 한다고 했다.

웨스트버지니아대 지 총장

미국의 한 매체(The Best Schools)가 미국에서 가장 '흥미로운' 대학 총장 20명을 뽑아 본 적이 있다. 그중 우리 눈에도 매우 흥미로워 보이는 총장은 단연 웨스트버지니아대 고든 지(E. Gordon Gee) 총장이다.

지 총장은 웨스트버지니아대 두 번(연임이 아니다), 오하이오주립대 두 번, 콜로라도대, 브라운대, 밴더빌트대 총장을 지냈다. 어찌 된 셈인지 웨스트버지니아대 외에는 그 어떤 대학에서도 다른 보직을 맡은 적이 없다. 오직 총장만 했다. 미국이라고 해서 외부인을 언제나 흔쾌히 받아 주는 것은 아닐 터인데 능력과 인품이 받쳐 주는 모양이다. 가는 대학마다 돈을 들여 총장 공관을 리노베이션하기로도 유명했다. 인기가 좋으니 사람들이 후임자를 위해서 그런 거라고 봐준다. 2010년에 『타임』지 선정 미국 10대 총장에도 들었다.

지 총장은 유타대와 컬럼비아대 로스쿨을 나왔다. 브리검영대 로스쿨 교수를 거쳐 지금 있는 웨스트버지니아대 로스쿨 학장이 되었는데 2년 후인 1981년에 바로 총장이 되었다. 37세였다. 하버드대 찰스 엘리엇 총장이 40년간 재임했는데 지 총장도 2018년 현재 합산 37년째이니 그 기록에 도전하고 있는 셈이다.

브라운대 총장이 된 것은 1998년이다. 그런데 여기서는 딱 2년

밖에 총장을 하지 못했다. 지 총장은 브라운대학을 아이비리그대학이 아니라 월스트리트에 있는 사기업처럼 운영했다는 비난을 받았다. 뇌과학 연구를 지원하기 위해 독단적으로 8천만 달러 규모의 학교채를 발행한 것이 좋은 사례다. 동시에 유서 깊은 찰스턴 현악사중주단에 대한 지원을 줄여 버렸다. 대학이 '돈 안 되는' 예술에 너무 경도되어 있다고 본 것이다.

비판이 거세지자 지 총장은 사임했다. 그런데 밴더빌트대에서 거액의 연봉과 부인을 정교수로 영입하는 조건으로 재빨리 스카웃해 갔다. 2000년 당시 130만 달러 연봉으로 미국에서 두 번째 고액 연봉을 받는 대학 총장이 되었다. 브라운대 학생들은 아직도 매년 봄에 이동식 화장실 2개를 교정에 놓고 '고든 지 화장실 단지'라는 쪽지를 붙여놓는다.

밴더빌트에서 지 총장은 높은 인기와 지지율을 누렸다. 최저 지지율이 88.4%였다. 학생 지원율이 7년 재임 기간 동안 50% 상승했고 따라서 신입생 SAT 점수도 높아졌다. 우리 돈으로 1조 5천억 원의 기금을 모았는데 목표보다 2년을 앞당겨 끝내 버렸다. 총장 부부의 낭비벽과 사치는 크게 거론되지 않았던 것으로 보인다. 180만 달러로 미국 최고 연봉 총장이 되었다.

지 총장은 다시 오하이오주립대로 이동한다. 두 번째로 이 학교 총장이 된 것이다. 연봉은 1백만 달러로 밴더빌트보다는 낮지만 주립대 최고기록이다. 여기서도 학교 돈을 딱히 개인적이라고는 할 수 없지만 헤프게 쓴다는 말을 많이 들었다. 그 외 이런저런 설화사건을 일으켰다. 연봉은 160만 달러로 올랐다. 물론 일부는 장학금으로 내놓았다.

지 총장은 2013년에 지금 있는 웨스트버지니아대로 옮겼다. 역시 두 번째로 같은 학교 총장이 되었다. '왕의 귀환'처럼 학교의 열렬한 환영을 받은 것 같다. 그러나 현재 지 총장은 2014년 이후 총 220만 달러를 사적인 용도의 전용비행기와 특급호텔에 사용했다는 의혹을 받고 있다. 지 총장은 그 모든 여비가 기금 모금 행사와 미팅에 사용된 것이라고 해명했다. '나는 레인메이커다'라는 것이 지 총장의 단골 레퍼토리다. 미국의 어느 유명 총장이 한 말처럼 기금은 비용을 많이 쓸수록 많이 모인다는 것이다.

대학 총장의 임무는 다양하다. 학문연구와 교육의 수월성을 유지하는 것, 자신이 이끄는 대학의 전통과 가치를 보전하는 것이 가장 무거운 책무다. 그 외의 책무는 상대적으로 부차적인 것이다. 그런데 점차 부차적인 것들이 크게 늘어났다. 미국의 경우 학교 체육경기팀의 육성, 기금의 모금, 심지어는 등록금 인상 같은 것들이다. 우리도 크게 다르지 않다.

지 총장은 현대 대학이 안고 있는 딜레마를 상징하는 인물이다. 온갖 논란에도 불구하고 지 총장이 각광 받고 장수할 수 있었던 것은 피상적인 관찰일지는 모르나 아무래도 '부차적'인 것들에서 발휘하는 탁월한 수완인 것 같다. 그러나 이를 두고 한탄할 일은 아니다. 신자유주의의 지배하에 있는 현대의 대학은 영리기업과 같이 비용-편익 개념에 기초해서 최대한의 생산성을 발휘하라는 요구를 사회로부터 받는다. 부차적인 것들이 본질적인 것들의 성패를 좌우하는 지경이 되었다.

대학 총장들은 그런 부차적인 문제에 매몰될 위험이 크다. 열악한 경제적 조건하에 있는 대학들이 많기 때문이다. 그런 문제를 수완을 발휘해서 잘 해결할 인사가 총장이 될 것이고 되어야 한다. 연구 성과와 교육의 수준은 물론이고 학교에서 대학의 자치라는 이념마저 퇴색될 위기다.

세태와 상황이 이렇게는 해도 대학들은 '부차적인' 문제를 해결할 역량을 소유하고 있기만 한 것이 아니라 '본질적으로 겸손한' 품성을 가지고, 소통을 통해 구성원들의 뜻을 모으고, 그로써 높은 수준의 연구와 교육이 유지되고, 그 결과 학교의 품위와 구성원들의 자존심을 특히 외부에 대해 지키는 보루가 되어 줄 수 있는 인물을 총장으로 뽑아야 할 것이다.

하버드대학 기금

하버드 기금과 루덴스틴 총장

하버드대학 발전기금(Harvard Endowment)은 2015년 기준으로 376억 달러다. 우리 돈으로 40조 원 정도 되는 셈이다. 이로써 하버드는 세계에서 가장 많은 액수의 발전기금을 보유한 대학이다. 그래서 하버드는 대학을 거느린 헤지펀드라는 농담도 있다. 대학기금들은 통상 연간 기금 규모의 5%까지만 지출할 수 있다는 규정을 두고 있는데 하버드의 경우 기금이 너무 커서 5%라 해도 2조 원쯤 되어 버린다.

하버드의 기금은 26대 루덴스틴 총장 때(1991-2001) 크게 확충된 것이다. 루덴스틴(Neil Rudenstine)은 프린스턴을 졸업하고 로즈 장학생으로 옥스퍼드에서 석사학위를 받은 뒤 하버드에서 영문학으로 박사학위를 받았다. 4년 동안 하버드에서 가르치다가 프린스턴으로 가서 프로보스트까지 지냈다. 루덴스틴은 하버드 총장으로 재직하는 동안 대단히 조용한 리더십을 발휘했던 것으로 기록된다. 총장의 권한도 프로보스트와 학장들에게 대폭 이양했다. 기금 모금에서 가장 성공적이었던 총장으로 알려진다.

대학 기금의 운용

전반적으로 미국 대학들의 기금이 커진 것은 미국 특유의 기부문화와 미국 사회의 경제적 불평등 심화, 투자기법의 발달 때문이다. 미국의 8백 개 대학이 약 5천억 달러의 기금을 보유하고 있다. 대학기금에 기부하면 세금혜택이 있고 대학기금의 수익에 면세 혜택이 붙는 것도 여기에 한몫했다. 영국에서 가장 큰 케임브리지대학 기금은 28억 파운드다. 하버드의 10% 밖에 안 된다.

그러나 기금들이 커지는 동시에 학생들은 학비 때문에 빚에 시달리는 것이 현실이다. 기금이 학생들의 등록금 채무에 무슨 도움을 주고 있는가라는 비판이 있다. 또, 그렇지 않아도 돈이 많은 하버드 같은 학교에 다시 세금혜택까지 수반되면서 돈이 집중되는 현상도 문제시된다. 사실 하버드는 이렇게 많은 돈이 꼭 필요하지는 않다.

대학은 이익을 남기는 영리 사업체가 아니다. 그래서 기금은 대학의 운영에서 파생되어 나오는 돈이 아니라 대부분 기부금에서 조성된 것이다. 대학에 기부금을 내는 사람들은 교육과 연구, 기타 대학이 운영되는 데 필요한 재원으로 써 달라고 돈을 낸다. 대학은 이 돈을 소중히 다루어 필요한 곳에 배분해야 한다.

돈은 한꺼번에 다 쓰는 것이 아니라 쌓이기 때문에 그냥 두기보다는 불리면 좋다. 투자를 하는 것이다. 그러나 투자에는 위험이 따른다. 돈을 잃을 수도 있는 것이 투자다. 그런데 잘 써 달라고 낸 돈이 투자를 하다가 날아가 버리면? 기부자들의 입장에서는 참으로 황망한 일이 될 것이다. 그래서 대학의 기금은 대박을 바라지 않고 착실한 수익을 가져다주는 안전한 자산에 주로 투자된다.

투자 실적이 좋을수록 학생들의 복지가 증대된다. 투자수익으로 등록금 의존도를 줄이면 장학금이 늘어난다. 그밖에 학교가 학생들에게 이것저것 해 줄 수 있는 것들이 늘어난다. 운용을 잘 해야 하는 이유다. 프린스턴대학 같이 학생 수가 적은 학교는 기금 수익으로 대학 예산의 절반을 충당하고 있다.

국내의 한 대학이 상당한 금액을 투자손실로 잃어버린 적이 있다. 관련된 교수들이 모두 시말서를 썼다고 한다. 왜냐하면 교수들이 직접 기금을 운용했기 때문이다. 교수들이 프로들과 상대해서 투자운용을 한다는 것이 황당하지만 그렇다고 보수를 지불해야 하는 전문가에게 그렇게 크지 않은 기금의 운용을 맡기기도 애매하다.

하버드관리회사

하버드의 대학기금은 하버드대의 다른 모든 자산과 함께 하버드관리회사(Harvard Management Company: HMC)가 운용한다. 1974년에 설립된 HMC는 하버드대 소유 투자회사다. 금속으로 지어진 것 같은 느낌을 주는 보스턴 미국연방준비은행 건물에 사무실을 두고 있다. 발전기금을 구성하는 약 1만 2천 개의 펀드를 관리한다. 기금의 1/3은 직접 운용하고 나머지는 외부에 맡긴다.

대학도 투자의 정석에 따라 투자해야 하기 때문에 투자대상은 다양하다. 주식과 회사채 외에 대체투자인 헤지펀드나 사모펀드, 부동산에도 상당한 투자가 이루어지고 있다.

그러나 기금투자의 가장 큰 부분을 차지하는 것은 역시 주식이다. 주식투자는 투자대상 기업의 사업과 경영진을 보고 하게 된다.

물론 대학은 돈 잘 번다고 아무 기업에나 투자를 할 수는 없다. 일반적으로 기관투자자들은 대상 기업의 수익성 외에도 환경, 사회, 지배구조(Environmental, Social, and Governance: ESG) 등을 감안한 사회적 책임투자를 해야 하는데 대학은 더 그렇다.

또, 대학의 기금은 주로 미래 세대의 교육과 연구에 사용될 것으로 여겨진다. 그래서 대학이 단타 매매로 투자하는 것은 적절치 않다. 즉, 대학은 장기적 관점에서 기금을 투자에 사용하게 된다.

이런 원칙들이 HMC에는 책임투자원칙(Principles for Responsible Investment: PRI)이라는 모토하에 정리되어 있다. 이 원칙은 유엔의 지원하에 만들어진 것이다. 글로벌 투자 커뮤니티 구성원들과 같이 소통하면서 ESG를 반영한 투자전략과 실무를 공유한다는 것이다. 하버드는 PRI를 최초로 선택한 학교다.

하버드가 하는 투자는 대학이 사회에 기여해야 되는 교육기관이라는 사실과 기부자들의 뜻도 그와 같다는 이해에 기초해서 행해진다. 또, 기금의 투자는 경제적 관점에서만 집행되고 정치적 목적을 감안하거나 대학과 무관한 사회적 이슈를 관철시키는 압력 수단으로 사용될 수 없다. 그런 행동은 대학의 이념과 맞지 않는다.

가끔 특정 기업에 하는 투자가 대학의 이념이나 정체성과 양립할 수 없는 경우가 발생한다. 하버드의 경우 남아프리카공화국에서 인종차별정책이 시행될 때 그에 연관된 기업의 주식을 처분하게 한 적이 있다. 담배회사 주식은 사지 않으며 수단의 다푸르 사태에 연루된 회사의 주식도 처분했다. 이른바 '착한 자본'의 역할을 하는 것이다.

하버드 로스쿨의 화장실 이름은?

힘들게 벌고 모은 돈을 학문과 교육에 보태 달라고 대학에 기부한다. 기부금을 받는 대학 입장에서는 어떤 방식으로든 감사를 표하고 싶고, 또 그렇게 해서 다른 기부가 이어질 수 있게 한다.

국내외를 막론하고 가장 흔한 방식이 기부자의 이름을 시설물에 부착해서 사의를 표하는 것이다. 사실 미국의 하버드대학은 그 원조다. 하버드라는 이름의 목사가 기부한 돈으로 출발한 학교다. 코넬대학과 밴더빌트대학도 마찬가지다.

단과대학에 거액기부자의 이름을 붙이는 것은 경영대학에서 많이 한다. 예컨대 버클리대 경영대는 이름이 '하스 경영대'다. 최초로 청바지를 만들었던 리바이스의 오너 일가 하스 가의 이름을 붙인 것이다. 거액 기부자다. 코넬대 의대는 우리 돈 1천억 원을 기부한 샌퍼드 웨일 전 시티그룹 회장의 이름을 달고 있다. 그 밖에 빌딩, 강의실, 심지어는 분수대에도 이름이 붙는다. 석좌교수들은 기금을 출연한 사람의 이름을 항상 자신의 교수직 앞에 달고 다닌다.

하버드에서 해프닝이 벌어졌다. 하버드대 로스쿨이 저명 투자은행가 고 브루스 와서스타인이 희사한 돈으로 빌딩을 짓고 와서스타인 홀이라고 이름을 붙였다. 내부의 강의실, 라운지 등등에 또 다른 기부자들의 이름이 붙었다. 와서스타인은 하버드대 경영대와 로스쿨을 동시에 졸업하고 생애에 걸쳐 약 1천 개의 M&A 거래(총 거래규모 260조 원)를 성사시킨 투자은행계의 전설적인 인물이다. 로스쿨에는 약 3백억 원을 기부했다.

그런데 건물의 남자화장실에 한 기부자의 이름이 붙은 것이 세상에 알려졌다. 이런 조류에 대해 비판적인 사람들은 하버드가 드디어 화장실까지 팔아먹는다고 열을 올렸다. 경쟁 대학들은 희희낙락하면서 이 이야기를 읽었다.

동작 빠른 한 신문기자가 당사자에게 연락을 해 보았다. 기부자는 하버드대 로스쿨 동문이고 부동산업계에서 명망이 높은 사람이었다. 당사자는 왜 그런 일이 일어났는지 짐작하고 있었다고 전해진다.

오래전에 다른 단체에 기부한 적이 있었는데 그때 그 단체의 신사용 휴게실(Gentlemen's Room)에 자신의 이름을 붙인 일이 있다는 것이다. 휴게실은 서양에서는 클럽하우스의 일종이다. 이 이야기를 하버드에 기부하면서 학교에 전했는데 어떤 경로로인지 잘못 전달되어서 대학의 담당자가 남자화장실(Men's Room)에 자신의 이름을 붙이게 된 것으로 안다고 했다.

대학도 재정이 튼튼하지 못하면 지속가능하지 않으므로 그 외의 모든 목적을 논하는 것이 의미가 없어서 대학운영구조도 재정적 안정을 한 축으로 구성된다. 그래서 운영재원과 발전기금의 확보, 대학

자산의 효율적인 투자와 운용 등등을 효과적으로 수행할 수 있는 인사가 총장이 되는 것이 보통이다.

지난 30년 정도의 기간 동안 구미에서는 이 기준이 거의 절대적이었다. 우리도 그 뒤를 따라온 감이 있다. 국내외에서 전설적인 스타 총장들이 탄생했다. 나는 심지어 이런 추세와는 가장 거리가 멀어 보이는 독일 프라이부르크대학의 개교 550주년 기념식 석상에서, 개교기념일을 맞아 백만 유로의 발전기금을 출연하겠다는 깜짝 축사를 하는 후원회장을 총장이 기쁜 나머지 단상으로 뛰어 올라가 포옹하는 것을 보았다.

그런데 재정이 확보된 대학의 궁극적인 존립 이유는 학문의 연구와 학생 및 사회교육이다. 실제로 미국에서는 그간 상대적으로 소홀히 여겨졌던 이 고전적 목표가 새삼 부각되고 몇몇 대학에서는 총장, 학장추천위원회 결정을 통해 대학운영구조의 모델이 변화하고 있다. 학문적인 업적과 그로부터 발생하는 학문공동체에 대한 지도력이 중요한 기준으로 귀환하고 있는 것이다. 하버드대의 파우스트 총장이 좋은 예다.

세상이 필요로 하는 정보와 지식을 생산하는 것이 학자의 임무지만 정작 학자들이 자신과 직접 관련된 일은 소홀히 하거나 잘못 처리하는 경우가 많다. 우리나라에서도 기업지배구조가 학술적으로 연구된 것이 벌써 20년이지만 대학의 운영구조에 대한 연구는 이제 겨우 시작단계에 있다.

국립대학 법인화, 등록금 문제 등으로 대학의 재정은 다시 절박한 현안이다. 기업지배구조에 대한 연구결과를 대학의 운영구조에 적용하고 싶어 하는 사람들도 있을 것이다. 그런데 그렇게 하면 총장 선출과 평가는 기금 조성 능력에만 의하게 되는 이상한 결과가 나온다. 학교의 모든 구석구석에 기부자들이 이름이 붙게 될 것이다. 기업의 지배구조와 대학의 운영구조는 사회적 책임이라는 이념 외에는 출발점이 전혀 다르다는 것을 잊으면 안 될 것이다. 기업의 지배구조에 대한 연구에서 대학에 응용될 지혜를 가져올 때 이 점에 유의해야 한다.

기업대학

재정문제가 전혀 없는 대학들이 있다. 기업대학(Corporate University)들이다. 기업대학은 전통적 의미에서의 대학은 아니고 대기업들이 자체 교육 목적으로 만들어서 운영하는 사설기관인데 통속적으로 그냥 대학이라는 이름을 붙여 쓰고 있다. 현재 전 세계에 약 4천 개의 기업대학들이 있다. 미국에 가장 많은데 미국에는 '대학'에 대한 공식적인 정의가 없다.

가장 유명한 기업대학은 맥도날드가 운영하는 햄버거대학(Hamburger University)이다. 시카고 교외와 전 세계 주요 도시에 있는 7개의 캠퍼스에서 레스토랑 경영에 필요한 지식을 최대 23학점으로 가르치고 훈련한다. 전임교수 16명을 두고 있다. 1961년에 설립되었는데 '졸업생'의 수가 이제 28만 명이 넘었다. '햄버거학 학사(Bachelor of Hamburgerology)'라는 '학위'를 따기 위한 '입학' 경쟁률이 100:1을 넘어서기 때문에 100:6인 하버드 들어가는 것보다 더 어렵다고 한다. 특히 맥도날드사에서 진급하는 데는 이 대학 학위가 중요하다. 맥도날드 고위 임원들 중 40% 정도가 이 대학을 거쳤다.

여기서는 물론 햄버거를 어떻게 만들고 프렌치프라이를 어떻게 조리하는지를 가르치지 않는다. 리더십과 관리에 관한 교육을 레스토랑 경영의 맥락에서 실시하는 것이다.

시가총액 1조 달러를 돌파한 세계 최대의 기업인 애플도 2008년에 설립된 애플대학(Apple University)을 가지고 있고, 월트 디즈니, 보잉, 모토로라도 각각 기업대학을 운영한다.

기업대학은 그 목적이 영리사업을 수행하는 회사의 내부인력을 양성하는 것이라 원래의 대학보다 그 운영이 단순하기는 하지만 엄격한 비용-편익 기준의 적용을 받는다. 학생들이 현업에 바쁜 직원들이기 때문에 선발과 교육에 특별한 방법이 필요하고 교육의 성과를 측정해서 평가하는 것도 특수한 프로그램의 지원을 받아 수행된다고 한다. 즉, 기업대학은 투자에 대한 수익의 창출을 요구받는 특이한 대학이다. 그런 면에서 미래에는 이런저런 양상으로 모든 대학들이 조금씩 기업대학을 닮아 갈 수도 있겠다.

기업대학과는 달리 기업이 통상적인 대학을 인수하는 경우가 있다. 국내의 인하대, 성균관대, 울산대 같은 사례다. 대기업이 대학을 인수한 경우 보통 그 대학은 재정적으로 튼튼할 것이라고 여겨진다.

기업이 대학을 인수해서 운영하는 취지는 크게는 사회사업의 일환일 것이다. 그 외 자기 회사가 필요로 하는 인재를 맞춤형으로 양성하기 위한 목적이 있을 수 있고 산학협력을 효과적으로 진행하기 위한 목적이 있을 수 있다. 나아가 대학에는 의대와 병원이 있기 때문에 의료산업 분야에 진출하는 데 도움을 받기 위한 목적도 있을 것이다.

사모펀드의 두 시조와 창업자들

2017년 기준 전 세계적으로 약 4천 개의 사모펀드가 활동하고 있는데 현대적 형태의 사모펀드가 처음 등장한 것은 2차 대전 종전 다음 해인 1946년이다. 두 회사가 벤처캐피털로 같은 해에 설립되었다. ARDC(American Research and Development Corporation)와 J. H. Whitney & Company다. 이 펀드들은 우연찮게도 각각 대학과 인연이 깊다는 특징이 있다.

ARDC는 하버드 경영대학장을 지낸 도리오(Georges Doriot)와 MIT 총장을 지낸 콤프턴(Karl Compton), 버몬트 주 상원의원이었던 플랜더스(Ralph Flanders)가 공동으로 설립했다.

도리오는 '벤처캐피털의 아버지'로 불리는 사람이다. 이름에서 나타나듯이 프랑스 태생 이민자 출신이다. 하버드 경영대학에서 MBA를 하고 모교 교수가 되었는데 전쟁 중에 소령으로 입대해서 준장까지 진급했다. 전쟁이 끝난 직후에 학교에 복귀해서 ARDC를 세웠다. 도리오는 1957년에 프랑스에서 인시아드를 설립하기도 한다.

콤프턴은 프린스턴대 물리학자 출신이다. 1930-1948년 18년간

MIT 총장을 지냈다. MIT는 과학과 기술의 관계를 정립한 학교다. 콤프턴은 대공황 초기에 총장에 취임해서 당시 과학과 기술에 대한 사회의 경시와 비난 풍조에 맞서 과학과 기술의 대변자 역할을 한 사람으로 유명하다. 루스벨트 대통령의 요청으로 군사용 기술의 개발에 조력했고 이후로도 계속 군과 가까운 협력 관계를 유지했다.

이 두 사람과는 달리 플랜더스는 학력이 고졸이다. 대학 등록금을 마련하지 못했다. 그러나 수학, 문학, 그리스와 라틴 고전에 튼튼한 기초가 있어 독학으로 문학과 과학, 공학과 인문학에 상당한 소양을 갖추었던 사람이다. 기계제조업에서 크게 성공했고 루스벨트 정부 상무부 고문과 보스턴 연방준비위원회 이사까지 지냈다. 1946년에 연방 상원의원에 선출되어 1959년까지 봉직했다.

세 사람은 종전 후 귀향 군인들이 창업한 사업에 민간 투자를 촉진시키기 위해 ARDC를 만들었다. ARDC는 초기의 사모펀들이 대개 명문대가의 자금을 유치했던 것과는 달리 일반 투자자(LP)들의 자금을 유치했던 것으로 유명하다. ARDC는 사모펀드로서도 성공적이었다. DEC(Digital Equipment Corporation)가 대표적인 거래다. 1957년에 7만 달러로 지분 70%를 인수했는데 1968년 DEC의 IPO로 투자액의 5백 배인 3억 5천5백만 달러를 회수했다. 11년 동안 연 101% 수익을 거두었다.

ARDC는 도리오가 은퇴한 1971년까지 운영되다가 1972년에 벨 헬리콥터와 세스나 경비행기로 잘 알려진 항공우주업체 텍스트론(Textron)에 인수되었다. 통산 총 150개 포트폴리오를 보유했다.

J. H. Whitney & Company는 미국의 부호 휘트니 가의 존 휘

트니가 베노 슈미트(Benno Schmidt)와 공동으로 창업한 펌이다. 휘트니는 2차 대전 때 공군 정보장교였는데 프랑스에서 포로로 잡혔다가 포로수송열차에서 탈출한 경력도 있다. 아이젠하워 정부에서 영국대사를 지냈고 『뉴욕 헤럴드 트리뷴』의 사주이기도 했다. 슈미트는 텍사스대 로스쿨 출신의 변호사였다. 텍사스와 하버드에서 강의도 하다가 1942년에 입대해서 대령까지 진급했다.

두 사람은 전쟁이 끝난 직후에 은행에서 차입을 하지 못하는 사업체들을 지원하기 위해 1천만 달러 규모로 사모펀드를 설립했다.

'벤처캐피털'이라는 용어는 슈미트의 작품이다. 당시 'development capital'이라는 용어가 널리 쓰이고 있었지만 휘트니는 'private adventure capital'이라는 명칭을 좋아했다. 이를 슈미트가 'venture capital'로 줄였다고 한다.

신진기예들을 영입하기 위해 슈미트가 하버드 경영대학장을 찾아가 지난 5년간 졸업생들 중에서 가장 우수한 인재를 추천해 달라고 요청했는데 당시 학장은 "그런 황당한 요청에 즉시 답해 줄 수 있을 것으로 생각했다면 착각이신데, 만일 그런 황당한 요청에 답을 해 줄 수 있다고 가정한다면 아마 작년에 수석으로 졸업한 피터마이어(Wrede Petermeyer)라는 졸업생을 거론했을 것이오"라는 취지로 답했다는 유명한 일화가 있다. 피터마이어는 바로 다음 날 파트너로 영입되어서 중책을 맡았다.

휘트니가 공직과 다른 여러 사업에 관여했기 때문에 사모펀드는 사실상 슈미트가 경영했다. 슈미트는 1992년까지 경영파트너로 일했다. 5남을 두었는데 그중 하나가 예일대학 제20대 총장을 지낸 베노 슈미트 2세다.

J. H. Whitney는 음료수 회사 미닛메이드(Minute Maid)를 포함해 무수히 많은 포트폴리오를 보유했다. 1980년대에 LBO 펌으로 변신해서 오늘에 이른다.

국립대학 서울대,
국민의 마음을 얻고 있는가

지금 서울대뿐 아니라 모든 대학에 필요한 것이 대학의 운영과 학생들의 학자금 지원, 연구에 필요한 재원이다.

특히 서울대는 교수 처우가 사립대에 비해 많이 뒤처져 있어 처우개선에 필요한 돈을 마련하는 일이 급하다. 서울대 교수는 학교에서 대우가 박해도 사회적 성가를 활용해 스스로 알아서 하겠지라는 생각은 틀리기도 하려니와 위험천만하다. 소장 교수들은 생활과 자녀교육 같은 문제에서 많이 취약하다. 그 문제로 시달리다 보면 교수로서 자부심도 약간 사그라진다고 한다.

그러나 재정 확충 못지않게 중요한 것이 절약이다. 요즘 일부 대학은 곳곳이 대기업 뺨치는 시설이다. 남의 돈으로 짓는 교육연구시설이 그렇게 비싸야 하는지, 그리고 공부하는 곳이 검소하지 않고 화려해야만 하는지 의문이다. 시설유지관리비로 허리가 휜다. 할 수 없이 캠퍼스가 상업화된다. 대학의 인프라가 전반적으로 검소해져야 한다.

내가 처음 학교에 왔을 때 서울 법대의 강의실에는 천정에서 비가 새는 곳이 있었다. 외부 손님을 초청해서 강연을 맡기고 학생들 자리에 한 시간 앉아 있어 보면 도저히 더 이상 견디기 힘들 정도로 자리가 불편했다. 그 정도는 물론 탈피해야 한다. 그러나 지금은 외부 손님들에게 오히려 약간 민망할 정도로 시설이 좋다.

다음은 교수-학생 비율이다. 각종 대학 평가에서 교수와 학생 비율은 중요한 기준이다. 낮을수록 좋다. 강의당 학생 수가 적으면 효율적인 강의와 학생지도가 가능하다는 것이다. 예일대는 교수 1명이 학생 4.4명을 가르친다는 것을 자랑스러워한다. 일본 도쿄대와 중국 베이징대는 이 수치가 각각 5.7과 8.3이고 서울대는 12.6이다. 문제는 교수와 학생 비율을 낮게 유지하는 데 드는 비용이다.

학생들이 교수의 개별 지도를 그렇게 바라는 것 같지도 않다. 교수가 학생 개개인을 잘 알면 효과적인 지도가 가능하고 어려운 학생들에게 도움을 주기 쉬운 것은 사실이다. 그러나 대학생은 초·중·고생이 아니다. 얼마나 많은 학생이 교수의 개별적 관심을 기대하고 지도에 의존할까. 아쉽지만 의대를 포함한 일부 학과를 제외하고 교수-학생 비율의 '미신'을 버리고 대형 강의를 받아들이면 어떨까 한다. 어차피 미래는 초대형 온라인 공개수업(MOOC)의 시대다.

검소한 대학을 만드는 노력이 먼저다. 남의 돈 쉽게 알면 안 된다. "사람의 마음이 움직였는지를 보려면 돈이 움직였는지를 보면 된다." 국민과 동문이 학교를 높이 평가하면 마음이 움직일 것이고 발전기금도 잘 조성될 것이다. 국민 여론과 국회가 서울대가 잘 하고 있다고 생각하면 재정지원에 인색하지 않을 것이고 교수들의 처우개선에도 호의적일 것이다. 세상 일에서 돈 문제는 거의 모든 문제(마음)의 요약판이다.

긴축과 재정확충 사이에서 늘 듣는 천편일률적 구상이 아니라 현실성 있고 구상을 구체적으로 뒷받침하는 증거를 제시하는 리더가 필요하다. 돈 문제가 얼마나 어려운 일인지는 다 안다. 대학들은 총장의 도깨비방망이가 간절하다.

도깨비방망이는 의외로 가까운 곳에서 찾을 수도 있다. 서울대가 혼자 잘난 엘리트 기관이 아니라 겸손하게 국민과 소통하고 사회와 일체가 되어 효과적으로 공헌할 수 있는 묘안을 찾는다면 마음과 돈을 함께 얻을 수 있을 것이다.

대학교육과 연구의 미래

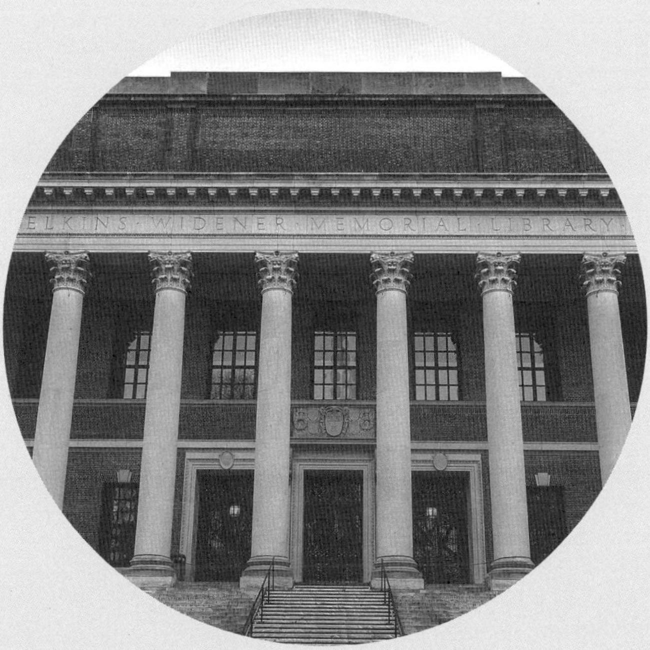

스탠퍼드의 늦여름

샌프란시스코 공항에 도착해서 차를 남쪽 방향으로 몰았다. 햇빛이 마구 쏟아졌다. 동부 지역의 햇살은 부드러운데 이 지역의 햇살은 좀 건조하고 강하다. 남쪽으로 멀리 가지 않아서 길 왼쪽으로 포스터시티와 오라클 본사의 인상적인 건물들이 나타난다. 오라클은 실리콘밸리 방문객들이 가장 먼저 보게 되는 광경이다.

팰로앨토

레드우스시티를 지나 고속도로를 빠져나온 다음 유서 깊은 도로 엘카미노 레알(El Camino Real)을 따라 스탠퍼드대학이 있는 동네 팰로앨토(Palo Alto)에 도착했다. 2002년 늦여름이었다.

팰로앨토는 우리로 치면 읍 소재지 정도 되는 작은 마을이다. 6만이 좀 넘는 사람들이 산다. 작지만 실리콘밸리의 심장부다. 애플의 팀 쿡, 구글의 세르게이 브린과 래리 페이지도 이 동네 주민이다. 스티브 잡스도 여기서 살았다. 스탠퍼드대학과 HP, 테슬라를 위시해서 약 7천 개의 회사가 있다. 거의 다 첨단기술 회사들이다. 구글은 여기 있다가 약간 남쪽에 있는 마운틴뷰로 이사 갔고 페이스북도 여기 있다가 북쪽 이웃 마을인 멘로파크로 이사 갔다. 사실 동네들이 다 붙어 있어서 지역을 따지는 것이 별 의미는 없다.

팰로앨토의 가장 큰 고용주는 물론 스탠퍼드대학이다. 1만 1천 명이 넘는다. 다음으로는 스탠퍼드 병원의 4천 명을 포함한 몇 개의 병원이다. 오라클보다 더 큰 독일의 응용소프트웨어 회사 SAP가 3천5백 명, HP가 2천5백 명 정도 고용한다.

공립학교들 외에도 사립학교들이 많다. 상당수가 스탠퍼드 졸업생들인 이 지역 주민들은 당연히 교육열이 높아서 학교와 교사들이 우수하다. 박사학위를 가진 초등학교 교사들도 보았다. 동네 도서관에 책이 26만 권이나 있다.

스탠퍼드 웨스트

스탠퍼드대 로스쿨은 2002년 당시까지 대학원 석사학위과정을 두지 않고 있었다. 미국의 거의 모든 로스쿨이 외국 학생들과 다른 학교 출신들을 위해 1년짜리 석사과정(LL.M.)을 둔다. 스탠퍼드는 그때 처음으로 과정을 개설했고 그중 한 과목인 '국제기업지배구조론'을 나에게 맡겼다. 동갑내기 친구 케임브리지대 브라이언 체핀스 교수와 같이 담당하기로 했었는데 체핀스가 하버드로 가 버렸다. 그래서 내가 단독으로 담당했다.

스탠퍼드대 로스쿨은 하버드, 예일과 함께 미국의 3대 로스쿨이다. 그러나 규모는 크지 않고 학생들의 수준을 높게 유지하는 데 공을 들인다. 동부 학교의 로스쿨들과는 달리 국제화에 별 관심이 없었다. 그러다가 대표적인 국제적 법학자인 버나드 블랙(Bernard Black) 교수의 주도로 석사과정 프로그램을 출범시키게 되었다. 법률 전반을 교육하는 것이 아니라 회사법과 '기술과 법' 양 분야에 초점을 맞춘 소형 전문 프로그램이었다. 지금은 환경법, 국제경제법 2개가 더 추가되어서 모두 4개다.

블랙 교수는 스탠퍼드의 명성에 걸맞는 좋은 커리큘럼을 만들고 우수한 첫 학생들을 선발하기 위해서 무진 애를 썼다. 쉽게 말하면 하버드나 예일에서도 입학허가를 받은 학생들을 스탠퍼드로 오게 하는 작업이다. 직접 일일이 국제전화를 돌려서 학생들을 설득했다. 실리콘밸리에서 작은 기술회사를 창업해 성공적으로 경영한 경험이 있는 졸업생 한 사람을 강사 겸 행정직원으로 채용해서 프로그램의 운영을 맡길 정도로 투자도 했다.

학교에서는 학교 소유인 스탠퍼드 웨스트(Stanford West)라는 빌라 단지에 내가 머물 집을 마련해 놓았다. 이 단지는 꼭 휴양지 리조트 같이 생긴 근사한 곳이다. 학교에서 걸어서 30분쯤 걸리는 좀 애매한 위치에 있는데 유명한 스탠퍼드 쇼핑 센터와 길 하나를 사이에 두고 마주 보고 있다. 이 길이 바로 페이지 밀 로드(Page Mill Road)다. 스탠퍼드 리서치 파크로 연결된다.

노스웨스턴대학

스탠퍼드에서 바쁘고 긴장된 1년을 보냈다. 외국 대학 강의는 처음이었다. 로스쿨에서 3학점짜리 수업을 하고 가을에는 증권의 동시상장에 대한 국제컨퍼런스도 주관했으며 서부 여행도 많이 했다.

학교에서는 학기가 시작하기 전에 석사과정 학생들을 떠들썩하게 다 모아 놓고는 나에게 조언을 해 주라는 부탁을 했다. 강의도 시작하기 전에 강연을 한 것이다. 그 이유는 내가 석사과정을 두 번이나 한 경험이 있어서다. 한 번은 시카고의 노스웨스턴대 로스쿨, 그리고 하버드대 로스쿨이다. 그런데 그때 한 시간 동안 무슨 이야기를 했는지 기억이 나지 않는다.

나는 미국에 공부하러 가려 할 때 다들 하듯이 몇 군데 원서를 냈었다. 가장 먼저 시카고대 로스쿨에서 불합격 통지가 왔다. 기분 좋을 리 없었다. 바로 며칠 후에 하버드에서 입학허가가 왔기 때문에 바로 기분이 좋아졌다. 그래서 하버드행을 준비하기 시작했다.

그런데 조금 있다가 노스웨스턴대 로스쿨에서 전화가 걸려왔다. 재고해 보라는 내용이었다. 물론 하버드로 가고 싶어 하는 것을 자기들은 이해하기 때문에 노스웨스턴으로 오면 학비를 전액 면제해 줄 뿐 아니라 학비만큼의 펠로십(Raymond Fellowship)을 주겠다는 제안을 보내왔다.

어차피 미국에 2년 정도 가 있을 계획이어서 하버드에 1년 후에 와도 좋다는 허가를 받아 노스웨스턴으로 먼저 갔다. 그래서 내가 LL.M. 학위를 2개 가지게 된 것이다. 노스웨스턴에는 아직도 고마운 마음을 가지고 있다. 당시 회사법 교수였고 후일 학장이 된 밴 잰트 교수는 텔아비브에서 강의할 때 반갑게 다시 만났다.

노스웨스턴에서는 열심히 공부를 해서 학장상도 받고 박사학위(S.J.D.)과정에도 입학했다. 밴 잰트 교수에게 지도교수를 부탁했었다.

그래서 그냥 눌러앉아 한국 최초로 대륙법계, 영미법계 양쪽 박사학위 소지자가 되어 볼까 하는 생각도 했다. 그러나 주위에서는 법학박사를 2개 한다는 것을 잘 이해하지 못했고 원래 가고 싶었던 하버드 생각도 나서 바로 접고 케임브리지로 차를 몰았다.

스탠퍼드 로스쿨

스탠퍼드 학생들과는 잘 지냈다. 외국 학생들 위주였다. 지금은 나도 대형 강의를 하고 시험이 아닌 보고서로 평가를 하기 때문에 내 수업에는 로 리뷰 편집진 학생들을 포함해서 대부분 미국 학생들이 들어오고 외국 학생들은 내 수업을 피하는 경향이 있다. 그러나 그때는 처음 하는 미국 로스쿨 강의여서 나도 외국 학생들이 더 마음이 편했다. 물론 다들 경력이 있는 학생들이고 뽑히고 뽑힌 학생들이라 미국 학생들보다 훨씬 수준이 높았다. 몇몇과는 아직도 연락을 한다. 상파울루와 취리히에도 있다. 다들 이제 중견이다.

반면에 학교에서 교수들과는 별 재미가 없었다. 스탠퍼드는 워낙 바쁜 교수들이 모여 있어서 교수들 간에도 이렇다 할 교류가 없는 분위기였다. 뉴욕대에 있다가 옮겨 온 클라우즈너 교수는 예외였는데 자신도 처음 왔을 때 다른 곳과는 분위기가 너무 달라서 놀랐다고 했다. 미국 교수들이 그럴진대 나 같은 방문객은 더 말할 나위도 없는 것이다.

법경제학의 거물인 미첼 폴린스키 교수와 미국의 스타 법학교수 존 도노휴를 만난 것이 특히 기억에 남는다. 특히 천재 도노휴는 스탠퍼드와 예일을 마음대로 왔다갔다 하는 교수다. 미국 법학교수들 중에 가장 연봉이 높다는 말도 있다. 형사정책과 총기규제에 관한 의견으로 대중적인 명성도 있다. 로스쿨의 카페에 앉아서 총기규제에 관한 최근의 논란에 대해 열심히 설명해 주었다.

거기 있을 때 학장이 헌법학자 캐서린 설리번이었는데 한 번도 만나지 못했다. 설리번은 하버드대 로스쿨 교수로 있다가 스탠퍼드로 옮겨왔고 스탠퍼드 최초의 여성 학장이 된 사람이다. 지금은 미국 상위권 로스쿨의 절반 이상을 여학장이 이끈다. 스탠퍼드, 예일도 여학장이다.

설리번은 학장직을 끝낸 후에는 헌법소송에 주력하기 위해 캘리포니아주 변호사 시험을 쳤는데 합격하지 못해 큰 화제가 되었다. 설리번은 뉴욕과 매사추세츠 변호사 자격을 오래전에 가졌다. 일부에서는 변호사 시험의 유용성에 의문도 제기했다. 그 다음 해에 합격해서 지금은 헌법소송을 위주로 하는 변호사가 되었다. 2016년에는 대법원에서 진행된 삼성전자 대 애플 소송에서 삼성 측 변호를 담당하기도 했다.

훗날 내가 서울대 국제부학장일 때 설리번의 후임 래리 크레이머 학장이 우리 학교로 와서 만난 일이 있다. 역시 헌법학자인 크레이머는 미시건대 로스쿨을 거쳐 뉴욕대 로스쿨 교수였다. 당시 우리는 로스쿨 출범 준비로 부산했는데 크레이머에게 칼럼으로 조언을 구했고 내가 그 글을 번역해서 『한국경제신문』에 실었었다. 크레이머는 학장을 끝내고는 휴렛재단 이사장으로 갔다.

스탠퍼드에 있을 때 준비했던 강의와 강의자료는 아직도 내 수업의 튼튼한 기초다. 세월이 흘러 이제 모두 43개국에서 온 학생들과 같이 작업한 결과물 파워포인트가 1만 4천 페이지가 넘고 내용도 풍부해졌지만 강좌의 골격과 핵심적인 방향은 크게 변하지 않았다. 로스쿨 밖에서도 여러 가지를 보고 듣고 배웠다. 내 교수 생활에서 가장 중요한 자산을 스탠퍼드에서 만들어 왔다.

근사한 시설을 자랑하는 스탠퍼드 웨스트의 수영장

나를 초청해 준 블랙 교수와는 친구가 되어서 지금까지 서로 왕래하고 있다. 블랙은 지금은 노스웨스턴대 로스쿨과 켈로그 경영대 양쪽에서 가르친다.

내가 살던 스탠퍼드 웨스트에는 멋진 수영장이 2개 있다. 하루는 블랙과 막내딸을 초대해서 우리 아이들과 수영장에서 같이 놀게 했는데 아이들이 물에 들어가자 블랙은 바로 쇼핑백에 잔뜩 담아 온 논문을 읽기 시작했다. 거의 두 시간 동안 열심히 수영장 가에서 공부를 하는 것이었다. 특이한 사람임을 잘 아는지라 나도 방해하지 않았다. 자기 분야에서 세계 최고의 권위자가 되려면 저렇게까지 하면서 살아야 되는가보다 했을 뿐이다.

아이들이 물에서 나와 집으로 갈 때 블랙이 수영장 가에 있던 쿠키를 하나 집어서 입에 넣고는 "나는 먹을 자격이 있지(I earned this)" 하며 미소 짓던 것이 생각난다.

사이버 수업과 연구

사이버 수업

오래전에 스탠퍼드대학 인문학부가 준비한 공개강의에 참석한 적이 있다. 사이버 교육에 대한 시험강의였다. 특수하게 설계된 강의실이었는데 사면이 백색의 보드로 되어 있었다. 여기서 인터넷과 각종 영상 장치들을 활용해 공대의 한 수업이 어떻게 이루어지는지 시연되는 것을 볼 수 있었다.

학생들과 교수가 직접 사면의 벽을 써서 온갖 도면과 인터넷 링크를 활용하여, 대화식의 수업을 진행했다. 그런데 강의가 끝나고 강의를 참관하러 온 지역 주민 한 사람이 담당교수에게 질문을 했다. 그 지역의 주민들은 대개 실리콘밸리 회사에 다니는 사람들이다.

"수업이 이런 식으로 진행되면 기존의 교과서나 자료집은 어떻게 활용하나요? 즉, 종이자료들 말입니다."

이 질문에 대해 담당 교수는 잠시 생각한 후 인상적인 답을 했다.

"최소한 우리 학교 강의실에서는 종이자료는 수업 교재로서 중요치 않습니다. 이 학교에서 가르치고 연구하는 것은 대개 세계 최초의 것들입니다. 여기서 논의된 것들이 시차를 두고 미국 전역으로, 세계 전 지역으로 퍼져 나가지요. 종이자료는 그 단계에서나 의미가 있습니다. 여기서는 아닙니다."

이런 자부심이 HP나 구글의 창업자들을 바로 학교에서 배출해 내는 것이다.

팰로앨토에는 2006년에 설립된 스탠퍼드 온라인 고등학교라는 명문 사립고등학교도 있는데 등록금이 2만 달러나 된다. 11년째 일본계 교장이 이끌고 있다. 미국 30대 명문 사립고등학교에 드는데 그 중 유일한 온라인 고등학교다.

MOOC

내가 하버드에서 공부하던 당시에는 인터넷을 사용하지 않았다. 인터넷은 1991년에 만들어졌다. 학교 인터넷 홈페이지가 개설된 것이 1996년 3월 11일이다. 1999년의 어느 한 주에 홈페이지에 게재된 찰턴 헤스톤의 하버드 로스쿨 강연 소식은 1백만 회의 조회수를 기록하기도 했다.

1996년에 학생식당에 사이버 카페가 차려졌고 일부 수업들에서 인터넷과 멀티미디어가 사용되기 시작했다. 1998년에 밀러 교수의 '사이버 스페이스에서의 프라이버시' 강의가 최초의 인터액티브 강의로 출범하였고 같은 해 피셔 교수의 '사이버 스페이스에서의 지적재산권'. 강의가 인터넷에 올려졌다. 이 강의들은 일반 대중에 공개된 것이었는데 당시 전 세계에서 1천5백 명 정도가 참가했다고 한다.

1999년에는 오글레지 교수의 '사이버 스페이스에서의 배심재판' 강의가 올려졌는데 클린턴 대통령 탄핵 모의재판의 심리와 증거 문제를 다루었다. 잭슨 교수는 '디지털 차이나(Digital China/Harvard)' 프로젝트에서 중국 베이징대학 대학원생들에게 금융시스템에 관한 멀티미디어 강의를 제공했다.

세월이 흘러 이제 하버드는 세계 유수의 대학들과 공동으로 대형 온라인 공개수업(Massive Open Online Course: MOOC)을 진행한다. 하버드의 MOOC 플랫폼은 'edX'라고 불린다.

edX는 2012년에 하버드대학이 MIT와 공동으로 출범시킨 비영리 프로젝트다. 『뉴욕 타임스』는 2012년을 'MOOC의 해'로 칭했다. 2013년에 'Class2Go'라는 자체 MOOC 플랫폼을 가지고 있었던 스탠퍼드가 참여하면서 참가 학생 수가 백만 명을 돌파했다. 2014년에는 고등학교로 교육대상을 확대했다.

중국과 프랑스도 포함, 약 1백 개의 대학과 기업, 단체가 edX의 파트너로 참여하고 있는데 2017년 말 현재 1천4백만 명의 학생이 1천8백 개 이상의 강의를 온라인으로 듣고 있다. 유튜브에도 edX 페이지가 따로 마련되어 있다.

edX 외에도 하버드는 몇 개의 온라인 교육 프로그램을 가지고 있다. HarvardX는 인문학과 자연과학 과목들을 주로 제공하고 HarvardX Plus는 고급 콘텐츠 유료 강의다. 하버드 의대도 HMX라는 온라인 교육을 운영한다.

하버드 경영대는 2014년에 독립적인 온라인 교육 플랫폼인 HBX를 개설했다. 학부생들에게 경영의 기초에 관한 3개 과목을 개설하는 HBX CORe에서 출발했다. HBX는 MOOC의 일종이 아니고 이미 4년제 대학에 등록한 대학생들에게 입학허가를 통해 참여할 수 있게 하는 프로그램이다. 즉, 일주일에 10시간까지 '열공'할 용의가 있는 참가자들만을 위한 플랫폼이다. 무료도 아니다. 학기말 시험도 있다.

미래에 없어질 직업으로 대학교수를 든다고 한다. 변호사도 없어진다고 하니 법학 교수는 가장 위험하겠다. MOOC가 확대되고 확산되면 사실 그럭저럭한 강사가 설 곳은 없어진다. 이미 유럽 대학에는 충격이 크다는 소식이다.

SSRN

댄 브라운이 『다빈치 코드』를 발표하기 전에 쓴 소설 『천사와 악마』에 힉스 입자를 발견한 제네바의 입자물리연구소(CERN)가 나온다. 여기서 인터넷이 탄생했다. 그것이 1991년이었으므로 나는 독일에서 공부할 때는 물론이고 미국에서 공부할 때도 인터넷을 사용하지 못했다.

독일에서 박사학위논문을 쓸 때 처음으로 워드프로세서를 사용했었다. 손으로 논문을 쓰던 시대에 비하면 워드프로세서의 사용은 가히 혁명이라 할 만했다. 자료의 조사는 당연히 도서관에서 물리적인 방법에 의존했다.

지금은 인터넷 때문에 모든 것이 변했다. 내 책상 위에서 거의 모든 것이 해결된다. 아마존이 있고, 세계 거의 모든 법학 학술지의 논문들이 내 책상 위에 있다. 세상 사람들이 어떤 문제에 대해 무슨 생각을 가지고 있는지를 거의 실시간으로 알 수 있다. 구글은 알렉산

드리아 도서관에 이어 인류가 가진 모든 지식을 한곳에 모으려는 역사상 두 번째의 시도를 하고 있다. 구글 어스에 이어 구글 화성, 심지어 구글 유니버스도 우리에게 제공되는 세상이 되었다.

어떤 논문을 쉽게 입수할 수 있는 것까지는 좋다. 그러나 책이든 논문이든 그 필자가 '탈고'해서 우리 손에 들어오는 데는 상당한 시간이 걸린다. 심사, 수정, 편집, 인쇄, 최종 발간까지 길게는 1년의 시간이 걸리기도 한다. 그러면 막상 내 손에 들어올 때면 이미 '낡은 정보'일 수가 있다. 첨단을 가려는 연구자에게 이는 참을 수 없는 일이다. 나는 최신 정보라고 해서 흥분하여 읽고 있는 논문이 쓴 사람에게는 1년 전의 오래된 논문이고 그 필자는 최소한 나보다 1년을 앞서 연구를 진행하고 있을 것이기 때문이다.

가장 좋은 것은 세계의 석학이 지금 쓰고 있는 논문을 그 책상 위에서 훔쳐 볼 수 있는 것이다. 이것이 가능하려면 그 석학과 개인적으로 친분이 있으면 된다. 쉽지 않다. 어떻게 하면 될까? 이 문제를 해결하기 위해 SSRN(Social Science Research Network)이 창립되었다.

SSRN은 법학, 경제학 등 사회과학의 여러 분야에서 학자들이 워킹페이퍼를 업로드하는 사이트다. 이제 최소한 우리는 세계 모든 학자들이 '탈고'한 논문을 그 상태에서 바로 볼 수 있게 되었다. 그리고 세계 모든 사회과학자들의 논문의 다운로드 수를 알 수 있게 되었다. 이는 사회과학의 혁명적인 진화이다.

나는 몇 년 전에 참석했던 미국 학자들의 학술회의에서 학자들이 저녁을 먹으면서 거의 모든 시간을 이 SSRN에 관한 대화에 쓰는 것을 보았다. 이제 미국 대학에서는 교수채용심사에서 SSRN 다운로드 수도 참고한다는 것이다.

SSRN은 학계의 판도도 바꾸어 놓는다. SSRN은 인터넷 사이트기 때문에 미국뿐 아니라 전 세계에서 업로드와 다운로드가 이루어진다. 만일 다운로드 수가 평가의 기준이라면 전 세계인의 관심을 끄는 주제의 논문을 쓴 사람이 유리하다. SSRN은 미국적인 관심영역과 문제의식에 관한 연구로 학계를 리드하던 학자들과 글로벌 이슈와 글로벌 비교 방법으로 연구하던 학자들 간의 학계 내 상대적 위상 변화를 발생시키고 있다.

SSRN은 하버드대 경영대 마이클 젠센 교수가 1994년에 창립한 것인데 2016년에 네덜란드 엘스비어 출판사에 인수되었다. 현재 약 80만 편의 논문이 업로드되어 있다. 30개 분야를 커버하고 있으며 자연과학과 공학으로도 범위를 넓히는 중이다.

엘스비어는 1880년에 창립된 출판사다. 2015년까지 리드 엘스비어(Reed Elsevier)라고 불렸던 영국 RELX그룹의 계열회사다. 약 2천5백 종의 저널을 발간하며 과학, 기술, 의학 정보의 출판에 중점을 둔다.

위대한 발명품
종합대학

미국 버지니아대 의대에는 인지연구학부(Division of Perceptual Studies: DOPS)가 있다. 신경과학자들이 주축이 되어 의학과 심리학계에서 주목받은 많은 연구업적을 쌓은 저명한 연구기관이다. 복사기를 발명한 물리학도 체스터 칼슨의 기부로 설립되었다. 칼슨은 만년에 불교에 심취했는데 불교의 교리와 서구의 과학을 접목시키는 데 관심을 두었다.

DOPS에서는 인간의 의식과 뇌의 상호작용을 집중적으로 연구한다. 이 주제는 의학적인 것이라기보다는 원래 종교학과 철학의 연구주제다. 인간의 의식은 뇌라는 물리적 존재에서 발생하는 전기적 작용의 산물인가, 아니면 그와는 별도로 존재하는 무엇인가. 지구상의 모든 종교가 후자라고 한다.

1965년 노벨 물리학상 수상자 리처드 파인만은 특수한 약물을 써서 자신의 의식이 자신의 몸 밖으로 나간 상태를 경험했다고 책에 쓰고 있다. 몸 오른쪽 약간 뒤편에서 자신을 보았다고 하면서 "이것은 대단히 설명하기 어렵다"고 한다. 인간 의식이 뇌와는 별도로 존재한다는 것을 지지할 근거가 된다. 양자물리학은 사물의 본질과 인간의 의식 사이에 어떤 관계가 존재하는지에 대한 답을 준다.

의공학은 인간의 뇌에 대한 이해를 높이는 데 큰 공헌을 했다. 자기공명장치(MRI)를 통해 뇌가 작동하는 상세한 메커니즘이 규명되고 있다. MRI 발명자들은 2003년에 노벨 생리의학상을 수상했다. MRI는 물리학, 특히 전자기학에서 이루어진 학문적 성과가 그 기초가 되었다. 의공학은 이렇게 인간의 뇌에 대한 이해를 높여 인간이 태고적부터 가졌던 근원적인 의문에 대한 답을 내는 데도 기여해서 인문학의 수준도 높일 것이다.

MRI를 포함해서 다양한 종류와 기능을 가진 의료기기들은 질병을 치료할 뿐 아니라 그 자체 독립된 산업을 형성해 사회경제의 부가가치를 창출하기도 한다. MRI 장치는 현재 전 세계에 약 2만 5천 대 정도가 있는데 대당 가격이 15억 원을 넘는다. 의공학은 큰 산업을 발달시킬 수 있다.

이런 모든 주제들에 대한 담론이 이루어지고 결과가 정리되어서 차세대, 사회와 공유하게 할 수 있는 장소가 종합대학이다. 대학은 대학 밖의 여러 독립 연구소들과도 긴밀히 연결되어 있다.

그런데 여기 필요한 재정적 역량이 대학으로 집중되고 결과를 통해 다시 투자자들에게 분배되어야 하는데 우리 대학들은 이 지점에서 매우 취약하다. 그리고 이 문제는 우리만의 문제도 아닌 것 같다. 최근 들어 최첨단 학문의 연구자들이 구글, 아마존, 스페이스X 같은 장의기업들로 이석하는 사례가 늘어난다. 이 경향이 심화되면 인류의 지적자산을 생성하는 중심 역할을 해 온 대학의 위상도 변화를 겪게 될 것이다.

과학의 진보는 인문학, 사회과학적인 성찰의 기반 위에서 이루어지는 것이 바람직하다. 이제 거의 천 년의 역사를 가진 대학은 '학문의 자유'라는 관념에 기초를 두고 종교와 정치의 영향에서 자유로운 것을 그 본질로 한다. 효율, 창의, 혁신 등 그 어떤 가치도 그 범주 안에서 의미를 가진다. 『사피언스』의 저자 유발 하라리는 인류의 위대한 발명 중 하나로 '주식회사'를 꼽지만 종합대학은 그에 못지않은 가치를 지닌 위대한 '발명품'이다.

애초에 성직자를 교육하고 신학을 연구하기 위해 탄생했던 대학이 이제 과학적 지식의 개발과 기술 발달을 주도하고 있다는 것이 역설적이다.

뷰티풀 마인드 주차장

미국 버클리대 교정에는 파란색으로 '노벨상 수상자 전용'이라고 표시된 주차공간들이 있다. 노벨상 수상자만 주차할 수 있고 아닌 사람이 주차하면 딱지를 뗀다. 캠퍼스에 모두 8개가 있다. 물리학과 건물에 5개, 화학과에 2개, 경제학과에 1개다. 1980년 노벨 문학상 수상자였던 체슬라브 밀로즈가 처음 학교에 요청했고 학교는 수락했다. 이 소식에 인근 스탠퍼드대에 있는 노벨상 수상자들이 '열받았다'고 한다.

버클리의 노벨상 수상자 전용 주차장 표지

교수직이 그렇듯이 전용주차도 평생이다. 그것도 무료다. 보통은 1년에 1천5백 달러를 내고 매년 갱신해야 한다고 한다. 다른 학교로 옮기거나 '무슨 일이 생기면' 만료다. 기간 만료된 주차증을 붙이고 주차하면 어김

없이 딱지를 뗀다. 경제학과의 올리버 윌리엄슨 교수가 주차증을 힘들게 기다리고 있다는 소식이 전해지자(노벨상 수상자들은 대개 노교수들이다) 총장이 부랴부랴 직접 손으로 쓴 임시 주차증을 발급한 일도 있다.

론 하워드 감독이 연출한 2001년 작 영화 〈뷰티풀 마인드〉의 최고 장면은 거의 마지막 부분에 나온다. 노벨위원회에서 프린스턴대에 사람을 보내 존 내시 교수를 만난다. 보통 수상자가 결정되면 본인에게 직접 통보하는 것이 관례지만 평생 조현병으로 고통을 받았던 내시의 경우는 특별한 사례라 미리 확인이 필요하다는 이유였다.

교수회관에서 노벨위원회 사람과 같이 차를 마시던 내시에게 주위에 있던 동료 교수들이 한 사람씩 다가와서 자기가 쓰는 펜을 테이블에 놓으며 대학자에게 존경을 표하는 장면이 나온다. 물론 이 장면은 허구다. 그러나 감동적이다. 대학에서 볼 수 있는 가장 아름다운 광경이기 때문이다. 학문적 업적과 동료들의 존경이다. 보통 후자를 얻기가 더 어렵다.

내시는 게임이론에 관한 공로로 1994년에 노벨 경제학상을 수상했다. 내시는 프린스턴대학에서 '파인 홀의 유령'이라고 불렸다. 파인 홀은 수학과가 있는 건물로, 내시가 한밤중에 건물 안을 그림자처럼 배회하면서 수수께끼 같은 방정식을 칠판에 끄적거리는 등 기행을 많이 했기 때문에 붙여진 별명이다. 영화에서 그려지는 그대로다.

교수들 사이에서 도는 농담이 있다. "교수에는 두 종류가 있다. 이상한 교수와 아주 이상한 교수." 일부 교수들이 좀 이상해 보이는 이유는 마음이 자유롭기 때문이다.

대학 때 위상수학을 강의하셨던 교수님은 '수학의 본질은 그 자유성에 있다'고 우리를 가르치셨다. 법칙에 얽매이지 않는 자유로운 사고가 우선이라는 의미다. 다른 모든 학문도 마찬가지다. 자유로운 마음은 종종 특이한 행동으로 표출된다. 그 교수님은 강의를 하면서 담배를 피셨다. 왼손에 담배, 오른손에 분필. 모든 대학자들이 내시 같이 특이한 사람들은 아니지만 학교는 교수들이 학교 건물 안의 유령이 되더라도 자유로운 마음을 유지할 수 있도록 생활과 연구를 지원해야 할 것이다.

서울대가 언제 노벨상 수상자를 배출할지는 모른다. 그래도 전용 주차공간 하나를 본부 건물 앞에 마련해서 첫 번째 수상자를 기다려 보는 것은 어떨까. 노벨상, 노벨상 하는 데 대해 부정적인 교수들도 있다. 서울대가 노벨상에 연연하는 모습으로 비쳐 좀 애처롭게 보이고 기약 없이 비어 있는 모양이 쓸쓸해 보일 수 있겠지만 우리 학계와 서울대의 현주소를 상징해 준다는 의미도 있을 것이다.

내시와 그의 평생 반려자이자 동반자였던 부인 알리샤 내시는 2015년에 자동차 사고로 같이 영면했다. 86세, 82세였다. 노르웨이 정부가 수여하는 아벨상을 수상하고 집으로 돌아오던 길이었다. 아벨상은 필드메달과 함께 수학 분야 최고의 상이다. 타고 가던 택시가 고속도로에서 다른 차를 추월하던 중에 균형을 잃었다.

내시 부부는 1957년에 결혼, 1963년에 이혼, 그리고 38년 후인 2001년에 다시 결혼했었다. 그리고 한날한시에 같이 세상을 떴으니 불행 중 위안이다. 영화에서 내시 역을 했던 러셀 크로우는 트위터에 "뷰티풀 파트너십. 뷰티풀 마인드. 뷰티풀 하트"라는 조사를 남겼다.

연구윤리와 평가윤리

연구윤리

어느 날 학회에서 만났던 다른 학교 교수로부터 전화가 왔다. 내가 학회에서 발표한 '파워포인트 자료'를 신문칼럼에서 인용하고 싶은데 칼럼이라 논문에서처럼 인용할 방법이 없으니 사전에 양해해 주었으면 한다는 것이었다. 내 기억에 남아 있는 가장 인상적인 학자적 윤리의 모습이다.

미국이나 다른 선진국의 경우 학술지에 논문을 기고해서 채택되면 편집진이 모든 문장을 표절과 인용 차원에서 철저히 점검한다. 모든 법률학술지의 편집진이 하는 일이 바로 그 작업이다. 바르게, 정확히 인용되었는지를 본다. 외국어 자료도 원자료를 찾거나 필자에게 연락해서 그 언어를 쓰는 편집자가 체크하고 도서관에서 쉽게 찾을 수 없는 자료는 각주에 '이 자료는 우리 편집실에 비치되어 있음'이라고 붙인다. 독자가 연락해서 받아 볼 수 있음은 물론이다.

요즘은 한 술 더 떠 학술지들이 이해상충이 없는지 서면 진술서를 받고 필요하면 논문의 서두에 밝힌다. 예를 들면 금융개혁법에 비판적인 논문의 저자가 투자은행 일을 하는 변호사라면 그 사실을 밝히게 하고 판단은 독자에게 맡기는 식이다. 이 방식은 교수들의 모든 활동에 적용된다. 예컨대 투자은행의 사외이사 경력이나 특정 프로젝트 수행실적이 있으면 학교에 서면으로 밝히고 웹사이트에 내용을 공지한다. 그러면 그 교수의 금융법 강의를 듣는 학생들은 그 사실을 감안하게 된다.

평가윤리

한편 표절 문제를 중심으로 연구윤리가 논란거리인 반면 정작 논문이나 다른 사람의 작품, 실적을 심사, 평가하는 측의 윤리는 큰 이슈가 되지 않고 있다.

우리는 학교 선생님으로부터 받는 평가인 성적표, 생활기록부, 대학에서의 학점, 논문심사 같은 것에서 시작해 평생 사회생활을 하면서 남의 평가를 받는데, 평가가 공정하고 윤리적이지 못한 경우에 대한 엄중함은 좀 부족하다. 학술지 논문 심사에서도 심사윤리에 관한 각서 같은 것을 쓰기는 하는데 과연 잘못된 평가에 대한 책임을 지는 일이 있는지 모르겠다.

평가란 전문적이고 주관적인 것이어서 제3자가 평가가 잘못되었다고 말하기도 어렵다. 가장 말이 많은 국제 음악콩쿠르나 올림픽 체조경기 같은 것을 생각해 보면 된다. 김연아 선수가 소치 올림픽에서 당한 일도 그냥 넘어갈 수밖에 없었다.

평가윤리 문제는 비단 학교나 논문에 국한되지 않는다. 다선 중진의원도 정당의 공천심사에서는 노심초사다. 고위공직자 후보는 인사청문회에서 국회의원들의 평가를 받는 셈이다. 공공기관은 평가 결과에 따라 임직원 대우마저 달라진다. 모든 조직에는 승진과 진급 심사가 있다. 공무원의 근무성적 평정표, 청와대의 고위공직자 인사 자료 같은 것은 한번 작성되면 오랜 동안 영향력을 발휘하지만 정작 당사자는 내용을 알지도 못하고 고칠 기회도 없다.

그래서 학연, 지연을 동원해서 잠재적 평가자에 대한 이른바 '관리'와 줄서기가 부단히 이루어지는데, 우리 사회 곳곳의 문제가 그와 연결되어 있다는 것은 사회생활을 해 본 사람들은 다 안다.

나쁜 평가 시스템은 사회와 조직의 건강에도 해롭다. 우리는 나쁜 평가를 받으면 자신의 허물보다는 평가자의 의도를 의심하는 경향이 있다. 경쟁상대가 있는 평가에서는 평가자와 그 상대의 관계를 문제 삼고 싶어 하기도 한다. 일부 은행 인사에서 '출신'이 평가에 작용한다는 의혹도 제기된다. 평가자와 상대방에 대한 불신과 적대감이 자란다. 자신과 조직이 불행해진다.

요즘 각 대학에서는 연구윤리 관련 제도를 속속 개선하면서 허위제보에 대한 대책도 같이 마련하는 추세다. 같은 맥락에서, 사회전반에서 평가윤리 수준의 제고와 위반에 대한 대책이 필요하다. 위원회 기능과 문서주의를 대폭 강화하고 익명성과 기밀주의를 다소 완화하는 것이 좋겠다. 익명주의는 조사능력이 있는 피평가자만 유리하게 하고 책임회피 수단이 된다. 평가자의 양식과 양심이 가장 중요하지만 그에만 맡겨 두기 어렵다.

연구윤리에서와 마찬가지로 양식과 양심은 개인이나 집단의 이익 앞에서는 종종 위력을 발휘하지만 사회 전반의 분위기와 관행 앞에서는 무력한 것이다.

교수들이 칼럼을 쓰는 이유

서울대학교에서는 학교에 관한 중요한 신문기사와 함께 교수들이 쓴 신문 칼럼을 클리핑해서 매일 교내에 이메일로 전송한다. 이 서비스는 비교적 인기가 높은 것 같다. 전공이 전혀 다른 교수들로부터 내 칼럼에 대한 이야기를 들은 적이 많다. 일부 단과대학 홈페이지에는 소속 교수들의 칼럼을 정리해서 소개해 놓았다. 몇 군데 둘러보니 다른 학교도 사정은 비슷했다. 그런데 왜 학술논문은 그런 방식으로 널리 소개하지 않는가? 오히려 더 그래야 하지 않을까?

칼럼은 전문적인 내용을 누구나 이해하기 쉬운 형태로 짧게 정리하고 자신의 의견을 표시한 것이라 사회에서 널리 읽히고 그 결과 영향력이 크다. 그렇다면 왜 교수들은 학술논문을 쓰는가? 연구결과를 바탕으로 신문에 칼럼을 쓰면 될 터. 칼럼은 분량이 제한된다? 그러나 학술논문이 어차피 널리 읽히지 않기는 마찬가지다.

논문을 작성하다 보면 종종 회의가 든다. 과연 몇 사람이 이걸 읽게 될까? 내가 쓰는 법학논문이 법원의 재판에서 직접 참고가 되고 사회에서 분쟁이 덜 발생하는 데 얼마나 기여할까? 정치학과 경제학 논문이 정치와 경제 발전에 기여할까?

전 세계적으로 법학만 해도 수많은 학술지가 있다. 전 세계 법학 학술지의 랭킹을 집계하는 유명한 사이트에 등록된 학술지가 현재 약 1천6백 종이다. 물론 영어로 발간되는 것들만이다. 세계 최대 사회과학 사이트 SSRN에는 약 53만 편의 학술논문이 게시되어 있다. 너무 많다. 그래서 미국 학계에선 학술논문이 "친구들 읽으라고 쓰는 것"이란 농담이 있을 정도다. 논문이 널리 읽히지 않는다면 모두 낭비적인 헛일을 하고 인생을 보내는 셈인가?

실제로 탁월한 학자들이 언론에 자주 나서는 이유 중 하나가 여기에 있을 것이다. 일부 교수는 아예 그 길로 나선다. 결국 학교 밖으로 자리를 옮기기도 한다. 학교 밖에서는 노벨상 수상자가 아닌 다음에야 명칼럼니스트 교수가 더 유명하고 실력이 있다고 여기는 까닭이다. 국회나 정부, 기업과 단체에서 칼럼을 보고 필자와 접촉하게 되고 그러다 보면 활동영역과 인맥이 저절로 넓어진다.

루스벨트 대통령은 이런 말을 했다. 경기장 밖에서 훈수 두는 사람들이 뭘 알겠는가. 세상은 얼굴에 흙과 땀과 피를 묻힌 사람들이 이끌어 가는 것이다. 온갖 실책을 범하면서도 가치 있는 목표를 향해 행동하는 사람들이다. 그런데 케인스는 다른 말을 했다. 권력과 영향력을 가진 사람들이 모르는 것은 그네들이 자기도 모르는 사이에 이미 죽은 경제학자의 노예라는 것이다. 결국 서생들의 장단에 춤추는 존재에 불과하다.

누구의 주장이 맞는지 모르겠지만 캐스 선스타인의 말을 빌려 보자.

그에 따르면 학술논문을 작성하는 과정은 모종의 도덕성을 정립하는 과정이다. 균형이 요구되고 반복이 허용되지 않으며 치열함과 정직성을 요구받는다. 이른바 경기장의 선수들은 한가하다고 생각할 만큼 철저한 검증을 거치고 그 결과 학술논문이 탄생한다. 공정성과 이념적 관용성을 요구받고 논쟁 과정의 정직성이 존중된다. 이 프로세스는 연구자에게 체화되어서 그네들의 언행을 통해 표출되고 결국 사회를 움직이는 상식의 기초가 된다. 세상을 움직인다는 사람들은 종교, 문화, 이익집단과 언론에 휘둘리기도 하지만 종국적으로는 그 모든 요소가 복합적으로 작용하는 상식의 영향 아래 있다. 학술연구는 그 상식의 중요한 일부를 형성하는 것이다.

아무리 센스 있는 칼럼이라 해도 묽은 죽과 같은 것이다. 노벨상 수상자가 쓴 칼럼이라 해도 그렇다. 학술논문에 내장된 치열함과 엄중함이 결여되어 있어서다. 그래서 나도 지금까지 약 2백 편의 칼럼을 쓰기는 했지만 세상을 움직이는 것은 신문 칼럼이 아니라 결국 깊이 있는 연구라고 믿고 싶다.

재미있는 강의,
재미없는 강의

학생의 질문에 대처하는 방법

언젠가 미국 조지워싱턴대학에서 있었던 심포지엄에 참가한 뒤 저녁 모임에서 있었던 일이다. 기라성 같은 미국과 유럽의 교수들이 농담을 열심히 주고받고 있었다. 수업시간에 학생이 대답할 수 없는 어려운 질문을 했을 때 그에 대처하는 자세에 대한 것이었다. 온갖 일화들이 쏟아졌다. 그중 가장 재미있었던 것이 기억에 남는다.

"우선 이렇게 합니다. 흠. 재미있는 질문이군요(interesting)라고 하면서 학생들을 죽 둘러봅니다. 그러다 생각이 나면 대답을 하면 됩니다. 그래도 답이 떠오르지 않는다면, 잠시의 침묵이 흐른 후에, 누구 답을 아는 사람?(anybody?) 하고 묻습니다. 그러면 반드시 누군가는 말이 되든 안 되든 이야기를 시작하지요. 그게 미국 학생들이지 않습니까? 하하하."

미국 로스쿨의 강의실에서는 침묵을 걱정할 필요가 전혀 없다. 오히려 불필요한 발언으로 수업에 방해를 초래하는 학생들을 어떻게 통제하는가가 교수들에게 중요한 문제다. 수업 중에 쓸데없는 말을 많이 하고 자기과시를 하는 학생들을 칩샷(cheap-shot)이라고 부른다. 영화나 드라마를 보면 교수로부터 질문을 받은 학생이 답변을 못했을 때 서로 발언을 하기 위해 공격적으로 손을 드는 장면들이 나오는데 그것은 좀 과장되었기는 하지만 항상 활기찬 것이 미국 로스쿨의 수업이다. 그러나 로스쿨은 경영대와는 달리 거의 백 퍼센트 시험 성적으로만 평가하기 때문에 평소에 말이 없고 조용한 학생들 중에 최고 수준의 성적을 받는 학생들이 많다.

멀티태스킹 세대

영화 〈금발이 너무해〉에 하버드대 로스쿨에서의 수업 광경이 나온다. 강의실에서는 모두 노트북을 펴고 공부를 하고 있다. 스탠퍼드대 로스쿨에서는 입학할 때 노트북의 소지는 '의무'라고 학생들에게 안내하고 있다. 노트북을 장만하지 못할 정도의 학생이 입학하는 경우는 아마도 없겠지만 그런 경우라도 학교가 노트북 구입비용을 무이자로 대출해 준다. 노트북은 단순히 필기수단이 아니라 세상의 모든 도서관을 포함한 정보원과의 연결도구이므로 학생들이 모두 노트북을 사용하게 되면 무선인터넷 접속 등을 통해 강의가 편리해진다.

그런데 문제는 교수가 서 있는 강단에서는 학생들이 뭘 들여다보고 있는지 알 수 없다는 것이다. 내가 스탠퍼드대학 로스쿨에서 강의할 때, 학장이 전 교수진에 이메일을 한 통 보낸 적이 있다. 내용은 학생 대표와의 면담 결과 보고.

학장의 보고에 의하면, 강의실 내에 연결된 무선인터넷이 문제가 된다고 한다. 수업시간에 이메일을 읽는 것은 기본이고, 수업과 관계

없는 화면을 들락거리는 학생이 많을 뿐 아니라 심지어는 게임을 하는 학생이 있어서 수업 분위기를 해치는 사례가 많다는 것이었다.

교수는 학생들의 화면을 볼 수 없지만 뒤에 앉아 있는 학생에게는 딴짓을 하는 다른 학생의 화면이 방해가 된다. 그리고 강단에 서 보면 학생이 수업과 관련된 내용을 보고 있는지 다른 일로 바쁜지 그다지 어렵지 않게 감지할 수 있다. 그래서 강의실 내 무선인터넷을 차단하는 문제로 학생 대표와 협의하였으며 결론이 나는 대로 다시 연락하겠다는 것이었다.

그 후 결론이 어떻게 내려졌는지는 기억나지 않으나 아마도 기술적인 문제로 수업시간에 무선인터넷을 차단할 수는 없었을 것이다. 내가 아는 한 미국 교수가 이런 것을 알려 주었다.

"미국에서 교수의 강의가 어느 정도인지 평가하는 것은 아주 쉽습니다. 조용히 강의실 뒷문을 통해 수업 광경을 잠깐 들여다보기만 하면 됩니다. 재미있는 수업의 경우 교실 전체가 흑백화면으로 채워집니다. 언뜻 보았을 때 전반적으로 컬러풀하면 재미없는 수업이라는 의미입니다."

강의실 풍경

미국 대학에서의 수업 분위기는 지극히 자유롭고, '버르장머리가 없는' 느낌을 주는 학생들도 많다. 수업에 커피 머그나 콜라캔을 들고 들어오는 것은 기본이다. 1리터짜리 콜라병을 책상 위에 놓고 마시는 학생들도 있다. 심한 경우 책상 위에 긴 다리를 얹는 녀석들도 있고 교수를 강의시간에 퍼스트 네임으로 부르기도 한다.

교수 쪽도 마찬가지다. 커피 머그가 보편적이고, 예를 들어 크라크먼(Reinier Kraakman) 교수는 내가 논문에 관해 상의하러 갔을 때 연신 1리터짜리 콜라를 병 채로 마시면서 이야기했었다. 이 교수의 방 한쪽에는 빈 1리터들이 병들이 줄지어 서 있었다. 폰 메렌(Arthur von Mehren) 교수는 세미나에서 학생이 발표하는 동안 점심으로 싸 온 샌드위치를 먹는 습관이 있었다.

학생들의 교수에 대한 태도는, 학문적인 존경심을 가지고 있는 것은 확실한 것 같은데, 그야말로 '별로'였다. 학생잡지에도 로스쿨 1학년, 2학년, 3학년을 구별하는 방법이 만화로 나온 일이 있다. 1학년은 교수와 마주치면 "아무개 교수님" 하고 부르며, 2학년은 "하이 톰(Hi, Tom)"이고, 3학년은 교수가 아는 체 해도 그냥 지나친다는 것이었다.

이 만화는 과장스럽기는 하지만, 교수와 학생의 관계가 돈을 내고 서비스를 받는 관계라는 점이 심심찮게 부각되어 있었다. 강의가 형편 없는 교수라고 생각되면 자기들끼리 노골적으로 한 시간에 얼마를 낭비한다고 투덜거렸다. 수업시간에 끊임없이 빈정거리는 쪽지들이 돌아다니고 아예 수업에 들어오지 않고 혼자 공부하는 친구들도 많다.

그도 그럴 것이 다들 엄청난 경제적 부담을 갖고 로스쿨에 온 것이기 때문이다. 3년간의 학비와 생활비, 그리고 돈을 벌지 못하는 기회비용까지 합하면 가히 천문학적인 금액이 된다. 대다수의 학생이 융자를 받아서 공부하고 졸업 후에도 그 부담에 시달린다.

미국 대학의 로스쿨 수업이 대화식으로 진행되는 것과 대조적으로 독일 대학에서의 수업은 대개 강의식으로 진행된다. 강의(Vorlesung)는 독일어의 낭독하다(vorlesen)라는 동사에서 유래한 것으로 지극히 일방성을 가진 교수방법이다. 교수와 학생 간의 대화는 드문드문 있을 뿐이다. 미국식의 소크라테스식 문답에 의한 강의 진행방법은 독일에서는 우선 다수의 수강인원 때문에 사용하기가 불가능하다. 가끔 마이크를 들고 돌아다니며 비슷한 방식을 시도하는 교수가 있을 뿐이었다.

학생들의 수강 태도도 그다지 좋지 않다. 뜨개질을 하는 여학생이 있는가 하면 심지어는 집에서 기르는 개를 데리고 들어오는 자들도 있다. 문제는 개가 강의 중에 짖기 시작하거나 멋대로 돌아다녀서 잡으러 다녀야 하는 경우다.

"저 개는 누구의 개입니까? 꼭 강의실에 데려왔어야 하는 겁니까? 저렇게 돌아다니고 있는데 데리고 나가든지 해요!"

교수들은 보통 학생들의 수강 태도에 별반 관심이 없으며 개의치 않는 것 같다. 강의 중 앞뒤의 출입문을 들락날락하는 것도 특별한 일이 아니다. 풍자적으로 독일 대학의 강의실을 중앙역(Hauptbahnhof)이라고 하기도 한다. 자동차 열쇠를 가져와 버린 아들을 불러내 달라는 어머니도 찾아오고 때로는 학생들이 열강 중인 교수의 교단 앞을 유유히 가로질러 나가 버리기도 한다.

미국 대학에서는 강의 중에 들락거리는 경우는 별로 없다. 특히 로스쿨에서는 특별한 사정이 있으면 반드시 사전에 담당교수에게 양해를 구한다. 유일한 예외가 수강변경 기간이다. 시간이 겹치는 수업을 둘 다 들어 보기 위해서 수업에 늦게 들어오거나 일찍 나가는 것이 허용된다.

강의 준비

강의평가와는 별도로 교수들은 강의 준비를 철저히 해야 한다. '준비가 소홀하다'라는 말이 강의평가에 나오는 것은 가장 해롭다.

M&A 분야에서 미국 최고권위자인 교수에게 강의안을 받은 적이 있다. 내가 생각하기에 이 교수는 수업 준비를 특별히 따로 할 이유가 없는 사람이었다. 실력이나 경험으로뿐 아니라, 설령 아무리 나쁜 강의평가를 받더라도 그 명성에 아무런 영향을 받지 않을 대가 중의 대가다. 그러나 그 교수의 강의안은 이렇게 시작된다.

"안녕하세요, 여러분. 내 이름은 아무개입니다. 이 수업은 M&A에 대한 것입니다…." 강의 내용과 학생들이 할 수 있는 예상 질문, 그 질문마다 어떤 대답을 할 것이며, 어떤 부분에서는 학생들이 어떤 질문을 할 가능성이 높고, 그때는 어떻게 답변한 후 수업을 이끈다.… 등 약 1천2백 페이지에 달하는 그 강의안은 수업 중에 발생할 수 있는 모든 경우의 수를 생각해서 대안을 준비해 놓은 것이었다. 그리고 이 교수는 수업이 있는 날은 모든 것을 폐하고 그 준비에 몰두하며, 심지어 초조해 한다. 같은 과목을 거의 30년째 가르치고 있는데 말이다.

미시건대 로스쿨 애덤 프리처드 교수는 자신의 증권법 판례집을 백 퍼센트 애니메이션을 사용한 파워포인트로 슬라이드화해 놓았다. 학생들 중에 그 분야에서 일하다 온 사람이 있었는데 자원했다는 것이었다. 이 교수도 20년 가까운 강의 경력이 있고 판례집이 있고 심지어 애니메이션 슬라이드까지 있지만 수업 준비에 많은 공을 들인다. 수업시간에는 강의와 대화가 어떤 방식으로 어떤 방향으로 흘러가게 될지 완벽하게 예상하기 어렵고 상당 부분 지난번 수업에 좌우되기도 하기 때문에 수업 전 마지막 순간까지 준비를 하지 않으면 안 된다는 것이었다.

학점 인플레

한 학기 동안 학생들이 강의에서 습득한 것을 평가한 후에 학점이 나간다. 그런데 국내에서는 물론이고 전 세계적으로 학점 인플레가 심해 문제가 되고 있다. 서울대에서 전공과목은 A가 55.2%라는 조사도 나왔다. 성적이 지나치게 후하면 학업성취 기준이 낮아진다. 또 열심히 공부해도 그렇지 못한 경우와 차이가 크게 나지 않기 때문에 우수한 학생들의 성취동기를 감소시키고 취업 시장에서의 성적 신뢰도를 떨어뜨리게 되기도 한다.

학점 인플레는 학점경쟁의 결과다. 나는 처음 교수가 되었을 때 중간고사가 끝나고 학생들이 대거 수강을 취소하거나 휴학을 하는 것을 보고 많이 놀랐었다. 내 수업에 실망해서 떠난 것으로 알았기 때문이다. 그게 아니고 중간고사 전후해서 자기 학점의 '견적'이 나오기 때문이었다. 학점을 올리기 위해 재수강, 삼수강을 한다. 학생들은 시험 때가 되면 애처로울 정도로 시험에 압도당한다. 교과 내용에 대한 질문보다는 시험 범위에 대한 질문이 더 많다.

문헌에 의하면 하버드에서는 이미 1894년에 성적을 너무 후하게 주는 문제가 거론되었다. 그러나 내가 공부하던 때만 해도 학점 인플레라는 말이 없었다. 피바디 테라스에서 로스쿨로 가는 중간에 하버드 사이언스 센터를 지나게 되는데 복도에 학생들의 성적이 이름을 지우고 게시된 것을 볼 수 있었다. C 학점이 수두룩했다. 아마도 생전 처음 받아보는 C였을 것이다.

1940년에 하버드에서는 C-가 가장 흔한 학점이었다고 한다. 1955년에는 15% 정도의 학생이 평균 B+ 이상의 학점을 받았다. 이러던 것이 2000년에 들면서 50% 이상이 A- 이상을 받았고 C 학점은 6%에 불과하게 되었다.

학점 인플레가 본격적으로 시작된 것은 베트남 전쟁 때였다. 강제 징집에 학점이 참고가 되었기 때문이다. 전쟁 초기에는 학생들에게 징집면제 혜택이 있었지만 나중에는 그 혜택이 폐지되었다. 그러자 교수들이 학생들을 '보호'하기 위해 후한 학점을 주기 시작했다. 베트남전은 논란이 많았기 때문에 다수의 교수들이 그렇게 할 수 있었다. 베트남전에서 전사한 하버드 학생은 모두 19명이다. 2차 대전 때는 수백 명의 학생들이 전사했었다.

교수들의 고민은 엄격하게 학점을 내서 자기 수업을 들은 학생들이 부당하게 불이익을 받게 할 수는 없다는 데 있다. 학비가 엄청나게 비싸진 것도 학점 인플레 요인이다. 낮은 학점은 학교가 돈만 잔뜩 받고 학생을 제대로 가르치지 못했다는 자백이 된다. 그래서 학점을 성적표용 학점과 실제 학점 두 가지로 나누어서 주자는 제안도 있었다. 2014년 기준으로 하버드에서의 학점 중간값은 A-이고 가장 많은 학점은 A였다.

학점 인플레와 직접 관련은 없지만 학점의 종류를 줄이면 인플레 해소 효과를 얻을 수 있을 것이다. 예일대 로스쿨은 1960년대부터 일찌감치 합격/불합격(Pass/Fail) 제도를 채택했다. 학점경쟁을 줄이고 지적인 탐구에 더 많은 동기를 부여하겠다는 이유다. 학점경쟁은 학생들이 자신이 원하는 과목을 선택하는 데나 특정 과목에 대한 학습 비중을 조절하는 데 어려움을 초래한다.

스탠퍼드대 로스쿨은 2008년에 P/F를 채택하기로 결정했고 끝까지 저항하던 하버드대 로스쿨은 스탠퍼드보다 한 학기 늦게 P/F로 바꾸었다. 하버드는 예일, 스탠퍼드보다 학생 수가 3배 많아서 파장이 더 컸다. 실제로는 우등-합격-'간신히 합격'-불합격 4등급이다.

국내에서는 연세대 의대가 P/F 제도를 채택해서 성공적으로 운영하고 있다는 보도가 나왔다. 4년 동안 운영해 보니 '협공'이 살아났다고 한다. 발달시험으로 하향 평준화도 방지할 수 있다고 한다. 교수들의 수업 운영 방식에도 변화가 일어났다. 전반적으로 긍정적인 평가다.

학점 인플레는 지금 국내 로스쿨에 적용되는 강제상대평가 같은 인위적인 방법으로 대응하기보다는 P/F 도입 같은 세련된 방법으로 대하는 것이 나을 듯하다. 전면 도입은 어려울 것이기 때문에 우선은 비중을 높여 가는 것도 좋겠다.

영어강의

글로벌 시장에서 활약할 수 있는 전문적인 소양의 하나로 외국어, 특히 영어 능력을 드는 데는 아무도 이의가 없을 것이다. 미국이나 영국에 유학을 가게 되면 별수 없이 영어로 수업을 듣고 시험을 치르게 된다. 그런데 최근의 시류는 국내에서도 강의와 수업을 영어로 하는 것을 장려한다. 그리고 그렇게 하면 모든 면에서 높은 평가를 받도록 하고 있다. 외국의 교수들을 방학 기간에 초청해서 하계 강좌를 맡기거나, 아니면 원어민 교수를 직접 채용하기도 한다.

문제는 법학 분야의 수업 같은 경우 영어강의가 적절치 않을 수 있다는 것이다. 우리나라 민법 수업을 영어로 강의하고 영어로 수업하는 것이 과연 무슨 의미를 가질까? 법관이나 검사가 될 사람들에게는 별 효과가 없을 것이다. 변호사가 될 사람들은 혹시 나중에 외국인에게 우리나라 민법의 내용을 설명해 주어야 할 일이 있을지 모르겠고 민법학자가 되어 국제학술 무대에 나서려면 필요할 것이다.

그러나 그 때문에 모두가 우리 민법을 영어로 강의하고 공부할 필요는 없는 것이다. 국제법, 국제금융법, 미국법, 영국법 등과 같은 과목들만 영어강의와 공부가 의미를 가진다. 더구나 구술 영어는 더 말할 나위도 없을 것이다.

영어강의를 개설하면 학생들이 자신 없어 하는 경우가 있다. 왜냐하면 그 과목의 모든 면에서 영어를 사용해야 한다고 생각하기 때문이다.

나는 영어강의를 세 가지 기준을 충족하는 강의라고 나름 정해 놓았다. 첫째, 교수의 강의와 수업시간에서의 질문, 답변, 토의는 영어로 진행되어야 한다. 둘째, 공부의 대상이 되는 자료는 영어로 작성된 것이어야 한다. 셋째, 학생들에 대한 평가와 과제물 제출은 영어로 되어야 한다. 그 외에는 영어를 사용하지 않아도 무방하다.

학생에 따라서는 담당교수를 상대로 영어 연습을 하고 싶어 하기도 하지만 우리말을 쓰는 교수와 학생이 일상적인 대화를 영어로 주고받는 것은 거의 코미디에 가깝다. 이메일 교환도 마찬가지다. 이렇게 설정을 하면 학생들이 수강신청을 하는 데 덜 부담을 느끼는 것 같다. 나는 외국의 대학에서 강의할 때도 한국어가 모국어인 학생들과는 강의실 밖에서 우리말로 대화한다.

많은 사람들이 영어가 모국어가 아닌 내가 미국의 대학에서 강의할 때 미국 학생들의 반응이 어떤지, 그리고 교수 방법은 어떤 것인지 궁금해 한다. 상당한 시간이 흐른 후의 결론은, 미국 학생들은 교수의 언어 실력에 별로 개의치 않는다는 것이다. 교수의 억양이 문제되는 학생이라면 아예 수강신청 자체를 하지 않을 것이다.

미국 사회는 다양한 언어를 쓰는 사람들이 모인 사회이므로 미국 학생들은 어려서부터 이국적인 영어를 많이 접해 왔고, 미국의 대학들은 연구실적에 치중해서 교수를 뽑기 때문에 영어가 모국어가 아닌 교수들이 상당히 많다. 그러나 내 입장에서는 가급적이면 무난한 영어로 강의를 진행하고 싶은 심정이어서 준비를 많이 했다는 것만 말해 두겠다.

내 강의는 각 과목에 파워포인트 슬라이드가 1천5백 개 정도 작성되어 있다. 학생들에게 과제를 내기 때문에 학기가 끝나면 약 2천 개의 슬라이드가 제작된다. 세월이 흘러 약 1만 4천 개의 슬라이드가 모였다. 파워포인트 자료를 활용하는 것은 대단히 효과적인 방법이다. 어떤 경우에는 우리말로 강의안을 준비하고 마치 동시통역을 하듯이 사용한다.

결국 우리가 아는 것이 무엇인지가 중요하다. 영어는 표현의 문제일 뿐이다. 내용이 훌륭한 말을 하면 듣는 사람이 자신의 필요에 의해 알아들으려 노력한다. 되묻기도 한다. 아는 것이 우선이고 영어는 부차적인 것이다.

내 강의를 바꾼 강의평가

매 학기가 끝나면 학생들이 하는 강의평가가 있다. 정성들여 열심히 작성하는 학생도 있고 거의 개인적인 불만을 피력하는 수준의 강의평가도 있다. 다른 교수들은 어떻게 하는지 몰라도 나는 의무로 여겨서 마지못해 본다. 비난에 가까운 평가에 상심하는 경우도 많다.

그런데 지금까지 두 학생의 강의평가가 기억에 남는다. 그 두 학생의 강의평가는 내 수업을 크게 변하게 했고 교수로서의 내 인생도 좋은 방향으로 변화시켰다.

엔터테인먼트가 아니다

첫 번째 것은 경영대학에 출장강의를 나갔을 때 생긴 일이다. 교수들은 가급적이면 수업을 재미있게 진행하고 싶어 한다. 학생들이 지루해 하면 수업 분위기도 살지 않고 학습 효과도 떨어진다고 여기기 때문이다. 곳곳에 농담을 섞기도 하고 시청각 교재도 사용된다. 파워포인트는 필수처럼 되어 간다. 나도 마찬가지였다. 그런데 학기가 끝나고 한 학생의 강의평가에 이렇게 쓰여 있었다.

"이번 학기 담당 교수님의 강의는 너무 재미있었다. 그런데 그게 다다."

학생들은 영화 한 편 보듯이 즐겁게 시간을 보내기 위해 강의실에 오는 것이 아니다. 대다수의 학생들은 혼자 습득하기 어려운 것을 강의와 동료들과의 공동학습을 통해 배우러 오는 것이다. 학생들이 재미있어 하고 지루해 하지 않게 하는 것에 지나치게 역점을 두었던 것이다. 재미있는 강의에 쓸데없는 에너지를 쏟았는지도 모르겠다.

그러고 보면, 옛날 교수님들 중에 본인이 저술한 책을 들고 들어와 같이 한 줄씩 읽는 경우가 어쩌면 충실한 수업이었는지도 모르겠다는 생각이 든다. 공부란 본질적으로 어려운 과정인 것이다. 어쨌든 그 후로는 조금 지루하더라도 수업시간이 더 실속 있는 시간이 되도록 신경을 많이 쓰게 되었다.

어깨에 힘을 풀고 칠 것

두 번째는 미국에서 강의할 때 있었던 일이다. 미국의 로스쿨에서 모국어가 아닌 영어로 수업을 잘 진행하기 위해서는 국내에서보다 훨씬 많은 준비가 필요하다. 또, 우리 학생들과 달리 질문이 많고 말도 많은 학생들에 대처할 준비도 해야 한다.

그래서 처음에는 거의 완벽한 강의안을 준비했다. 학생들의 예상 반응과 그 경우의 수 각각에 따른 대응 등등. 일주일에 두 번 있는 강의를 일주일 내내 준비해야 했다. 아무리 내가 외국인 교수지만 영어가 신통치 않다는 인상을 주기는 싫었기에 완전한 영어를 준비하는 데 추가적으로 막대한 노력이 들어갔다. 강의평가에서 하위권에 들면 곤란하다. 물론, 상위권에는 테뉴어에 목을 매는 소장교수들이 주로 자리하고 있고 하위권에는 세계적인 석학들이 주로 포진하고 있기는 하다. 그러나 나를 세계적인 석학으로 보아 주지는 않을 것 같았다.

그런데 어떤 학기 강의평가에 이런 말이 써 있었다.

"프로페서 킴은 영어에 덜 신경 쓰면 훨씬 더 좋은 강의가 될 것 같다."

이 한 줄의 평이 모든 것을 바꾸어 놓았다. 왜냐하면 바로 거기에 답이 있다는 것을 내가 깨달았기 때문이다. 그 후로는 거의 자체 동시통역과 같은 방식으로 강의를 했다. 그렇게 하니 내가 알고 있고 준비한 것들이 거의 다 전달이 되었다. 영어를 완전하게 준비하느라 유연성도 떨어지고 딱딱했던 것이다.

역설적이지만, 영어를 따로 준비하지 않은 다음부터는 깊이 있는 내용의 수업도 가능해졌고 예전에는 꿈도 꾸지 못하던 조크도 시작할 수 있게 되었다. 특히 할리우드 영화 이야기는 모든 학생들이 호의적으로 반응한다. 연구실로 찾아오는 학생의 수도 늘어났다. 도대체가 이전에는 학생들이 내가 석고상으로 보였던 모양이다. 이제는 우리 학생들 영어강의가 더 힘들다. 미국 학생들은 내가 잘못 말해도 알아서 고쳐 알아들어 버리지만 우리 학생들은 그렇지 못하기 때문이다.

매사에 본질이 가장 중요하고 포장보다는 내용이 중요하다. 그리고 우리는 모국어로 가장 깊이 생각할 수 있다. 필요하면 상대가 애써 알아들으려 노력한다. 그러지 않는다면 내 말에 그럴 만한 내용이 없다는 뜻이다. 학생들이 이 평범한 진리를 강의평가를 통해 나에게 가르쳐 주었다.

논문을 어떻게 쓸까

논문을 왜 쓰나

많은 대학원생들이 논문 때문에 고심하고 상담을 하러 찾아온다. 그때마다 내가 하는 이야기는 같다. 논문은 뭔가를 알고 싶어서 그 뭔가를 찾아가는 과정을 기록한 문서다.

흔히 논문을 위한 논문들이 많이 쓰인다. '주제'를 하나 정하고 그에 관련된 모든 정보를 기록한다. 그리고 끝에 가서 나름대로의 의견을 피력한다. 외국에서는 어떻게 되고, 어떤 생각들을 하는지를 찾아내서 비교도 해 본다. 사실 이렇게 하는 것은 공부이고, 정보와 지식의 전달일 수는 있으나 논문은 아니다. 사회과학 분야에서는 유독 법학이 논문을 쓰기가 어렵다. 쓰는 사람들 탓이 아니라 이 분야의 특성 때문이다.

공부를 하다가 문제의식이 생기면, 즉, 뭔가가 알고 싶어지면 행운인 것이다. 예컨대, 상법은 왜 주식회사의 합병에 주주총회에서 주주 2/3가 찬성하도록 하고 있는가? 이 규칙은 언제, 왜 상법전에 들어 왔을까? 독일에서는 2/3가 아니라 3/4으로 하고 있는데 그 이유는 무엇일까? 왜 꼭 주주총회를 거치도록 하는가? 법이 2/3라고 하더라도 회사의 정관에 1/2이라고 규정해 놓으면 어떤가? 자료를 찾고 강의를 들어 보니 그렇게 하는 것은 안 된다고 하는데 그 근거는 무엇일까?

이런 일련의 의문에 대한 답을 찾으려면 일단 다른 사람들이 생각해 놓은 것을 읽어야 한다. 그러나 모든 좋은 생각들이 기록되어 있는 것은 아니며 모든 기록이 공개되는 것도 아니다. 대화(인터뷰)도 필요하다. 그러면 어떤 생각에는 근거가 제시되어 있고 어떤 생각에는 별 근거가 없다는 것을 알게 된다.

제시된 근거도 여러 가지다. 어떤 것이 가장 설득력이 있을지를 나름대로 평가해야 한다. 가장 설득력이 있다고 생각되는 근거, 즉, 학설을 지지하고자 한다면 왜 그 학설을 지지하는지를 구체적으로 밝혀야 한다. 그냥 마음에 들어서 지지한다고 하면 학술적인 논문으로 인정받을 수 없게 된다.

논문을 어떻게 쓰나

미국에서 법경제학이 지배적인 연구 방법론으로 인정받고 있는 것은 법경제학적 방법론이 법학의 제 문제에 대한 실증적인 해법을 제시해 줄 수 있기 때문이다. 예컨대, 앞서 언급한 주식회사 합병의 예에서 2/3를 요구하는 규칙이 3/4을 요구하는 규칙보다 경제학적으로 우월하다는 결과가 나왔다면 2/3 규칙을 지지할 강력한 근거가 생기는 셈이다.

그런데 2/3가 3/4보다 경제학적으로 우월하다는 결론을 도대체 어떻게 찾아낸단 말인가? 가장 간단한 방법은 법이 3/4으로 되어 있다가 2/3로 바뀌는 순간 그 나라 회사들의 주가가 상승했는지를 보는 것이다. 그리고 이 주가 상승이 다른 요인이 아닌 법이 바뀌는 것에 기인하는지, 복합적인 원인에 의했다면 법이 바뀌는 것이 어느 정도 영향을 미쳤는지를 조사해야 한다. 여기서 계량경제학적 기법이 필요하다. 주가 상승과 법 개정의 관계를 찾아내고 모든 회사를 다 조사할 수 없기 때문에 발생하는 문제를 통계학으로 처리해야 한다.

미국의 법학 논문들은 상당수가 이런 작업으로 이루어진다. 왜 경제학과 통계학 지식이 필요하고 관련 훈련이 필요한지 알 수 있다. 스스로 작업할 수 없는 경우 경제학자들과 공동으로 작업하거나 그들의 연구 결과를 활용할 수 있을 정도의 실력은 갖추어야 한다.

이런 식으로 의문에 대한 답을 찾아가는 과정을 기록하고 설득력 있는 해법을 제시하고 그에 입각해서 자신의 의견, 결론을 제시하고 그에 대해 독자들의 평가를 요청하는 것이 학술논문이다.

답을 찾는 과정에서 필요한 자료와 정보를 찾는 것도 큰 과제다. 다시 말하지만, 사회에서 일어나는 일들이나 그에 대한 사람들의 의견이 문서나 기타 참고할 수 있는 매체에 기록되어 있는 경우는 극히 일부다. 요즘은 인터넷이 있어서 상대적으로 많은 정보와 의견을 구할 수 있다. 논문이나 판결문을 읽고, 운이 좋으면 분쟁 과정에서 교환된 문서들을 입수할 수 있을 것이다. 그러나 훌륭한 정보와 지식, 생각들이 이 분야에 종사하는 사람들의 머릿속에만 들어 있는 경우가 많다.

결국 직접 사람들을 만나고, 의견을 묻고 하는 과정이 필요해진다. 사례연구의 경우, 그 사례에 대해 기록된 정보들은 통상 연구자가 필요로 하는 정보의 극히 일부다. 세간의 관심을 끈 사건들은 그나마 신문이나 다른 매체들이 주위의 상황을 전달해 주기도 한다. 그러나 신문 기사가 가지는 한계는 누구나 다 안다. 정말로 어떤 일이 일어났을까? 사건의 전모는 연구자가 직접 알아내야 한다.

내가 스탠퍼드에서 가르칠 때 국립 싱가포르대학을 수석으로 졸업하고 영국 옥스포드대학에서 유학했다는 중국인 학생이 수업을 들었다. 이 학생은 출중한 기말보고서를 썼다. 나중에 이 중국인 학생이 학교에 제출한 석사 논문을 보니(중국의 에너지산업 프로젝트파이낸싱이 주제였다) 무려 50인이나 되는 관련 전문가를 찾아다니며 인터뷰를 한 기록이 있고 그 기록을 나름대로 평가해서 논문에 활용한 것이 보였다. 논문은 그런 노력을 포함해야 한다.

물론, 논문이든, 다른 문서든, 인터뷰든 그 진정성, 신뢰도, 가치는 연구자가 다시 평가해야 한다. 예컨대, 정신없이 바쁜 투자은행의 중역과 5분간 대화한 내용을 얼마나 신뢰할 것인가?

'신의 암호'

내가 학생들에게 권하는 책이 하나 있다. 행콕(Graham Hancock)이 쓴 『신의 암호(*The Sign and the Seal*)』라는 책이다. 학위논문의 지도를 받으려는 경우 반드시 이 책을 먼저 읽고 오라고 할 정도다.

이 책은 모세가 시나이산에서 받은 십계명을 넣어 두었다는 성궤(Ark of the Covenant)를 찾는 행콕의 긴 여정을 기록하고 있다. 내가 학생들에게 이 책을 권하는 이유는 이 책이 바로 인문사회과학 연구

방법론의 최고 수준을 보여 준다는 생각에서다. 문제의식, 답을 찾아가는 진지성과 필드 스터디, 관련 문헌과 정보를 찾아서 분석하는 철저함과 균형 잡힌 방법, 서로 다른 의견 간의 선택에 있어서 펼쳐지는 사유의 균형 잡힘, 자료의 치밀한 해석을 통한 참신한 가설 전개 등등 모든 면에 있어서 모범적인 책이다.

그 모든 것이 저자가 내리는 결론에 설득력을 더해 주며 설사 그 결론에 동의하지 않더라도 탁월한 정보와 관점으로부터 많은 것을 배울 수가 있다. 행콕은 정통 학자들과 심지어는 뉴에이지 계열의 연구자들로부터도 많은 비판을 받고 있는데 그의 두 번째 책이자 공전의 베스트셀러인 『신의 지문(*Fingerprints of the Gods*)』이 탁월하기는 하지만 지나친 비약과 전거나 증거가 부족한 가설로 가득 차 있기 때문이다. 그러나 나는 그런 사실이 이 책에서 행콕이 보여 주는 진지한 연구 방법의 가치를 잠식할 수는 없다고 생각한다.

이스라엘 강의록

이스라엘의 텔아비브 북쪽에 헤르츨리야(Herzliya)라는 작은 도시가 있다. 이스라엘 IT산업 중심지들 중 하나여서 현대적인 모습을 하고 있는데 우리 대사관도 여기에 있고, 정보기관 모사드 본부가 있는 곳으로 알려진 곳이다.

학제연구센터

여기에 '학제연구센터(Interdisciplinary Center: IDC)'라는 특이한 이름을 가진 작은 대학이 있는데 나는 몇 년 전에 이 대학에 강의를 다녀왔다. 텔아비브대학에 이어 이스라엘에서 두 번째 강의를 한 셈이다. 학장을 지낸 친구의 초청이 있었다. 약 일주일간의 집중강의로 1학점에 해당하는 과목(투자은행의 법과 실무)의 특강을 담당했다. 이 학교는 졸업할 때까지 학생들이 영어강의를 4학점 이수해야 한다.

이 학교는 과거 영국군이 사용하던 대공포 기지에 설립되었다. 당시의 장교회의실이 교수회의실로 사용되고 있다. 이스라엘 유일의 사립대학인데 등록금이 다른 학교들보다 3배 비싸고, 교수들의 연봉도 상응하게 높다. 전통적으로 이스라엘 최고의 명문은 예루살렘에 있는 히브리대학이었다. 그런데 히브리대학은 심각한 학문적 연고주의(inbreeding)의 폐해로 그 선도적 위치를 이제 텔아비브대학에 빼앗겼다는 이야기를 들었다.

IDC는 국제화와 학제적 연구 방법에 중점을 두어 히브리대학과 맞먹는 위상을 차지한다고 자부하고 있었다. 법학과, 경제학과, 경영학과 등 모든 학과가 융합되어 운영되고 교수연구실도 마구 뒤섞여 있어 학과 개념으로는 위치를 찾기 어려웠다. 세계적인 학자들이 가르친다. 그중 한 사람에게 왜 텔아비브대학이나 히브리대학에 가지 않느냐고 물으니, '이스라엘의 미래는 이 학교에 있다'는 답이 돌아왔다.

학사관리가 텔아비브대학에 비해 대단히 엄격했다. 이스라엘 학생들은 흔히 군대 핑계를 대고 출석률이 대단히 낮다. 그러나 IDC는 가차 없이 유급시킨다.

시험시간에는 담당교수가 반드시 시험장을 교직원 한 사람과 함께 2회 입회해야 한다. 컴퓨터로 시험을 치르는 학생들 때문에 시험장이 두 곳 이상이어서 순회해야 한다. 이 규칙은 대법원장을 지낸 교수나 외부강사로 출강하는 현직 대법관에게도 어김없이 적용되었다. 채점된 시험지는 모두 pdf 파일로 만들어져서 학생들이 열람할 수 있도록 한다. 학생이 결과에 대해 이의를 제기하면 담당교수는 상세한 이유를 붙여 회답한다.

질문의 선수들

이스라엘 학생들의 특징 중 하나는 정말로 질문이 많다는 것이다. 우리 학생들과 천양지차다. 아마도 유대식 교육의 일반적 특성에서 비롯된 현상일 것이다. 문제는 아무렇게나 질문하는 녀석들이 지나치게 많다는 것이다. 한 교수가 '예습하고 질문도 안 하는 학생이 최고이고, 예습하고 질문하는 학생이 그 다음, 예습 안하고 질문 안하는 학생이 그다음, 최악은 예습도 안하고 질문만 해 대는 학생'이라고 농담을 했다. 이들을 제어하는 것이 큰 숙제였다.

나는 미국의 로스쿨에서 강의할 때도 우리식 강의법을 쓰는데 여기에는 비판도 있으나 환영하는 학생이 압도적으로 많다. 소크라테스식 방식은 낭비라고 생각하는 사람이 나만은 아닌 것이다. 그러나 어떤 경우이든 학생의 질문에 답을 제대로 못하면 교수는 체면을 잃기 마련이다.

이스라엘은 항상 긴장 상태다. 하마스가 아슈켈론에 로켓을 쏘아 대고 레바논 국경에서는 이란과 시리아를 뒤에 업은 헤즈볼라의 위협이 실감나게 느껴진다. 가자지구 보복폭격이 국제법에 위반되지 않는다는 입장을 가진 현역 육군대령을 국제법 강사로 위촉한 법대학장이 전 세계의 인권단체로부터 항의와 사임압력 메일을 받았다.

이런 척박한 교육과 연구환경에서 이스라엘의 법학교수들이 영어로 쓰는 논문들이 세계 유수의 학술지에 발표되고 미국과 영국의 1급 로스쿨에 유학 간 학생들이 바로 그 대학의 교수가 된다. 크리스천도 아닌 내가 이스라엘에 자주 간 이유가 바로 여기 있다. 다녀올 때마다 각성하게 되고 긴장하게 된다. 그 각성과 긴장이 내가 쓰는 논문과 강의에 반영되도록 노력하고 있다. 우리 법학의 미래도 융합과 국제화에 있다.

텔아비브대학

이스라엘 대사를 지낸 신각수 전 외무부 차관은 서울 법대 동문이다. 이스라엘 대사 재직 시에 서울 법대와 텔아비브대 법대 사이의 자매결연을 주선해 주었다. 그때 나는 국제부학장이었는데 처음으로 이스라엘에 가 보게 되었다. 그때까지만 해도 이스라엘은 미지의 세계였다.

이스라엘은 흔히 위험한 분쟁지역 이미지가 강하다. 항상 테러가 일어나고 무력충돌이 있을 것만 같다. 실제로 이스라엘에 도착하면 외교부에서 분쟁지역을 '즉시' 벗어나라는 문자가 온다. 그러나 지금의 이스라엘은 팔레스타인 접경지역을 제외하고는 매우 평화로운 나라다. 헤즈볼라가 있는 레바논 국경만 해도 긴장감은 높지만 이렇다 할 사고는 없다.

서울 법대 학장과 함께 이제는 친구가 된 다간 당시 학장과 즈비 갈릴 총장도 만났고, 나는 텔아비브대 법대 교수들 약 20명을 놓고 교수회의실에서 우리 학교 소개도 했다. 다간 학장은 방학인데도 그렇게 많은 교수들이 모인 것이 이례적이라고 했다. 그 후로 매년 1-2명씩 텔아비브대 학생들이 우리 학교에 교환학생으로 온다. 매우 우수하다.

텔아비브대는 이스라엘의 하버드대라고 불린다. 어쩌면 그 이상이다. 하버드에는 이스라엘 출신 교수들이 적지 않은데 대부분 텔아비브대를 나온 사람들이다. 하버드대 유대인 교수들은 대우도 별로 좋지 않은데 기꺼이 텔아비브대에 교환교수로 가서 가르치고 온다. 텔아비브대 학생들은 집에 가만히 앉아서 하버드대 교수들의 강의를 들을 수 있는 셈이다.

자매결연이 인연이 되어서 2009년에 텔아비브에 잠시 강의를 다녀 온 적이 있다. 학교에서 주선해 준 '민박'집을 가보니 이스라엘에서 가장 큰 음료수 회사 회장 집이었다. 희귀한 손님인 내게 유복한 가족 전부가 아주 잘 대해 주었고 시간이 나면 여기저기 데리고 다니면서 열심히 이스라엘을 소개해 주었다. 덕분에 단순히 학교에 다녀온 이상으로 그 나라를 잘 알게 되었다.

학교까지는 걸어서 한 20분 걸렸다. 텔아비브대는 문이 여러 개 있는데 나는 정문을 이용했다. 그런데 가는 길에 있는 한 문에서 일하는 하얀색 유니폼을 입은 경비가 언제나 나를 보고 멀리서 웃으면서 '굿 모닝' 하고 인사하는 것이었다. 좀 먼 거리여서 한 번도 대화를 해 본 적은 없지만 아직도 기분 좋게 그 경비가 기억난다. 그 경비와 인사를 나누고 5분 정도 더 떨어진 곳의 정문에서 소지품 검사를 받은 뒤 학교에 들어가곤 했다.

테크니온

흔히 이스라엘의 선도대학은 텔아비브대학이고 가장 오래된 대학은 예루살렘의 히브리대학이라고 안다. 아니다. 이스라엘의 가장 오래된 대학은 테크니온(Technion-Israel Institute of Technology)이다. MIT를 연상시키는 이름인데 오토만 제국 치하였던 1912년에 세워졌다. 이스라엘 건국 35년 전이다. 강의는 1924년에 시작되었다. 그 전 해 아인슈타인이 방문해서 첫 종려나무를 심었다.

테크니온은 과학과 공학, 의학에 전문화된 대학이다. 네 사람의 노벨상 수상자를 냈다. 강의에 사용되는 언어를 독일어가 아닌 히브리어로 선택했기 때문에 히브리어가 이스라엘의 국어로 선택되는 데 큰 영향을 미쳤다. 그 결과로 학교 이름도 원래는 독일어인 테크니쿰(Technikum)이었는데 히브리어 이름인 테크니온으로 바뀐 것이다.

테크니온은 여러 곳의 캠퍼스를 두고 있는데 하이파가 중심이다. 하이파는 이스라엘에서 가장 창업이 활발한 첨단기술의 도시다. 이스라엘을 창업의 나라라고 부르는 이유도 하이파 때문이다. 이스라엘 북쪽에 위치한 이스라엘 3대 도시이며, 해양과학의 요람인 하이파대학도 있다. 2006년 한 해에만 이스라엘에서는 3천 개의 기업이 창업했는데 미국 다음가는 수치다. 하이파 북쪽에는 요크네암이라는 작은 창업기업 도시도 있다.

이스라엘 창업기업들은 대개 성장하면 자기네 나라가 아닌 미국의 나스닥에서 직접 기업공개를 해 버린다. 이 방식이 지속되면서 이스라엘의 제도가 미국의 제도와 동화되는 현상이 발생했다. 그러다 보니 이스라엘에서는 영어가 제2국어처럼 사용된다. 어디서나 언어에 큰 불편이 없다.

테크니온은 2007년부터 학교의 실험실에서 개발된 기술을 상업화하는 작업에 착수했다. 신생기업과 벤처캐피탈이 대학의 기술을 전수받았다. 마이크로소프트, IBM, 인텔 같은 대기업들과도 파트너십을 유지한다. 이 기업들이 많이 모여 있는 곳을 실리콘밸리에 비유해서 실리콘와디(Silicon Wadi)라고 부른다. 와디는 히브리어로 영어의 밸리에 해당한다.

이스라엘은 워낙 작은 나라라서 나라 전체가 단일 커뮤니티다. 텔아비브대에는 예루살렘에서 출퇴근하는 교수들도 있다. 실리콘와디도 나라 전체에 걸쳐서 퍼져 있는데 테크니온이 있는 하이파가 원래 중심이었다고 하나 지금은 텔아비브와 예루살렘 지역에 기술기업 단지가 많이 들어서 있다. 그래서 이제는 실리콘와디 하면 텔아비브를 떠올리게 된다.

바이츠먼 과학연구소

세계 대학의 순위표를 보다 보면 대학이 아닌 연구소라는 이름이 붙은 기관이 하나 눈에 띈다. 바이츠먼 과학연구소(Weizmann Institute of Science)다. 이스라엘 건국 14년 전인 1934년에 세워졌는데 단순한 연구소가 아니고 대학원 과정이 있어 학위를 수여하는 학교다. 약 2천5백 명의 대학원생들에게 수학, 컴퓨터공학, 물리학, 화학, 생화학, 생물학을 가르치고 연구하는 매우 특성화된 교육연구기관이다. 6명의 노벨상 수상자를 냈다.

바이츠먼은 생화학자 출신의 이스라엘 초대 대통령이다. 미국의 이스라엘 국가 승인을 이끌어 낸 사람이다. 시온주의 운동의 주역이었다. 바이츠먼 과학연구소와 히브리대학은 바이츠먼이 그 설립을 주도했다.

바이츠먼 과학연구소는 이미 1959년에 연구소에서 개발한 기술의 상업화를 위해 자회사를 설립했다. 2013년에 이르러서는 1년에 1억 달러 이상의 기술사용료가 연구소 수입으로 유입될 정도로 규모가 커지고 활발해졌다.

히브리대학

히브리대학은 1918년에 세워졌다. 이스라엘의 9개 종합대학 중에 두 번째로 오래된 학교다. 아인슈타인과 프로이트도 초대 이사회 멤버였다. 4명의 이스라엘 총리를 배출했고 15명의 노벨상 수상자와 2명의 필드메달 수상자를 배출했다.

이 대학은 예루살렘에 있어서 이스라엘의 굴곡 많은 역사가 고스란히 대학에 배어 있다. 대학도서관은 바티칸 교황청 도서관 못지않은 고문서 소장으로 유명하다. 아인슈타인은 히브리대학에 자신의 서재를 남겼다. 5만 5천 점의 아인슈타인 소장품이 보관되어 있다.

히브리대학도 1964년에 대학에서 개발한 기술을 상업화하기 위한 자회사를 세웠다. 지금까지 80개 이상의 창업기업이 이 회사에서 독립해 나갔다.

대학과 군대

신각수 당시 이스라엘 대사는 우리 일행과 텔아비브 법대 학장단을 대사관 만찬에 초대해 주었다. 몇몇 외부 손님이 와 있었는데 이스라엘의 전 국방장관(Meir Shamgar)이 포함되어 있었다. 대법원장도 지낸 사람이다. 정규 법학교육을 받은 적이 없는 군 장성 출신인데 검찰총장이 되었다가 대법원장이 되었다. 다른 나라에서는 상상도 할 수 없는 경력이다.

그가 내게 재미있는 이야기를 해 주었다. 이스라엘은 패트리어트와 아이언돔 미사일 방어시스템을 운용하는데 그 가치는 미사일을 요격해서 인명과 재산 피해를 막는 데 있지만 더 중요한 것은 전면적인 충돌로 발전되는 것을 차단한다는 것이다. 미사일로 인명 피해가 발생하면 보복을 하지 않을 수 없고 이는 전면 충돌로 확산될 것이다. 어쨌든 미사일이 이스라엘 땅에 떨어지지 않았기 때문에 험악한 설전은 오갈지언정 무력충돌 상황은 거기서 차단된다는 것이다.

하마스가 남부 도시인 아슈켈론 등지로 쏘는 로케트를 이스라엘은 패트리어트와 아이언돔으로 방어한다. 패트리어트는 걸프전에서 이라크의 스커드 미사일을 막는 데 처음 사용되었다. 아이언돔은 요격률이 90% 정도이고 2011년에서 2014년까지 1천2백 기의 미사일을 요격했다.

이스라엘은 전시와 평시, 군인과 민간인의 구분이 사실상 없는 나라다. 길거리에서는 자동소총을 멘 남녀 군인들을 항상 보게 된다. 학교 교정에서도 군복을 입은 학생들이 항상 보인다. 나라가 항상 이렇게 긴장 상태여서 학교에도 여파가 있다.

그러나 이스라엘 국민들의 규율은 우리 생각과는 거리가 솜 있었다. 내가 머물렀던 집 주인은 이스라엘에서는 사람들이 군대만 다녀오면 교통법규는 물론이고 질서를 잘 안 지킨다고 개탄했다. 학교에서도 예비군 훈련 때문에 부득이 결석하게 되었다고 양해를 구하는 학생들이 많았는데 나중에 친구 교수들이 그 녀석들 상당수가 군대 핑계로 수업을 빼먹는 수법을 쓴다고 내게 주의를 주었다. 외국인 교수인 내가 쉬운 먹잇감이었던 모양이다. 사람 사는 세상 어디나 다 똑같다.

한 친구 교수는 이스라엘 사람들이 권위적이지 않고 대인관계에서 겸손한 이유가 군대 때문이라고 했다. 예비군 훈련을 가 보면 학교 직원이 장교이고 교수가 운전병인 경우까지 있다고 한다. 그러니 작은 나라의 사회생활에서 '갑질' 같은 것은 상상하기 어렵겠다.

팔레스타인의 대학들

미국의 트럼프 행정부는 주이스라엘 미국대사관을 텔아비브에서 예루살렘으로 이전하기로 했는데 2018년 5월 15일에 미국 의회와 행정부의 주요 인사들이 참석한 가운데 예루살렘에서 현판식을 거행했다. 이 식이 진행되는 동안 가자지구에서는 대규모 시위가 일어났고 시위대에 대한 이스라엘군의 발포로 하루 동안 60명이 넘는 사망자가 발생했다. 참극이다. 이 책에서 그에 대해 이야기할 것은 아니지만 이스라엘은 비례성의 원칙을 지키지 않은 만행을 저지른 것이다. 비난받아 마땅하다. 최소한 내가 아는 범위 내에서는 미국이 구태여 그런 조치를 취할 이유도 없었다. 트럼프가 원인을 제공한 것이다.

우리에게 팔레스타인의 이미지는 시위와 유혈 충돌, 어린 아이가 이스라엘군의 탱크에 돌을 던지는 사진 같은 것들이다. 도대체가 사람이 정상적으로 살 수 없는 곳 같은 느낌을 준다. 그러나 그 척박한 곳에서도 배움은 진행되고 있고 대학들이 있어 고등교육이 이루어진다.

일단 가자지구에만 9개의 대학이 있다. 상대적으로 더 안정된 웨스트뱅크에는 14개의 대학이 있다. 팔레스타인 젊은이들은 공부도 하지 않고 지식도 없는 것이 아니다. 15세에서 28세 사이의 문맹률은 2%가 안 된다. 대학진학률도 거의 50%로 세계에서 가장 높은 수준이다.

가자지구에 있는 대학들 중에는 1978년에 설립된 이슬람가자대학(The Islamic University of Gaza)이 가장 높이 평가받는 것 같다. 가자시티에 자리 잡고 있다. 가자시티의 인구는 50-1백만으로 추산되는데 이 대학의 학생 수는 2만이 조금 넘는다. 아직 박사학위는 수여하지 못하고 있다.

웨스트뱅크에는 1977년에 세워진 안나자국립대학(An-Najah National University)이 있다. 30-40만 인구인 나블루스시에 있는 대학이다. 과학과 공학 분야에는 박사과정도 개설되어 있다. 그 외에도 웨스트뱅크에는 베들레헴대학, 알쿠즈대학, 헤브론대학 등이 있다.

이스라엘에서는 학교뿐 아니라 거의 모든 곳에서 검색을 한다. 예전에는 테러가 심했기 때문이다. 학교에 들어가면 복도 한 곳에 전쟁이나 테러로 희생된 학생들의 사진이 나란히 걸려 있다. 텔아비브 공항은 출국장 검색이 까다롭기로 유명하다. 입국장이 아니고 출국장이다. 웨스트뱅크 사람들이 나라를 빠져나갈 수 있는 곳이 텔아비브 공항이기 때문이라고 했다.

공항뿐 아니라 웨스트뱅크 대학의 교수들은 예루살렘으로도 자유롭게 다니지 못한다. 그래서 팔레스타인 대학의 교수와 연구자들은 심각한 국제적 교류 장애를 겪고 있는데 연구 활동이 위축될 수밖에 없다.

스마트 컨트리
독일

독일은 한때 나라의 모토를 '스마트 컨트리(Smart Country)'로 한 적이 있다. 독일은 세계 4위의 경제대국인데 역사적으로 심오한 학문과 과학기술의 나라다. 두 번의 세계대전에서 독일의 과학기술과 산업생산력은 전쟁 상대국들을 몹시 괴롭혔다. 스마트한 컨트리 맞다. 독일이 생산하는 지식과 기술은 주로 기업에서 나오고 대학과 막스 플랑크 연구소 등 연구기관에서도 나온다.

독일 대학들

독일 대학은 크게 종합대학과 공대로 나뉜다. 합해서 약 70개가 있다. 설립연도는 앞에서 나온 하이델베르크대와 쾰른대(1388), 라이프치히대(1409) 순서이고 규모는 뮌헨대(1472)가 가장 크다. 뮌헨대는 학생이 4만 5천 정도 된다. 독일 대학에 학생 수가 많은 것은 등록금이 사실상 없기 때문이기도 하다. 학생 신분이면 어디 가나 할인 혜택이 있어서 만년 학생들도 많다. 학생이 많아서 강의도 대형 강의가 보통이다.

등록금을 받지 않는 것은 연방법이 금지하기 때문이었는데 2005년에 독일헌법재판소가 연방정부가 등록금을 받지 못하게 하는 것은 위헌이라고 판결했다. 독일에서 교육은 주 정부의 소관이다. 교육재정이 어려운 7개의 주가 학기당 5백 유로 정도의 등록금을 받기로 결정하자 학생들과 시민단체가 들고 일어났다. 각 주 정부는 화들짝 놀라 등록금 징수 계획을 취소했고 동작이 느렸던 주들의 집권당은 다 선거에서 졌다.

등록금을 안 내는 것은 좋은데 외국 학생들도 안 낸다. 상호주의가 적용되어야 하는 것 아닐까. 독일 학생들은 미국 가면 천문학적인 돈을 내는데. TV 토론이 싱겁게 끝났다.

"히틀러는 선거로 집권했다. 히틀러의 죄는 독일의 죄다. 우리는 외국 학생들에게 등록금을 받을 수 없다."

이게 독일 사람들의 심성이다. 그러나 세월이 흘렀는지 작년에 한 주가 EU 회원국 아닌 나라의 학생들에게 어느 정도 등록금을 받기로 결정했다.

한 학기 5백 유로면 중산층 이상이라면 큰 부담이 아닐 것 같은데 충분히 낼 수 있는 학생들에게도 안 받는 것이 좀 그렇다. 근데 이 생각은 한국 부모인 내 생각이다. 독일 학생들은 철저히 경제적으로 독립이다. 내가 연구소에서 같이 일했던 독일 철강 재벌 외동딸이 나에게 이런 말을 했다.

"아빠가 대학 다니는 비용을 다 대 주셔서 너무 감사해."

이렇게 운영되는 독일의 대학에서는 1년에 약 3만 편의 박사학위 논문이 생산되고 약 1천 편의 교수자격 논문(Habilitationsschrift)이 나온다. 교수자격 논문은 최우수 성적으로 박사학위를 받은 최고 두뇌들이 약 5년 정도 전업으로 다시 학교에 있으면서 작성하는 논문이다. 법학의 경우 책으로 출판해서 평균 6백-7백 페이지다. 독일 학술 연구의 정수다.

독일에서는 기업들이 자체 연구소를 두어 대다수의 기술을 개발한다. 독일 정부 홈페이지에 따르면 독일의 R&D는 2/3가 기업의 투자로 이루어진다. 약 10개 정도의 독일판 실리콘밸리가 있다. 독일에서도 대학과 산업 간 연계는 활발하지만 미국 수준은 되지 못하는 것 같다. 그래서 독일의 대학들은 정부와 민간 연구재단의 재정지원을 많이 받고 있다.

독일 사립대학

독일에도 사립대학들이 있다. 1990년대부터 설립되기 시작해서 역사는 길지 않다. 약 1백 개가 있고 학생 수는 10만 명 정도다. 그런데 대다수의 독일 사립대학은 비영리이며 20% 정도의 예산만을 학생 등록금에서 충당한다. 등록금은 한 학기에 약 2천만 원으로 미국 사립대학보다 조금 낮다.

이들 중 단 세 학교만이 이른바 '훔볼트형'에 해당한다고 한다. 즉, 다양한 커리큘럼을 준비하고 있고 학제적 공부가 가능하며 광범위한 분야에 대한 연구 능력이 있고 학생들에 대한 여러 가지 지원이 있다. 독일 남부의 보덴 호수변 프리드리히스하펜에 있는 제펠린대학, 브레멘의 야콥스대학과 비텐에 있는 베텐-헤르데케대학이 여기에 든다. 이 대학들은 교육연구재단들의 재정지원을 받고 있다. 따라서 미국과는 달리 독일에서는 사립이라는 것이 엘리트를 의미하지 않는다.

특성화된 사립대학들도 있는데 함부르크에 있는 부체리우스 로스쿨이 그 예다. 부체리우스는 서울대 로스쿨과 자매학교다. 부체리우스는 10년 내로 세계 20위권에 들려는 목표를 세워 놓고 있다. 이 로스쿨은 예산의 60%를 차이트(ZEIT)재단에서 지원받는다. 학생은 약 6백 명이고 교수 대 학생 비율은 1:20 정도다. 공립대학 법대의 교수 대 학생 비율은 1:125다.

막스 플랑크 연구소

이스라엘의 바이츠먼 과학연구소는 학위과정을 개설하는 학교지만 독일의 막스 플랑크 연구소는 순수한 연구기관이다. 그러나 소재지의 대학들과 긴밀히 연계해서 운영된다. 연구소 전업 학자들도 많지만 대학의 교수들이 연구소 소속이 되는 식이다. 특히 소장이 되려면 학교를 떠나는 경우가 많다. 내 친구 부르크하르트도 룩셈부르크에 있는 한 막스 플랑크 연구소 소장직을 맡아 하이델베르크대를 떠났다.

내가 살던 뮌헨 북쪽 동네 가르힝에는 뮌헨 공대와 막스 플랑크 천체물리학 연구소가 있었다. 그래서 친숙하다. 본(Bonn)에 살 때도 하숙집에서 학교까지 자전거를 타고 다니던 길목에 막스 플랑크 전파천문학 연구소가 있었는데 건물 위에 큰 접시 모양의 안테나가 눈에 잘 띄었다. 항상 그 앞을 지나다녔다. 본에는 막스 플랑크 수학연구소도 있다.

막스 플랑크 연구소는 막스 플랑크 협회(Max Planck Society for the Advancement of Science)가 관장한다. 이 협회는 1911년에 카이저-빌헬름 협회로 출범했던 것이다. 정부로부터 독립되어 있는 비영리 단체다. 1948년에 전 회장(1930-1937)인 물리학자 막스 플랑크를 기리기 위해 이름을 바꾸었다. 정부로부터 독립이지만 재정은 연방정부와 각 주의 정부가 지원한다.

막스 플랑크 협회는 모두 84개의 막스 플랑크 연구소를 운영한다. 대개 독일에 있는데 신경과학연구소는 미국 플로리다에 있다. 과학과 의학연구소만 있는 것이 아니라 법학을 포함한 사회과학과 인류학을 포함한 인문과학 분야에도 연구소를 둔다. 1만 7천 명의 소속 연구원들이 있고 연 예산은 2조 2천억 원 정도다. 33명의 노벨상 수상자를 배출했을 정도로 탁월한 실적을 내는 세계 최고의 연구기관이다. 『네이처(*Nature*)』지 논문 발표는 하버드, 스탠퍼드, MIT, 미국 국립보건원(NIH)과 거의 동급이다.

프랑크푸르트대와 IG 파르벤

독일 프랑크푸르트대학 본부 건물은 '유럽의 펜타곤'이라는 별명이 붙었던 장대한 건물이다. 1950년대까지 유럽에서 가장 큰 업무용 빌딩이었다. 2차 대전 후 연합군 점령군사령부 건물로 쓰였고 마셜플랜이 집행되었던 곳이다. CIA와 미군이 계속 사용하다가 독일 통일 후 미군 철수 과정에서 1995년에 독일 정부에 이양되었다. 리노베이션 후 프랑크푸르트대가 쓰기 시작했다.

전쟁 중에 프랑크푸르트가 거의 완파되었지만 아이젠하워가 나중에 사령부로 쓸 요량으로 이 빌딩은 폭격하지 못하게 했다는 설이 있고 가까운 곳에 미군 포로수용소가 있어 폭격을 면했다는 설도 있는데 어쨌거나 이 건물은 원형 그대로 보전되었다.

이 건물의 명칭은 'IG 파르벤 빌딩'이다. IG 파르벤(IG Farben, 1925-1952)의 본사 건물이었기 때문이다. 파르벤은 2차 대전 이전 세계 4대, 유럽 최대의 기업이자 세계 최대의 화학-제약기업이었다. 2차 대전 직전인 1938년에 종업원 수가 약 22만이었고 1945년까지 독일 국내외에서 약 7백 개의 계열회사를 거느렸다. 파르벤은 4인의 노벨상 수상자를 배출한 기업이기도 하다.

독일에서는 20세기 초반부터 미국의 스탠더드오일 사례를 본뜬 대형 M&A 필요론이 있었다. 파르벤은 그 결과물이다. 1925년에 BASF, 바이엘, 훽스트, 아그파 등 6개 기업이 합병했다. 파르벤의 M&A 사례를 따라 영국에서는 이듬해인 1926년에 ICI가, 프랑스에서는 1928년에 롱프랑이 각각 탄생했다.

M&A를 통한 탄생의 과정에서 자연스럽게 파르벤은 '주인 없는' 회사가 되었다. 경제사가 알프레드 챈들러는 파르벤을 역사상 최초의 전문경영인 기업이라고 평가한 바 있다. 미국 여행에서 스탠더드오일 사례에 깊은 인상을 받아 파르벤의 탄생을 주도했던 바이엘의 CEO 칼 뒤스부르크와 프랑크푸르트대 공동설립자인 폰 바인베르크를 필두로 구성된 이사회가 전권을 행사했는데 '신들의 모임(Council of Gods)'이라는 별명을 얻었다.

파르벤은 전 세계를 상대로 전쟁을 수행했던 독일의 산업생산력 핵심기업이었고 나치를 지원하고 협력했던 기업이어서 '히틀러의 전쟁기계'라는 별명이 붙어 있다. 파르벤은 실제로 1933년에 히틀러가 정권을 잡는 데 가장 큰 재정적 기여를 한 것으로 알려진다.

파르벤의 이사 24인은 전쟁이 끝난 후에 뉘른베르크 전범재판에 넘겨져 13인이 유죄판결을 받았다. 나치협력과 유대인-정치범 강제노역 혐의를 받았고 계열사 한 곳에서 유대인 집단살해에 사용된 독가스를 생산했기 때문이다. 그러나 그중 대다수는 얼마되지 않아 석방되었고 독일의 전후 경제복구와 부흥에 큰 역할을 한 기업들에 경영진으로 복귀했다.

파르벤 자체도 소련 점령지역에서는 철저히 분해되었으나 서구 점령지역에서는 나치 청산 과정에서 재건되어 1951년에 1925년 탄생 이전 원래의 멤버 회사들인 BASF, 바이엘, 훽스트, 아그파로 분리재건되었다. 전쟁 끝 무렵에 미군은 독일 각지의 파르벤 생산시설에 대한 폭격을 자제했었다. 사노피에 흡수된 훽스트를 제외한 3개 기업들은 아직도 세계 정상의 화학-제약기업으로 존속한다.

IG 파르벤 빌딩은 1920년대에 지어졌지만 파르벤과 제3제국과의 인연 때문에 줄곧 '죄악의 냄새(Smell of Guilt)'가 난다는 논란의 대상이었다. 이 논란은 미군이 떠나면서 종식되었지만 다시 건물 이름을 놓고 일대 논쟁이 벌어졌다. 2014년에 프랑크푸르트대 평의원회가 원래의 이름을 보전하기로 최종 결정을 내린다.

프랑크푸르트대는 정식 이름이 요한 볼프강 폰 괴테 대학이다. 파르벤은 처음에 유대자본 기업이라고 비난받았지만(IG 파르벤 빌딩의 대지가 로스차일드 가문 소유지였다) 친나치기업의 대명사가 되었다. 전후에는 라인강의 기적을 이끌었다. 파란만장한 역사를 가진 이 기업이 독일 사람들이 가장 숭상하는 괴테의 이름이 붙어 있는 대학에 그 전성기 본사 건물을 남겨 주었다는 것이 흥미롭게 느껴진다.

싱가포르대학

이 책은 우리 대학들의 벤치마크 대상으로 하버드를 위시한 미국 대학들에 대해 주로 이야기하고 있다. 그러나 정작 우리 대학들이 관심을 기울여야 할 대학은 먼 곳이 아닌 아시아에 있는 국립 싱가포르대학(National University of Singapore: NUS)인지도 모르겠다.

싱가포르

싱가포르는 인구가 560만 명인데 대학은 6개가 있다. 그중 NUS 외에 1981년에 세워진 난양공대와 2000년에 세워진 싱가포르경영대가 우리에게 잘 알려져 있다. 난양공대는 NUS와 규모가 비슷하고 싱가포르경영대는 1/3 정도이다. 난양공대는 이름과 달리 종합대학이다. MIT가 종합대학인 것과 유사하다. 싱가포르경영대는 경제학, 경영학, 법학, 사회과학을 다루는 대학이다.

최근의 QS랭킹에서 난양공대가 세계 11위, NUS가 15위를 차지했다. 예일대가 16위다. 아시아권에서는 중국의 칭화대와 홍콩대가 각각 25, 26위로 그 뒤를 따른다. US뉴스 아시아 랭킹에서는

NUS, 난양공대, 도쿄대, 칭화대, 베이징대의 순이다.

싱가포르의 대학들이 왜 성공적인가를 조사해서 분석할 수도 있을 것이다. 그러나 그 전에 선험적으로 몇 가지를 알 수 있다.

싱가포르는 열린 나라다. 국제화도 여기에 포함된다. 언어도 영어를 같이 쓰고 있다. 외지인들이 불편함 없이 싱가포르와 교류하고 싱가포르에 머물 수 있다. 이 점은 서구와의 교류가 필수적인 대학의 발전에 큰 이점이다. NUS의 교수진을 보면 우리와는 비교할 수 없이 국제적이다. 물론 그들이 반드시 뛰어난 교수나 학자라는 의미는 아니지만 그들이 가지고 있는 출신국의 학술 정보와 사회적 자산이 훨씬 수월하게 싱가포르에 유입될 수 있다.

또 한 가지 중요한 것은 학교 직원들의 역량이다. 싱가포르나 홍콩과 같이 프로젝트를 하면 직원들이 거의 미국 수준이라는 것을 종종 느낀다. 영어 능력만 그런 것이 아니라 사람을 대하는 태도와 책임감, 그리고 전문성이 그렇다. 이것은 최근 중국 대학에서도 슬슬 느껴지기 시작한다. 우리 대학들도 교수들은 상당히 높은 국제적인 수준이다. 우리 대학들의 직원들도 최고급 인재들이다. 그러나 사회와 고등교육 일반이 아직 국제적인 인력을 양성하지 못하고 있는 것이다.

국립 싱가포르대학

1905년에 의대로 설립된 NUS는 지금까지 네 사람의 싱가포르 총리와 두 사람의 말레이시아 총리를 배출했다. 싱가포르는 1965년에 말레이시아로부터 분리되었다. 1962년까지 NUS는 말라야대학이었다.

NUS는 별 이론 없이 아시아권 최고의 대학이며 미국 대학들이 단골로 유대를 맺고자 하는 대학이다. 듀크대와 공동으로 의대를 운영하고 예일대와 학부과정 공동 프로그램을 운영하고 있다. 2007년에 싱가포르경영대가 로스쿨을 설치할 때까지 싱가포르에서 유일하게 법학교육을 담당했기 때문에 싱가포르의 사법부와 법조계는 거의 모두 NUS 출신들로 채워져 있다.

사실 싱가포르는 지리적으로 미국에서 편리한 위치에 있지도 않다. 보잉의 A380이 싱가포르와 뉴욕을 논스톱으로 운항하기 위해 개발된 것이라는 말이 있을 정도로 미국에서 멀다. 중국이나 일본처럼 문화유산이 풍부한 것도 아니고 도시국가인데다 기후도 덥다. 즉, NUS가 인기가 있다면 정말로 그 자체가 뛰어나기 때문이다. 아시아에 있는 영어권이라는 것이 이유라면 홍콩도 있다.

NUS는 정규 교수진들 외에도 수많은 외국의 방문교수들을 유치해서 학교의 내용을 풍부하게 한다. 여기에는 학기라든지 강의시간 편성의 유연성이 뒷받침되어야 한다. 우리에게는 아직 부족한 점이다. 스케줄이 유연할수록 명성이 높고 바쁜 외국의 석학들이 수월하게 방문 결정을 내릴 수 있게 된다.

외국의 방문객은 방문해서 몇 주 학생들을 가르치고 가는 것으로 끝나지 않는다. 와 있는 동안 강의만 하고 호텔 안에서만 시간을 보내지는 않는다. 학문적·인적 유대가 생기게 되고 이는 공동연구, 논문의 공동작성, 공동 학술회의 같은 것으로 이어진다. 국제적인 학술지에 논문을 발표하는 데도 도움을 준다. 이를 통해서 대학의 랭킹이 상승하는 것이다. 우리처럼 대개 우리 힘으로만 하는 것은 참 어렵고 재미없게 사는 방법이다.

아시아의 대학들

싱가포르 외에도 아시아의 많은 대학들이 각기 전통을 자랑하면서 글로벌 경쟁에 참여하고 있다.

홍콩대학

홍콩에는 홍콩대학과 홍콩중문대학, 홍콩과학기술대학 같은 명문들이 있다. 그중 홍콩대학(University of Hong Kong)이 선두다.

홍콩대학은 1911년에 설립되었다. 홍콩섬의 가파른 언덕배기에 있다. 몇 번씩이나 복잡하게 엘리베이터를 갈아타고 올라가야 된다. 날씨가 덥기 때문에 손선풍기를 가지고 다니는 학생들이 눈에 많이 띈다.

홍콩대는 설립 당시에 프러시아를 필두로 한 유럽의 열강들이 중국에 세우기 시작한 대학들과 경쟁하기 위해 루가드 홍콩 총독이 제안해서 탄생했다. 당시 모두가 영국의 산업혁명을 배우고 싶어 했다. 구룡반도 개발로 유명한 인도인 사업가 모디가 학교 설립에 필요한 약 30만 달러를 내놓았는데 모디는 후에 그 공로로 영국 기사작위를 받았다. 정부는 토지를 냈고 스와이어그룹도 공학교수 기금과 연구기자재를 다량 기부했다. HSBC도 동참했다.

하버드대 총장과 동명이인인 외교관 출신 찰스 엘리엇이 초대 총장으로 임명되었다. 엘리엇은 셰필드대 총장으로 있다가 옮겨 왔고 나중에는 다시 외교관이 되어 일본 대사로 간다.

루가드 총독은 중국이 공산주의에 적합한 곳이 아니라고 생각했다. 그래서 홍콩대는 인문보다는 과학에 중점을 두어 출범했고 인문, 공학, 의학 세 분야가 설치되었다. 법학부는 1969년에야 설치되었고 경영학과 경제학은 2001년에 들어왔다. 의대는 2006년에 리카싱 회장이 약 1조 원을 기부하면서 리카싱 의대로 개명했다. 일부 학생과 교수의 반발이 있었다.

홍콩대학은 역사적으로 다수의 서구인 교수들이 가르친 곳이다. 그러나 중국 반환 이후 중국화가 진행되면서 많은 서구 출신 교수들이 밀려나고 있고 일부는 홍콩중문대학으로 이동했다.

홍콩중문대학(Chinese University of Hong Kong)도 네 사람의 노벨상 수상자를 낸 명문이다. 1963년에 기존의 3개 칼리지가 합병해서 탄생했다. 홍콩에도 중국어로 교육을 하는 대학이 필요하다는 요청에 의한 것이다. 홍콩 총독과 싱가포르 총독을 지낸 로버트 블랙이 초대 총장, UC 버클리 경제학 교수였던 리초밍이 초대 부총장을 맡았다. 홍콩도 영국의 전통에 따라 부총장이 우리의 총장에 해당한다.

도쿄대학

도쿄대학은 서울대와 마찬가지로 국립 대학법인이다. 1877년에 설립되었다. 1886년에 제국대학으로 개편되면서 근대적 대학의 형태를 갖추었다. 1897년에 도쿄제국대학으로 이름을 바꾸고 종합대학이 된다. 제국대학 체제는 일본 본토에 7개, 한국과 대만에 각각 1개로 모두 9개의 대학으로 구성되었던 것이다. 일본판 아이비리그라고도 했다. 2차 대전 후에 다시 도쿄대학으로 복귀했다.

도쿄대는 지금까지 17명의 총리와 7명의 노벨상 수상자, 1명의 필드메달 수상자를 배출했다. 싱가포르와 홍콩을 제외하면 아시아권에서 아직 세계 순위가 가장 높은 대학이다.

칭화대학

요즘 아시아의 대세는 중국 대학들의 부상이라고 해도 과언이 아닐 것이다. 우리는 좀 놀라는 경향도 있는데 사실 따지고 보면 일본이야 네덜란드 같은 서구에서 직접 지식을 전수받았다고 하지만 우리는 역사 내내 중국으로부터 학문을 받아들여 공부했던 것 아닌가.

중국에는 약 3천 개의 대학에서 약 2천만 명의 학생들이 열심히 공부하고 있다. 현재 중국의 3대 대학을 들라면 베이징대, 칭화대, 상하이 푸단대다. 중국판 아이비리그로 C9리그라는 것도 있다. 베이징대와 칭화대는 치열하게 1위 다툼을 한다.

베이징대학은 1898년에 세워진 중국 대학의 리더이고 여기 도전하는 '신예' 칭화대학은 사실은 그 역사가 1911년으로 거슬러 올라간다. 그해 의화단 운동의 결과로 청나라가 서구 열강에 배상금을 지불해야 했는데 배상금 액수인 3천만 달러가 과하다고 하여 감액해 주고 미국에 조차하던 지역에 미국 유학생 양성기관인 칭화학당을 세운 것이 시초다. 1928년 국립대학으로 개편하면서 국립칭화대학으로 이름을 바꾸었다. 역시 베이징에 있다.

칭화대는 두 사람의 노벨상 수상자를 냈다. 1979년에 화공과를 나온 시진핑 주석과 1964년에 수력공학을 공부하고 졸업한 후진타오 전 주석이 이 학교 출신이기 때문에 크게 발전했다고도 한다. 2016년 예산이 우리 돈 약 4조 원으로 중국에서 가장 많고, MIT와 공동으로 MBA 과정도 개설하고 있다.

컴퓨터공학에서는 칭화대가 MIT와 NUS를 누르고 최고의 대학으로 꼽힌다. 2015년에는 탁월한 연구실적 덕분에 US뉴스가 칭화대 공대를 세계 최고의 공대로 선정하기도 했다. 스탠퍼드 공대와 MIT 공대의 거의 40%가 외국 출신 교수들로 채워져 있다는 점에 비추어 보면 국제화 수준이 아직 20%에 미치지 못하는 칭화대 공대로서는 괄목할 만한 결과였다.

미시건대
로스쿨

나와 가장 오랜 인연이 있는 학교는 미시건대학 로스쿨이다. 거의 10년째 매 겨울방학에 혹한과 폭설을 뚫고 2-3주 다녀온다. 친구들도 많아졌다. 지금까지 거의 열 사람의 교수를 서울에 초청해서 지한파로 만들어 놓았다.

미시건대학

미시건대학은 1817년 디트로이트에 설립된 주립대학이다. 지금은 인구 10만 남짓의 작은 도시 앤아버(Ann Arbor)에 있다. 나는 처음에 어떻게 별 특징도 없고 지리적으로도 장점이 없어 보이는 이 작은 곳에 이렇게 큰 대학이 들어서서 발전할 수 있었는지 의아했는데 답은 역사에 있었다.

앤아버는 1824년에 만들어진 도시다. 디트로이트에서 서쪽으로 약 60킬로미터 떨어져 있다. 디트로이트 공항이 두 도시의 중간 지점에 있다. 앤아버는 부동산 투자자 두 사람이 개척했고 그 두 사람 다 배우자 이름이 앤이었기 때문에 이런 이름이 되었다.

앤아버는 미시건주의 수도로 지정될 때를 대비해서 상당한 면적의 토지를 아껴두고 있었는데 랜싱이 수도가 되자 시는 그 땅을 미시건대학에 주기로 했고 대학은 그때 앤아버로 이사해 왔다. 앤아버로서는 매우 현명한 결정이었다. 지금의 앤아버는 미시건대학 그 자체다.

1839년에 동서 방향의 철도인 미시건 센트럴이 들어오면서 교통이 편리해졌는데 1878년에는 남북 노선이 앤아버에서 연결되면서 교통과 교역의 중심지가 되었다. 미시건 센트럴은 후일 펜 센트럴에 인수된다. 작은 마을인데도 철도가 여기저기 많이 눈에 띈다. 옛날 역 건물은 지금 레스토랑이 되어 있다. 자리에 앉아 있다 보면 창 바로 바깥으로 기차가 지나가서 놀라기도 한다.

19세기 말과 20세기 초에 미국의 대학들이 유대인 쿼터제를 시행하면서 동부의 대학으로부터 많은 유대인 교수와 학생이 미시건으로 옮겨 왔다. 1922년에 하버드에서는 유대인 학생 비율이 20%까지 올라갔다. 그러자 하버드는 로웰 총장의 주도하에 쿼터제를 도입했다. 그래서 미시건은 한때 중부의 하버드라고 불리기도 했다. 지금도 유대인 학생들이 유난히 많게 느껴진다.

1960년 대통령 선거전에서 하버드 출신 케네디 대통령은 자기가 '동부의 미시건' 출신이라고 말하기도 했다. 이 말은 케네디가 미시건대 학생회관 앞 계단에서 평화봉사단(Peace Corps) 창설을 제안하는 연설 중에 나온 것이다. 건물 앞 계단 출입문 왼쪽에는 케네디 대통령이 여기서 그 유명한 연설을 했다는 농판이 붙어 있다.

미시건대학은 1960년대와 1970년대에 베트남 전쟁 반대 운동의 중심지로 유명해졌고 그 이후로 줄곧 리버럴의 대명사처럼 여겨진다. 소수민족을 대학 입학 과정에서 우대하는 소수집단 우대정책(Affirmative Action)도 미시건대가 대변한다.

미시건대는 공립학교인데도 세계 대학 순위에서 20위권에 든다. 24인의 노벨상 수상자를 배출했다. 특히 경영학, 공학, 의학과 약학, 정치학, 사회학, 심리학은 US뉴스 랭킹에서 5위권에 드는 탁월한 곳이다. 제럴드 포드 대통령과 딕 케프하트 전 하원의장이 졸업생이고 소프라노 제시 노먼, 스타워즈 다스 베이더의 목소리 제임스 얼 존스도 이 학교 출신이다.

미시건대학 로스쿨

미시건대 로스쿨은 1859년에 설립되었는데 1870년에 이르러 미국에서 가장 큰 로스쿨이 될 정도로 급성장했다. 로스쿨에 랭킹을 매기기 시작한 초기에는 하버드에 이은 2위의 학교였고 지금도 항상 10위권에 든다. 시카고대, 노스웨스턴대와 함께 중부 지방 3대 로스쿨이다.

특히 교수진의 수준은 최고로 평가받는다. 정년보장(tenure)을 받기가 어려운 것으로 악명이 높다. 앤아버와 같이 겨울에는 몹시 춥고 내 기준으로는 재미없는 곳에서도 잘 사는 사람들이라 공부에만 열중하는 모양이다. 지금 예일대 로스쿨 학장인 헤더 게르켄(Heather Gerken)이 미시건대 로스쿨 수석졸업생이다. 게르켄은 『미시건 로 리뷰』 편집장도 지냈다.

미시건대 로스쿨은 프린스턴대와 함께 건물이 아름다운 학교로 꼽힌다. 케임브리지대 킹스 칼리지의 축소판 같다. 특히 도서관은 관광코스에 포함될 만큼 고색창연하고 멋지다. 1학년생 기숙사 건물을 'Lawyer's Club'이라고 부르는데 이 건물을 너무도 좋아한 나머지 로스쿨 졸업생도 아닌 버크셔 헤더웨이의 찰스 멍거 부회장이 건물 리노베이션에 쓰라고 2백억 원을 기부했다. 안팎이 말끔해졌다. 몇 년 전에 학교가 새 건물을 지을 때는 기존 건물들과 같은 석재를 구하느라고 시간과 돈이 많이 들었다.

내 약력에 자주 언급되는 미시건대 로스쿨 해외석좌(William W. Cook)교수라는 명칭에 대해 간단히 적어 둔다.

나는 연구학기의 겨울방학에 친구인 프리처드 교수의 주선으로 미시건대 로스쿨에서 강의를 한 일이 있다. 이유는 잘 모르겠지만 강의에 대한 관심과 반응이 아주 좋게 나타났다. 두 번째 방학에 다시 초청을 받았는데 헌법학자인 캐민커 당시 학장과 차 한 잔 마시면서 이런저런 이야기를 하던 중에, 학장이 혹시 내가 윌리엄 쿡 교수가 되는 데 관심이 있는지, 마치 지나가는 이야기처럼 물었다. 물론, 관심이 있었다.

당시 미시건대 로스쿨은 다섯 사람의 해외석학들을 그 석좌에 임명해 두고 있었다. 독일헌법재판소 재판관인 베를린대학 교수 한 사람, 옥스퍼드대학 교수 두 사람, 네덜란드 틸부르크대학 교수 한 사람, 그리고 나의 은사인 브루노 짐마(Bruno Simma) 당시 국제사법재판소 판사 등이었다.

윌리엄 쿡(1858-1930)은 미시건대 로스쿨을 졸업한 명망 높았던 변호사이다. 학교에 요즘 가치로 약 3천억 원을 기부한 사람이다. 그래서 미시건대 로스쿨에서는 가장 역사적인 의미가 큰 인사들 중 한 사람이다. 나도 학교와 인연이 더 쌓이면 쿡 석좌교수가 되려니 하고 생각하고 있었지만 의외로 너무 이른 제의를 받은 것이다. 사실 내가 가장 어린 나이였다. 학장의 제안을 0.5초만에 수락했다.

물론, 우리 학교의 허가가 필요하면 그를 조건으로 한다는 전제를 달았다. 서울대는 원칙적으로 교수의 겸직을 허용하지 않는다. 그래서 나중에 겸직에 해당하지 않고 영예가 중점인 직함이라는 로펌의 법률의견서까지 받아두었다.

내 수락에 캐민커 학장은 기뻐하면서 전 교수들에게 이메일로 그 사실을 알렸다. 아는 교수들의 축하인사가 쇄도했다. 뭐지? 알고 보니 몇 달 전부터 자기들끼리 위원회를 열고 외부 평가도 받고 하면서 분주하게 준비를 한 일이었다. 나만 그런 움직임이 있는 것을 까맣게 모르고 있었다. 가장 친한 친구 교수도 귀띔해 주지 않고 시치미를 뗀 것이다. 그날 오후에 고단 부학장에게 학장이 그런 제의를 해서 수락했다고 했더니, "학장이 이야기하기 전에는 아무도 이야기하면 안 되기 때문에 입장이 몹시 난처했다"고 파안대소하는 것이었다.

미국 대학의 경쟁력은 이렇게 별 편견 없이 자기들에게 필요한 이방인들을 적절한 방식으로 흡수하는 데서 나온다. 살면서 내가 아무것도 하지 않았는데 남들이 나 몰래 분주히 뭔가를 해서 좋은 일을 만들어 준 첫 경험이었던 것 같다. 마지막일 가능성도 높다.

좋은 일이라, 은사인 브루노 짐마 선생께 이런 일이 있었다고 헤이그로 보고했다. 그랬더니 축하와 함께 '미국이 외국인에게 해 줄 수 있는 최고의 대우를 해 줄 것이니 기대해도 좋다'는 답이 돌아왔다. 그 말은 과연 사실이었다. 교수들이 요란하게 축하인사를 한 이

고색창연한 미시건대 로스쿨 도서관

유도 나중에서야 알게 되었다.

나와 미시건의 인연은 짐마 교수와는 사실 아무런 관련이 없다. 그저 우연히 시작된 것이다. 그러나 나중에 내가 짐마의 학생 출신이라는 것이 교수들 사이에 알려져서 호의적으로 작용했을 것으로 추측한다. 회사법 교수진뿐 아니라 국제법 교수진들이 환대해 주는 이유도 주로 거기 있다. 어쨌든 나는 그 영예를 같이하게 되었고 짐마 교수와 학교 방문기간이 겹치지 않아서 그 연구실을 공유하는 영광도 누리게 되었다.

지금도 연구실의 책상 앞에 앉으면 30년 전에 지도교수로 모시겠다고 눈이 펑펑 내리는 뮌헨으로 찾아가 주눅 들어 선생을 처음 만나던 일이 생생하게 생각나곤 한다.

브루노 짐마

짐마 교수는 오스트리아의 인스부르크대학에서 교수자격을 취득하고 1973년에 베르버 교수의 후임으로 독일 뮌헨대학의 국제법 및 유럽공동체법 정교수로 부임하였다. 당시 32세였기 때문에 최연소 기록을 세운 것으로 알려진다.

그리고 불과 3년 후에 '독일어 사용권에서 가장 노장과 가장 소장인 두 학자의 합작'이 탄생하였다. 짐마 교수는 1976년에 알프레트 페어드로스(Alfred Verdross, 1890-1980)와 함께 독일어권에서는 가장 널리 읽혀지는 국제법 교과서의 초판을 발간했다. 당시 페어드로스는 86세였다. 내가 조교로 일했던 연구소에서는 그 책이 '파란 책(Blaues Buch)'으로 통했다. 표지가 짙은 청색이기 때문이다. 나는 지금은 없어진 명동의 독일어서적 전문점 소피아서점에서 그 책 초판을 발견하고 구입했는데 이것이 짐마 교수의 제자가 된 계기가 된다.

짐마는 유럽국제법학회(European Society of International Law)의 창립회장이고 유럽국제법학회지를 창간했다.

짐마는 오스트리아에서 수학했고 페어드로스의 계승자였기 때문에 독일인이 아니라 오스트리아인이라는 소문이 많았다. 호엔펠던 교수가 독일어권에서는 가장 권위 있는 빈대학 국제법 석좌교수직에서 은퇴하고 짐마가 그 자리를 제안받았을 때 연구소 내에서는 짐마가 뮌헨을 떠날 것이라는 괴담이 돌아다녔다. 그러나 짐마는 독일 자르 출생이고 독일인이며 그래서 독일이 추천한 국제사법재판소 판사였다.

짐마는 취미로 군함 모형을 제작하는 데 열중했는데 종종 "오스트리아에도 해군이 있는가?"(있다)라는 질문을 조교들에게 하고, 사운드오브뮤직의 본-트랩 함장이 오스트리아 사람임을 잊으면 안 된다고 즐겨 이야기했다. 이것도 오해를 증폭시키는 역할을 했다.

짐마는 국제사법재판소 판사(2003-2012)에서 퇴임한 후 파트타임으로 미시건대 로스쿨에서 가르친다. 동시에 헤이그에 있는 이란-미국 청구권 법원(Iran-United States Claims Tribunal)의 판사로도 일한다.

프리퀄:
에피소드 1 뮌헨의 겨울

독일의 겨울은 길고도 추운 계절이다. 으레 회색빛인 하늘과 습도 높은 공기 속에는 독일인을 독일인으로 만든 독특한 정취가 그 계절을 지배하며 깃들어 있다.

1986년 초, 아직 추위가 한창이었고 보기 드문 폭설이 독일 전역을 뒤덮어 동화 같은 흰색의 경치가 기차 창밖을 눈부시게 장식하던 겨울의 끝 무렵, 남부 독일 여행 중 나는 처음 뮌헨을 볼 수 있었다. 뮌헨은 어두운 자줏빛과 탁하고 짙은 황색 건물들의 도시였다.

직접 보기 전에 연상해 보는 뮌헨의 모습은 우리에게 너무도 잘 알려진 한 여류시인에 의해 묘사되어 있는 것처럼 안개와 밤의 가스등과 슈바빙(Schwabing)… 등으로 인상지어진다. 지극히 낭만적인 도시의 모습이다. 그러나 어느 도시라도 관찰자의 성격이나 기분을 반영하는 형태로 느껴진다고 생각한다면 나에게 뮌헨은 그저 담담하고 평범한 하나의 도시였다.

내가 탔던 빈행 열차가 뮌헨의 중앙역으로 천천히 들어서는 동안 층수가 많고 제각기의 높이를 가진, 그러나 나란히 붙어 서 있는 건물들이 인상적이고도 이국적인 경치를 이루고 있는 것이 보였다. '유럽에서 온 크리스마스 카드' 같은 정경이었다.

베를린, 함부르크 다음가는 독일 세 번째 대도시 뮌헨은 조용한 대학과 공무원들의 마을인 본과는 전혀 다른 느낌을 주었다. 복잡했다. 차가운 공기 속이었지만 사람들은 분주하게 움직이고 있었다. 중앙역에 내려 지하철 노선표를 겨우 이해하고는 독일에서는 어딜 가나 골칫거리인 복잡한 차표를 자동판매기에서 지레짐작으로 산 다음 대학생으로 보이는 한 청년에게 길을 물었었다.

"여기가 대학으로 가는 지하철 노선의 플랫폼이 맞습니까?"

그 청년은 왼쪽에 끼고 있던 가죽가방에 읽고 있던 책을 집어넣으면서 잠시 생각한 후에 대학까지 가는 방법을 가르쳐 주었다.

"건너편 플랫폼으로 가십시오. 거기서 차를 타면 두 정거장 후에 내려서 다시 갈아타야 됩니다. 그 정거장의 이름은 젠들링어 토어인데 차내방송이 안내해 줄 겁니다."

그때의 남부 독일 여행 중에 내가 본에서 뮌헨으로 옮길 경우 지도교수가 되어 줄 것을 승낙했던 나의 스승 짐마 교수와 만날 약속을 해 두었었다. 짐마 교수와는 이미 반년 전부터 연락해 가며 논문계획이며 뮌헨대학으로의 이적 문제 같은 것들을 의논하고 있었다.

뮌헨대학

내가 본에서 옮겨 간 뮌헨대학은 독일에서는 가장 큰 규모의 대학이나. 이 대학의 정식명칭은 루드비히 막시밀리안 대학(Ludwig-Maximilians-Universität)인데 바이에른 옛 군주들의 이름을 딴 것이다.

1472년에 잉골슈타트에 세워졌다가 란츠후트로 옮겨진 후 1826년에 다시 뮌헨으로 이사해 왔다고 한다. 엑스레이를 발견한 뢴트겐이 이 대학의 교수였는데 뢴트겐을 포함해서 뮌헨대학은 14명의 노벨상 수상자를 배출했다. 하이젠베르그(Werner Heisenberg)와 막스 폰 라우에(Max von Laue) 교수도 여기에 포함된다. 게르하르트 에르틀(Gerhard Ertl)이 2007년에 화학상을 수상한 것이 가장 최근이다.

뮌헨 공대는 별도의 대학으로 존속한다. 내가 살던 뮌헨 북쪽의 작은 마을 가르힝에 있다. 1868년에 루트비히 2세가 설립했다. 2017년 화학상을 받은 요아힘 프랑크(Joachim Frank)를 포함해서 모두 17명의 노벨상 수상자를 배출했다.

뮌헨대학의 건물들은 뮌헨 동북부에 남북으로 길게 뻗어 있는 아름다운 거리 루트비히가와 레오폴트가 양쪽으로 배치되어 있다.

본부건물은 그 두 거리를 나누는 개선문의 바로 남쪽에 위치한 숄 남매 광장(Geschwister-Scholl-Platz)을 감싸는 듯한 자세로 서 있으며 맞은편의 후버 교수 광장(Professor-Huber-Platz)과 인상적인 대칭을 이루고 있다. 이 두 광장에는 똑같은 모양의 푸른 이끼 빛이 나는 분수대가 겨울을 제외하고는 항상 물을 뿜어 내고 있어서 나치에 의해 처형되었던 두 광장 이름의 주인들과 함께 뮌헨대학의 상징으로 통한다.

2차 대전이 한창이던 1942년에서 1943년 사이에 뮌헨대학에서는 일단의 학생들이 흰 장미(Die Weisse Rose)라는 이름으로 주로 유인물 제작을 통한 반나치 운동을 벌였다. 이들은 1943년 초에 5명의 핵심 학생들과 그들을 지원하던 교수 한 사람이 체포되어 처형당함으로써 와해되었는데 그 교수의 이름이 후버(Kurt Huber)였으며 처형당한 학생들의 이름은 프롭스트(Christoph Probst), 슈모렐(Alexander

뮌헨. 멀리 알프스가 보인다.

뮌헨대 본부 앞 숄 남매 광장의 분수대

Schmorell), 그라프(Willi Graf)와 숄 남매(Sophie Scholl과 Hans Scholl)이다.

이들은 암울했던 나치 독일 시절, 대학의 양심을 지키기 위해 목숨을 버렸던 훌륭한 사람들로 기억되고 있다. 뮌헨대학의 본관에는 1층에 자그마한 박물관 겸 기념관이 있어 이들을 기린다. 그 입구에는 언제나 흰 장미 한 송이가 꽂혀 있다.

내가 짐마 교수를 만나기 위해 처음 뮌헨을 찾았을 때 두 분수대는 흰 눈에 덮여 가끔씩 나타나는 햇빛을 받아 눈부시게 빛나고 있었다.

후버 교수 광장 2번지의 법학부 건물을 찾아 짐마 교수가 전화로 위치를 설명해 주었던 국제법 연구소의 문을 열었다. 그 방은 비서실이었는데 마침 구석의 조그마한 세면대에서 손을 씻고 있던 젊은 조교와 마주쳤다. 컴퓨터 앞에서는 한 여비서가 열심히 타이핑을 하고 있었고 그녀의 옆쪽 테이블 위에서는 커피포트가 하얀 증기를 내뿜고 있었다. 큰 창 밖으로 분수대가 내다보이는 정돈이 잘된 방이었다. 그 여비서는 슈벡 부인인데 몇 년 전에 은퇴했다.

"저… 짐마 교수님을 만나러 왔는데요…"

인상 좋은 그 조교는 수건에 손을 닦으며 반가운 표정으로 대답했다.

"본에서 오신 헤어(Herr) 킴이로군요. 내가 짐마입니다."

나는 그 명성 때문에 그가 그렇게 젊은 사람이리라고는 전혀 예상하지 못했었다. 이제 겨우 사십이 될까 말까 해 보였다. 나는 다소 당황한 상태로 짐마의 방에 안내되었다.

"독일 여행은 어때요?"

"눈이 너무 많이 와서 흰색 경치 밖에는 아무것도 볼 수 없었습니다. 프랑크푸르트에서 이곳 뮌헨까지 시종 폭설이었습니다."

"뮌헨으로 오면 이런 눈을 종종 보게 됩니다. 길거리에서 스키를 타는 사람들도 있지요."

"저의 학위논문 계획은 어떻게 생각하십니까, 교수님?"

"좋아요, 아주 좋더군요. 물론 공부를 진행하면서 좀 더 연구의 범위를 제한할 필요는 있을 겁니다. 그리고 나는 아시아 지역 국가들의 외교적인 입장과 관행에 대해서도 관심이 많습니다. 아시아 지역 국가들이 국제법 규범의 형성에 점차 더 많은 기여를 할 것으로 기대하고 있습니다. 헤어 킴 같은 아시아권 학생이 유럽으로 공부하러 오는 것은 대단히 환영할 만한 일이지요. 작년에 타이완에서 온 학생이 내 지도를 받아 공부를 끝내고 돌아갔는데 벌써 교수가 되었습니다."

짐마 교수와의 그다지 길지 않았던 면담을 끝낸 후에는 그가 일러 준 대로 건너편 숄 남매 광장의 법학부 사무실을 찾아가 이런저런 절차들을 처리하였다. 법학부의 사무실이 있는 대학본부의 건물은 천장이 아주 높고 대리석 바닥으로 되어 있는 널찍한 회랑이 있었다.

"헤어 킴은 운이 좋은 사람이에요." 자기 이름을 호퍼라고 소개한 중년의 부인이 학장실의 행정 책임자였다. 빈틈없는 머리 모양과 판에 박은 듯한 바이에른식 옷차림을 하고 있었지만 어딘지 옆집 아주머니처럼 보이는 친절한 사람이었다.

"짐마 교수님께서 아주 열심히 밀어 주셨어요."

"감사의 말씀을 드리고 오는 길입니다."

"서류 처리가 끝나는 대로 제가 본으로 연락해 드리겠어요."

"고맙습니다."

"뮌헨 시내 구경이나 하세요. 볼 만한 곳이 많아요."

호퍼 부인의 친절한 권고도 있었지만 나는 이미 뮌헨을 돌아 볼 간단한 계획을 세워 두었었다. 그러나 복잡한 내용의 '특별 기획상품' 차표로 여행 중이어서 시간 여유가 많지는 않았다. 다음날 잘츠부르크로 출발해야만 했다.

마리엔광장(Marienplatz) 주위에서 잠깐 시간을 보내고 시내 중심부를 천천히 산책해 본 다음 님펜부르크(Nymphenburg) 궁전으로 향했다. 서울의 독일문화원에서 내게 독일어를 가르쳤던 한 독일어 교수님의 님펜부르크 궁전 이야기가 내게는 몹시 인상적이었던 것이다.

"특히 겨울의 님펜부르크는 이국적인 정취의 진수입니다."

궁전은 뮌헨의 서쪽 끝 지역 한적한 주택가에 연해 있었다. 버스와 전차를 이용해야 했다. 님펜부르크로 향하는 전차의 창 밖으로 뮌헨의 겨울이 훨씬 가깝게 다가왔다.

님펜부르크 궁전

1918년까지 비텔스바허(Wittelsbacher) 왕조에 의해 통치되었었던 이 도시 뮌헨은 바이에른주의 수도다. 베를린과 함께 독일에서는 제일 가는 문화와 예술의 중심지이며 엄청난 규모의 루벤스 작품을 소장하고 있는 피나코텍(Pinakothek) 등의 유명한 박물관들과 유럽에서는 최대 규모로 알려진 주립도서관이 자리하고 있다.

매년 가을 떠들썩하고 민속적인 색채로 가득찬 10월 축제(Oktoberfest)가 열리고 한국에도 잘 알려진, 뢰벤브로이를 비롯한 굴지의 맥주회사들이 바로 뮌헨에 있다. 여기서 히틀러가 청년기를 보낸 후 나치스의 당수가 되었었는데 이 도시는 2차 대전 중 연합군의 폭격으로 거의 절반이 소실되는 수난을 겪기도 했다.

바그너의 열렬한 후원자로서 예술과 궁전건축에 국가재정을 탕진하였던 신비의 인물 루트비히 2세. 그의 유적이 시내와 근교의 곳곳에 남아 있는 것 외에도 뮌헨은 테러로 얼룩졌던 뮌헨 올림픽의 개최지로서, BMW와 지멘스의 본거지로서, 그리고 슈바빙 지역과 아름다운 영국공원 등을 통해 우리에게 잘 알려져 있는 곳이다. 토마스 만과 노르웨이의 극작가 입센이 뮌헨과 긴 인연을 맺기도 했다.

뮌헨에서는 중부나 북부의 도시들에 비하면 그래도 해가 나는 날이 많다. 알프스와 약 2시간 거리에 위치하고 있고 근교에 아름다운 경치를 자랑하는 마을, 호수, 숲들이 있다는 것 외에도 내용이 풍부하고 다양한 문화생활의 가능성이 있기 때문에 아마도 독일 사람들이 모두 뮌헨을 동경하는 모양이다.

그러나 뮌헨은 유학생들을 비롯한 외국인들에게는 독일에서 가장 악명 높은 우울한 색깔의 도시였다. 독일어의 '외국인 혐오(Ausländerfeindlichkeit)'라는 말을 가장 쉽게 떠올릴 수 있는 곳이 뮌헨이다. 뮌헨은 불친절하고 까다로우며 때로는 무례하기 이를 데 없는 외국인 담당 관청직원들의 태도와 단순히 외국인이라는 이유로 그렇지 않아도 하늘의 별따기와 비슷한 뮌헨에서의 방 구하기를 더 어렵게 만드는 집주인들의 퉁명스러움, 독일 사람들에게도 마찬가지겠지만 비싼 집세와 물가고 등으로 유명하며 살기에 편리한 곳은 전혀 아니었다.

님펜부르크 궁전은 앞쪽으로 긴 수로를 끼고 있다. 그 수로는 얼어붙어 있었는데 가지각색의 옷을 두껍게 껴 입은 아이들이 얼음 위로 도너츠형의 물건을 미끄러지게 던지는 놀이에 열중하고 있었다. 한쪽에서는 그 아이들의 부모인 것 같은 사람들이 얼음 위의 눈을 한켠으로 치우고 있었다.

궁전 내부 구경은 별것 아니었다. 그러나 궁전 뒷편으로 시원하게 펼쳐진 정원의 모습은 참으로 장관이었다. 여름이었다면 여러 가지 꽃들로 장식되어 있었을 것이다. 잘 정리되고 끝이 아득한 그 넓은 정원은 온통 백설로 뒤덮여 있었다. 몇 사람의 산책객들이 흰색의 바탕 위에 아물거리는 검은 점들처럼 움직이고 있었다. 차가운 겨울 공기가 설원에 반사되는 눈부신 햇빛 때문에 오히려 따뜻한 느낌을 주었을 정도다. 겨울 동안 석상들을 보호하기 위해 씌워 놓은 검정색

목재 포장들이 넓은 정원에 묘한 균형을 이루어 주고 있었다.

나는 그 정원의 끝부분까지 가 보았다. 숲이 시작되는 곳이었는데 걸어온 방향으로 님펜부르크 궁전이 아득하게 보였다. 까치와 비슷한 소리를 내는 새 두 마리가 차갑고, 눈이 왔는데도 건조한 공기 속을 날아 내 머리 위로 지나갔다.

나는 그 후로 3년 남짓 뮌헨대 법학부에서 공부했다.

프리퀄:
에피소드 2 리고로줌

강추위가 뮌헨 시민들의 외출을 힘들게 만들고 있던 1988년의 겨울. 나는 독일 유학과정을 모두 끝내는 박사학위 구술시험(Rigorosum)을 치러야 했다.

논문은 이미 가을에 통과되어 있었고 그 후 그간의 긴장을 풀기 위해 떠났던 이탈리아 여행에서 돌아오자마자 시험 준비를 시작했다. 시험일자는 '보다 즐거운 휴가기간을 가능하게 해 주기 위해' 크리스마스 2주 전으로 확정되어 있었다. 11월 중순이 되자 '보다 즐거운 휴가기간'이 되지 않아도 아무런 상관이 없으니 시험일자가 조금 더 뒤로 미루어졌으면 하고 바라게 되었다.

독일 대학의 박사학위 구술시험은 학교에 따라 여러 가지 차이가 있다. 대개 논문을 시험위원들과 그 밖의 참가자들 앞에서 발표하고 이어서 있는 질문과 토론시간을 무사히 이끄는 경우 성공한 것이 된다. 그러나 뮌헨의 법학부가 시행하고 있는 규정은 '민법, 형법, 공법을 포함한 법학의 전 분야'에 대해 구술시험을 실시한다고 으름장을 놓고 있었다.

이것은 상당히 부담스러운 규정이 아닐 수 없다. 준비할 엄두가 나지 않았다. 민법, 형법, 공법의 기본 과목들은 다행히 중간시험(Zwischenprüfung)에 합격하느라 어느 정도 준비가 되어 있었지만 결국 어떤 분야를 전공하는 교수들이 시험관으로 들어오게 될지 모르는 것이어서 전전긍긍하게 되어 있었다. 더구나 불친절하게도 시험위원회의 구성은 시험일로부터 약 1주일 전에 확정 통고된다는 것이었다.

도서관에 앉아서 엄격한 규정이 협박하는 대로 착실하게 '법학의 전 분야'를 공부하고 있을 수만은 없는 일이어서 기회가 있는 대로 앞에 다가온 지옥문을 이미 통과하고도 생존해 있는 몇몇 변호사들과 조교들에게 참고가 될 만한 조언을 구했다. 그들 말로는 구술시험은 별 걱정거리가 아니라는 것이었다. 그런 식의 건성으로 하는 대답은 도움이 안 되었다.

다행히 자신의 지도교수는 당연히 시험위원회에 포함되므로 시험위원의 한 사람은 미리 알 수 있다면 알 수 있었던 셈이다. 즉, 나에 대한 공법 분야의 테스트는 지도교수인 짐마 교수가 담당할 것이었다. 짐마 교수가 12월 초가 되도록 머물러 강의하고 있던 미국 미시건대학에서 걸려온 국제전화는 가이거(Rudolf Geiger) 교수의 『헌법과 국제법』이라는 책을 정독할 것을 권유하였다. 다소 마음이 가벼워졌다.

그러나 그것으로 문제가 해결된 것은 결코 아니었다. 나보다 한 학기 앞서 학위를 받은 한 선배가 들려준 이야기를 상기해 냈다. 전반적으로 공부를 하되 시험위원이 확정되면 '찾아뵙고' 수험생임을 신고하라는 것이었다. 놀랍게도 내 친구 부르크하르트에게 그 이야기를 하였을 때 그는 그것이 의례적이라고 했다. 학장실의 행정책임을 맡고 있는 호퍼 부인도 똑같은 것을 권고했다. 용기를 내서 시험 일주일 전 시험위원으로 밝혀진 피켄처(Wolfgang Fikentscher) 교수와 필립스(Lothar Philipps) 교수를 차례로 방문했다. 어쩐지 어색하기만 했다.

피켄처 교수는 딱딱하기로 이름이 나 있는 사람이어서 나는 루트비히가(街)에 있는 경제법 연구소를 찾아갔을 때 지레 겁을 먹고 있었다. 피켄처 교수가 깔끔하게 입고 있던 검정색의 양복과 역시 검정색인 넥타이는 선입견을 강화시키는 역할을 했다. 피켄처 교수는 깡마르고 훤칠한 키에 이제 중년을 막 벗어나는 느낌을 주는 인상의 사람이었다. 그러나 찾아온 용건을 이야기하자 의외로 상냥했다.

"논문은 무엇으로 썼습니까?"

"경제수역의 이원적 경계획정 문제입니다."

"그러면 해양법이로군요, 지도교수는 짐마?"

"그렇습니다."

"뭐 특별한 이야기를 할 것은 없습니다. 나는 아직 시험에 관해서 통보받지 못하였지만 그렇게 되었다니… 그러면… 채권법, 특히 총론 부분을 중점적으로 공부하고 오는 것이 도움이 될 겁니다."

피켄처 교수(1928-2015)는 다섯 권에 달하는 방대한 『법학 방법론』이나 두 권으로 되어 있는 『경제법』으로도 이름이 높지만 채권법 교과서도 정평이 나 있다. 그 책을 공부하고 오면 되리라는 암시로 받아들였다. 필립스 교수는 이미 개인적으로 알고 있는 사람이어서 덜 부담스러웠다. 자그마한 체구의 친절한 필립스 교수는 내가 연구실로 찾아갔을 때 반갑게 안부를 물었고 찾아온 용건에 대해서도 친절한 힌트를 주었다.

"나는 다른 학생들에게 이야기해 주는 것과 똑같은 것을 이야기하겠어요. 나는 공범이론 부분이 특히 중요하다고 생각해요."

"록신(Roxin) 교수님의 책을 공부하면 되겠군요."

"아니 뭐 그렇게 어렵게 생각할 것은 없고 예셰크(Jescheck) 교수의 교과서를 정독하고 공범에 관한 부분에 특히 신중을 기하면 문제없을 겁니다."

시험날까지 줄곧 피켄처의 채권법과 예셰크의 형법 교과서 공부에 매달렸다.

시험 당일에는 그 전날 눈이 많이 왔던 탓으로 차가 막혀 연신 시계를 들여다보아야 했는데 조바심이 났으나 시험장소인 학장 부속실에는 늦지 않게 도착했다. 그 방은 넓은 타원형의 테이블을 사이에 두고 시험관들과 수험생들이 나란히 마주보고 앉도록 되어 있었으며 테이블 위에는 참조할 수 있도록 여러 가지 법령집이 가지런히 놓여 있었다. 그 방의 높은 창밖으로 조금씩 눈발이 날리는 것이 보였다. 학장실의 호퍼 부인은 초조해 하는 우리들을 진정시키려고 노력하기도 하고 어린아이들같이 군다고 나무라기도 했다.

"17년 동안 한 사람도 낙방한 사람이 없었다는 것을 알아들 두세요."

"17년 전에 낙방한 사람이 도대체 누굽니까?"

"내 말은 내가 17년 전에 처음 이리 직장을 구해 왔다는 뜻이에

요."

시험관들이 도착하고 우리는 밖에서 서류심사가 끝날 때까지 대기하라는 지시를 받고는 조금씩 눈발이 날리는 쇼 남매 광장의 분수대가 내려다보이는 커다란 아치형의 창가에서 기다려야 했다. 수험생 중의 한 사람은 나이가 상당히 들어 보였는데 어느 공증인의 조수로 일하고 있다고 했고, 또 하나는 잘 알려진 법학부 조교였으며 또 다른 수험생은 사법시보였다. 모두들 마음이 불편하기는 마찬가지인 것 같았다. 공증인의 조수는 담배를 피울 것인가 말 것인가를 고민하고 있었다.

"이제 들어들 오시랍니다."

학장 부속실에는 서류검토를 끝낸 교수들이 바야흐로 질문공세를 펴기 위한 준비를 끝내고 엄숙하게 기다리고 있었는데 우리는 각자 지정된 좌석에 앉아 시험을 시작하였다.

각 과목별(교수별) 시험시간은 40분이었는데, 즉 도합 120분의 고문을 당하게 된다. 질문은 순서 없이 아무에게나 던져지므로 한순간이라도 긴장을 푸는 것이 허용되지 않고 다른 사람이 질문에 답하지 못한 경우 언제 자기에게 그 질문이 넘겨지게 될지 알 수 없으므로 모든 대화를 열심히 추적하고 있어야만 했다.

시험이 진행되는 중에도 옆방의 사무실에서는 계속 사람들의 말소리가 들려왔으나 웬일인지 시험이 있는 방은 완전히 밀폐된 채 모든 것으로부터 차단된 진공상태와 같은 느낌을 주었다. 그리고 옆에 나란히 세 사람이 앉아 있음에도 불구하고 혼자만 시험을 치르고 있는 것 같은 착각이 들기도 했다.

대개 자신의 지도교수가 하는 질문에는 곧잘 대답을 하기 마련이다. 나도 짐마 교수의, 국제법의 국내적 적용절차에 관한 질문과 특히 그 절차가 인권관계 국제협약의 경우 어떠한 특수한 문제들을 제기하는지에 관한 물음에 만족스럽게 답변할 수 있었다. 그러나 자신의 지도교수 이외의 시험관들이 던지는 질문에는 시험관이 이야기하는 시간이 수험생이 대답하는 시간보다 현저하게 길어지도록 쩔쩔매는 것이 보통이었다. 친절하게 옳은 대답을 유도해 내느라 교수들도 어지간히 애를 썼다.

나는 결국 피켄처 교수의 차례에서 한바탕 곤욕을 치렀다. 채권법을 공부하도록 권유했던 이 경제법의 거장이 느닷없이 '어제' 발표되었다는 EC의 기업합병규제 법안을 복사해 둔 것을 우리에게 나누어 주며 카르텔법의 테스트를 시작했기 때문이다. 그의 학생 외에는 모두 당황하였고 법전을 찾아가며 무진 애를 썼으나 결국은 헛수고, 참패였다.

"법률의 모든 분야에 있어서… 최근 동향에 정통한 사람이 훌륭한 법학도인 것입니다."

그러나 피켄처 교수는 그 공포의 법안에 대한 일장 해설을 끝낸 후부터는 계약의 이행불능에 관하여 질문을 시작했다. 여기서 어느 정도 만회가 가능했다. 그러나 그 40분이 4시간보다도 더 길게 느껴졌다.

이어서 필립스 교수는 가상적인 한 케이스를 설명하고는 그에 관한 질문을 몇 가지 하였는데 첫 번째 응답자가 너무도 자세하게 그 케이스를 풀어 버리는 바람에 주로 일반적인 이론을 물었다. 나에게는 예기치 않게 우리나라 형법에 관해 질문했다.

"한국 형법은 불능미수를 처벌합니까?"

"그렇습니다."

"그건 의외로군요. 일본 형법은 그를 처벌하지 않습니다."

여기서 잠시 머릿속이 뒤죽박죽이 되었으나 기억을 되살리려고 애를 썼다.

"독일 형법과 유사한 것으로 압니다. 위험성이 있음이 인정되어야 합니다."

"재미있군요. 그러면 한국에도 잘 소개되어 있는 목적적 행위론이란 무엇을 말하는지 간단히 설명해 주겠어요?"

40분이 금방 지나가 버렸다.

시험위원장인 피켄처 교수가 마침내 시험 종료를 선언하자 우리는 녹초가 되어 복잡한 심정으로 결과를 기다리기 위해 다시 밖으로 내보내졌다. 그동안 눈은 그쳐 있었다. 호퍼 부인은 아까와는 딴판으로 아직 기분을 내면 안 된다고 엄포를 놓고 있었다. 안심할 수 없다는 것이었다. 그러나 내가 17년 만에 처음으로 낙방한 사람이 되리라는 생각은 들지 않았다. 공증인의 조수는 벌써 담배 한 대를 거의 다 피우고 있는 중이었다. 약 10분의 시간이 어지럽게 흘러갔다.

"박사후보님들 다시 들어오세요!"

선고의 순간이다. 우리가 자리에 다시 앉자 시험위원장이 엄숙하게 입을 열었다.

"모두 합격한 것을 축하합니다."

참으로 반가운 인사말이었다. 그로써 순식간에 모든 긴장은 사라지고 나머지 시간은 다소 화기애애한 분위기로 진행되었던 것으로 기억된다. 한 사람 한 사람의 논문 성적, 구술시험 성적이 발표되고 최종성적의 통보가 행해졌다. 지도교수들과 그 학생들 간에는 축하와 감사인사가 오갔다. 그리고는 위원장의 맺는 말이 있었다.

"우리 뮌헨의 법학부는 국내외에서 그 권위를 인정받고 있는 훌륭한 학부입니다. 이 학부가 수여하는 학위를 통해 여러분은 영원히 이 학부와 깊은 유대를 맺게 되는 것이며 이 학부의 뛰어난 명성을 공유하게 되는 것입니다. 덧붙여 항상 재정난으로 곤란을 겪고 있는 뮌헨대학 법학부의 동창회에 꾸준한 관심을 가지고 최선의 지원을 국내외에서…."

호퍼 부인이 호들갑스럽게 축하를 해 주었다. 바깥의 공기는 차가웠으나 상쾌하였다. 이제 '보다 즐거운 휴가기간'을 어떻게 보낼 것인지를 생각하면 되었다.

20년 후…

나는 이 구술시험을 치른 후 거의 20년 만인 2007년의 여름에 전혀 예기치 않게 호퍼 부인을 다시 만났다. 서울 법대가 뮌헨대 법학부와 학술교류협정을 체결하게 된 것이다. 이메일을 주고받는 중에 그 이름이 등장했는데 의아했다. '아직도 재직 중인가?' 얼마 후 내가 구술시험으로 곤욕을 치른 바로 그 방 옆의 학장실에 나는 서울 법대 학장과 함께 학교를 대표해서 앉게 되었다. 뮌헨대 법학부의 학장은 나와 지도교수가 같은 스트라인츠 교수였다. 이것도 묘한 인연이다. 협정서에 서명을 마치고 나오면서 호퍼 부인에게 물었다.

"저를 기억하시는가요?"

"하다마다요. 제가 좀 늙었지요?"

글쎄, 그냥 인사치레가 아닐까. 기억할 리가 없는데. 어쨌거나 호퍼 부인은 20년이 흘렀지만 전혀 변함이 없었다. 오히려 헤어스타일을 짧게 바꾸고 은색으로 염색을 해서 더 젊어 보이는 것 같았다.

바로 전날 저녁에, 서울에서 긴급한 연락이 왔다. 국회에서 로스쿨법이 회기 마감 시간 10분 전에 전격적으로 통과되었다는 것이다 (2007년 7월 3일이다). 학장은 모든 일정을 취소하고 귀국해야 한다. 나 혼자 프라이부르크대 개교 550주년 기념식을 포함해서 나머지 일정을 소화하기로 했다. 이날 내내 한국의 로스쿨법이 화제에 올랐다.

그 후 또 다시 시간은 흘렀고, 올해 서울대 로스쿨 10기생들이 들어왔다. 내 영어강의 수업에는 뮌헨대 법대 학생들이 매 학기 참여하고 있다.

후버 교수 광장. 왼쪽에 보이는 건물이 내가 조교로 일했던 국제법 연구소다.

하버드 로스쿨

페이퍼 체이스

내가 대학 1학년이던 1979년이다. TV에 드라마가 한 편 나오기 시작했다.

〈하버드대학의 공부벌레들(The Paper Chase)〉

하버드대 로스쿨(HLS) 1학년들이 공부하는 이야기다. 학생들 사이에서는 단연 인기 최고의 드라마가 되었다. 1970년에 하버드대 로스쿨을 졸업한 존 제이 오스본(John J. Osborn, Jr.)이라는 사람이 『페이퍼 체이스(*The Paper Chase*)』라는 소설을 썼다. 이 소설은 1973년에 영화로 만들어졌다. 그리고 그 후에 만들어진 것이 바로 이 TV 시리즈다.

"아인슈타인의 상대성 이론은 내 학기말 리포트를 베낀거야."

되지도 않는 소리지만 슈퍼 수재들이 모여 서로 치열하게 경쟁하면서 공부한다. 엄청난 공부 부담과 경쟁 때문에 정신이 돌아 버리거나 자살하는 학생도 나온다. 1950-1960년대에는 많은 학생이 졸업을 못하고 탈락했었기 때문에 영화에 나오는 그런 장면들이 사실이었다고 한다.

1883년에 지어졌고 법학 강의에 사용되는 미국에서 가장 오래된 건물이라는 HLS 오스틴 홀(Austin Hall)에서 열리는 수업은 아직도 소설이나 영화 속의 분위기를 그대로 간직하고 있다. 그러나 드라마는 하버드가 아니라 LA 중심부에 있는 남가주대학 캠퍼스에서 찍었다.

영화와 드라마의 주인공은 학생인 하트(제임스 스티븐스 분)지만 사실 무시무시한 킹스필드 교수(존 하우스먼 분)가 중심 캐릭터다. 수업시간에 질문에 답을 못하는 학생을 망신주면서 계속 괴롭힌다. 그러나 드라마 후반에 가면 훌륭한 교수라는 것이 드러나고 학생들도 존경해 마지않게 된다.

킹스필드의 실제 모델이 누구인가를 놓고 항상 논쟁이 벌어진다. 지금은 뉴욕대 로스쿨에 있는 아서 밀러 교수가 가장 유력한 후보다. 나와 같이 공부했던 미국 학생들도 밀러가 무서웠지만 가장 잘 가르치는 교수라고 입을 모았다.

그런데 누가 모델인지는 작가한테 직접 물어보면 되지 왜 논란을 벌이나. 원작자 오스본은 2012년 10월 학교에서 열린 소설 40주년 기념 대담에서 킹스필드가 여러 교수를 합해 놓은 가상 인물이라고 밝혔다.

나는 이 드라마를 몇 년 전 아마존에서 DVD로 구해서 다시 한 번 전편을 보았다. 화면은 좁지만 아직도 재미있고 내용이 풍부한 드라마다.

이 드라마와 소설은 픽션이지만 한 권의 논픽션이 큰 인기를 끌었다. 스탠퍼드대 영문학과를 나와 교수생활을 하다가 HLS에 진학한 스콧 터로가 쓴 『하버드 로스쿨(*One L*)』이라는 책이다. 1977년에 나온 이 책은 40년이 지난 지금도 미국 학생들이 로스쿨 진학 전에 읽는 책이다. 1년에 3만 부 정도 판매된다고 한다. 이 책은 로스쿨 1학년들의 생활을 논픽션 스타일로 묘사한 것인데 재미있고 인상 깊다. 나는 아직도 색이 바랜 그 번역본을 보관하고 있다.

터로는 학교 졸업 후에 검사생활을 하다가 작가로 변신했다. 모두 14권, 3천만 부를 판매한 베스트셀러 작가다. TV드라마 3편과 해리슨 포드가 나오는 〈의혹(Presumed Innocent)〉(1990)의 원작자다.

미국에서 가장 오래된 법대 건물인 하버드 로스쿨 오스틴 홀

하버드 로스쿨의 역사와 현재

출발

하버드대 로스쿨(HLS)은 1817년에 설립되었다. 미국에서 가장 역사가 오래된 로스쿨이고 세계에서 가장 큰 법학도서관을 가지고 있다(2백만 권 소장). 사실 윌리엄앤메리대 로스쿨이 HLS보다 훨씬 먼저인 1779년에 세워졌지만 이 학교는 남북전쟁 동안 폐쇄되었다. 메릴랜드대 로스쿨도 1816년에 세워졌지만 1824년까지 수업을 하지 못했고 역시 남북전쟁 동안 폐쇄되었다. 그래서 HLS를 가장 오래된 로스쿨이라고 한다.

HLS는 현대식 미국 법학교육 방법의 발상지이기도 하다. 하버드대에서의 법학 강의는 HLS 이전부터 시작되었다. 1815년에 법학의 석좌교수직이 설치되어 매사추세츠주 대법원장 아이작 파커가 강의를 시작했다. 그러나 그 강의는 오늘날과 같은 법학 강의가 아니라 학부생들과 동문들을 상대로 한 교양강의 비슷한 것이었던 듯하다.

로스쿨은 초기에 많은 어려움을 겪었다. 당시 미국에는 실무 중심의 법률교육을 하는 유명 로스쿨들이 있었기 때문에 하버드는 경쟁에서 뒤처졌다. 1817년에서 1829년 사이에 고작 25명의 졸업생을 배출했다. 1827년에는 교수와 학생이 딱 한 명씩이었다. 그때 저명한 변호사 한 사람이(Nathan Dane) 1만 달러를 기부해서 새 석좌교수직이 신설되었다. 조셉 스토리(Joseph Story)가 취임했다.

스토리는 32세에 미국 역사상 최연소 대법관이 되었던 사람이다. 스토리의 명성 덕분에 HLS는 재기할 수 있었다. 스토리는 HLS의 발전에 헌신했고 학교는 곧 높은 평판을 받게 되었는데 옥스퍼드보다 더 깊이 있고 폭넓은 법학교육을 한다는 평가도 나올 정도였다. 스토리는 HLS를 지역 학교가 아닌 전국구 학교로 발전시키고 학생을 사회적 지위가 아닌 실력으로 선발하며 나라의 지도자를 양성한다는 목표를 세웠다.

1829년에는 애쉬먼 교수가 자신이 운영하던 노스햄프턴대 로스쿨을 접고 많은 학생들과 함께 HLS에 합류했으며 1845년에 미래의 19대 미합중국 대통령인 헤이스(Rutherford Hayes)를 배출했다.

크리스토퍼 랭델

HLS는 1870년 엘리엇 총장이 임명한 크리스토퍼 랭델(Christopher Langdell, 1826-1906) 학장 시기(1870-1895)에 현대적인 커리큘럼을 갖추면서 자리가 잡혔다. HLS는 처음으로 1학년 필수과목을 도입했다. 계약법, 재산법, 불법행위법, 형사법, 민사소송법이다. 이 포맷은 2006년에 행정법과 국제법에 비중을 두는 형식으로 다소 변형되기는 했지만 아직도 그 원형이 유지된다.

랭델은 법학이 직업교육이 아닌 사회과학의 하나라는 관념을 정립했다. 그로써 로스쿨도 대학의 당당한 일원으로 자리잡게 되었다. 랭델은 또 법학교육에 있어서 판례연구라는 방법론을 처음으로 도입했다. 판례학습과 연구는 미국식 법학교육의 대표적인 특성이다. 그 후부터 판례집들이 간행되었다. 사례 학습과 병행하여 교수 방법도 일방적인 강의에서 탈피해서 이른바 '소크라테스식'이라고 부르는 문답식 방법을 채택했다.

랭델은 자신이 평범한 집안 출신이어서 명문가 출신의 학생들이 교수들로부터 우대를 받고 학점도 잘 받는다는 생각을 가지고 있었다. 당시에는 이것이 어느 정도 사실이었다고 한다. 그래서 랭델은 처음으로 학생의 이름을 가린 채 시험답안지를 채점하는 방식을 도입했다. HLS는 현재 학점을 합격/불합격으로만 매긴다. 예일을 따라 도입한 것이다.

랭델은 필립스 엑세터 아카데미와 하버드 학부, 로스쿨을 졸업했다. 법대생일 때 로스쿨 최초의 도서관 사서로도 일했다. 로스쿨 졸업 후에는 뉴욕에서 변호사로 일했는데 HLS 교수와 학장에 임명될 때까지는 무명이었다. 나중에 엘리엇 총장은 랭델을 로스쿨 학장으로 임명한 것과 의대를 대대적으로 개혁한 것이 자신의 총장으로서 최고 업적이라고 말했다.

HLS와 사법부

HLS는 지금까지 헤이스와 오바마 2명의 미합중국 대통령과 21명의 주지사, 20명의 연방대법관, 수없이 많은 연방항소법원판사, 17명의 대학 총장, 11명의 법무장관, 37명의 연방상원의원, 세계은행 총재를 배출했다. 마이클 두카키스 전 민주당 대통령 후보와 밋 롬니 전 공화당 대통령후보도 HLS 졸업생들이다.

미국 로스쿨에서는 학교가 얼마나 많은 연방법원 판사를 배출했는지가 성가의 절대적 기준으로 통한다. 특히 배출한 연방대법관이 몇 사람인가를 항상 이야기한다.

미국의 연방대법원은 대통령이 임명하고 상원이 인준하는 아홉 사람의 대법관(Justice)으로 구성된다. 대법관의 임기는 종신이다. 대법원은 매년 10월의 첫 번째 월요일에 '개원'해서 대개 다음 해 6월까지 재판한다. 일 년에 평균 5천 건 정도의 케이스를 다루며 대부분의 케이스는 대법원이 다루기에 적절하지 않다거나 중요성이 떨어진다는 이유로 간단하게 처리된다. 전원합의부 재판이 원칙이며 주로 헌법문제에 관한 매년 150건 정도의 판례를 만들어 낸다. 이 판례들은 최소한 법대생들의 공부에 있어서는 지고의 규범이며 미국 사람들의 생활에도 지대한 영향을 미치고 있다.

대법원이 이 정도의 판결을 하기 때문에 거의 대부분의 사건에서 연방항소법원(U.S. Court of Appeals)의 판결이 최종적인 것이 된다. 연방항소법원은 13개의 순회지구로 구성되어서 순회법원(Circuit Courts)이라고도 불리는데 뉴욕주가 포함되는 제2항소법원, 일리노이주가 포함되는 제7항소법원, 캘리포니아주가 포함되는 제9항소법원의 판례가 상대적으로 많고 비중 있게 취급된다. 현재 연방항소법원 판사직은 모두 179개이고 저명한 판사들이 봉직하고 있다.

HLS 출신의 연방법관들은 모교의 에임스 모의재판(Ames Moot Court)에서 재판관 역할을 하거나 아니면 수업시간의 초청 연사로서,

졸업식의 귀빈으로서 가끔 학교에 나타난다. 이들은 미국에서 최고의 공인으로서 존경받으며 학생들의 환영은 상상을 초월할 정도로 열렬하다.

2018년 6월 연방대법원에서는 한바탕 '난리'가 났었다. 앤서니 케네디(Anthony Kennedy) 대법관이 갑자기 7월 31일 자로 종신직인 대법관직에서 퇴임하겠다고 한 것이다.

HLS 출신인 케네디는 1987년에 레이건 대통령이 임명했다. 오코너 대법관 퇴임 후 지난 12년간 대법원에서 5:4 판결의 이른바 '스윙보트'(균형추)였다.

81세 고령 대법관이 퇴임할 수도 있다. 그런데 타이밍이 논란이었다. 공석을 트럼프 대통령이 채우게 된 것이다. 다음 대통령 선거까지 기다리지 않더라도 11월 중간선거에서 상원 의석 분포가 변하게 되면 트럼프가 지나치게 보수적인 후임자를 임명하는 것은 어려워진다. 케네디의 사임이 정치적 행동은 아니라 해도 대법원 구성과 판례에 미치는 영향을 고려했다면 좀 더 신중하고 중립적으로 처신할 수 있었을 것이라는 아쉬움이 나왔던 이유다.

케네디는 중도보수로 분류된다. 동성결혼을 헌법상의 권리라고 본 2015년의 오버거펠(Obergefell) 판결에서 다수의견에 들었다. 이 판결도 5:4였다. 후임자에 따라서는 이 판례가 변경될 가능성이 있다.

나아가 로 대 웨이드(Roe v. Wade) 사건 판결까지 거론되고 있다. 1973년에 내려진 로 판결은 낙태를 처벌하는 모든 법을 위헌으로 본 것인데 미국 역사에서 가장 획기적인 판결들 중 하나다. 트럼프는 낙태 허용 여부는 주 차원의 문제라는 태도를 비치고 있어서 사실상 판례가 변경되어야 한다는 입장이다. 선거 중에 트럼프는 로 판결에 비판적인 대법관 두세 사람을 임명할 수도 있다는 취지의 발언을 한 적이 있다.

물론 상황은 간단치 않았다. 2018년 중간선거 이전 미국 상원은 공화당이 아슬아슬한 다수였다. 1백 석 중 51석이다. 민주당이 47, 무소속이 2석이다. 공화당의 수전 콜린스 의원은 로 판결에 비판적인 후보는 인준하지 않겠다고 밝혔다. 트럼프에게 그런 후보를 뽑지 말라는 메시지를 보냈던 것이다.

그러나 종래의 사례를 보면 민감한 이슈에 대해서는 지명자들이 의도적으로 모호한 태도를 취해 왔기 때문에 과연 의회에서 걸러질지 의문이었다. "개별적인 사건에서 어떤 판단을 내리게 될지를 여기서 말하는 것은 적절치 않다"와 "헌법 정신에 합치하는 선례를 존중하겠다"가 의회 청문회에서 가장 인기 있는 모범답안이다.

트럼프는 케네디 후임으로 항소법원 판사 브렛 캐버노(Brett Kavanaugh)를 지명했다. 지금 트럼프를 가장 괴롭히고 있는 것은 로버트 뮐러 특검이 수사하고 있는 러시아의 지난 대선 개입, 그리고 사법방해 혐의 사건이다. 만일 트럼프가 자기 사건을 염두에 두고 캐버노를 지명했다면 미국 내 정치적인 대립은 악화될 것이고 트럼프의 정치적 입지도 더 어려워질 것이다. 요즘 트럼프 보좌관 가족이 레스토랑에서 쫓겨나는 판이다. 향후 '진보식당'과 '보수식당'으로 나뉘어져 인종별로 화장실부터 모든 것을 달리했던 시대로 돌아가는 것이냐는 힌턴이 나온다.

캐버노는 극심한 논란 끝에 2018년 10월 6일 대법관에 취임했다. 트럼프가 지명한 두 번째 대법관이다. 트럼프가 지명한 첫 대법관 닐 고서치(Neil Gorsuch)는 HLS 출신인데 캐버노는 예일대 로스쿨 출신이다. 캐버노의 취임으로 대법원의 출신학교별 구성은 하버드 대 예일이 5:4가 되었다.

HLS의 스타 동창들

HLS 졸업생들은 비단 법률이나 정치, 교육 분야에서만 두각을 나타내는 것이 아니라 다양한 분야에서 활약한다. 기업, 문단, 음악, 언론, 연예계, 군대와 스포츠 분야에도 성공한 많은 졸업생들이 있다. 미국 밖에서도 많은 동창들이 중요한 일을 하는 위치에 있다. 국가원수급으로는 마잉주 전 타이완 총통, 샹카 샤르마 전 인도 대통령, 메리 로빈슨 전 아일랜드 대통령이 HLS 졸업생이다. 세계 각국의 HLS 출신 대법관, 헌법재판관은 일일이 다 열거할 수 없을 정도다.

대표적인 사회운동가 랠프 네이더(Ralph Nader)는 1958년 졸업생이다. 소비자보호운동, 환경운동에 헌신했다. 녹색당 후보로 여러 번 대통령 선거에 나서기도 했다.

언론에도 수많은 졸업생들이 진출했는데 『워싱턴 포스트』의 발행인이자 사주였던 필립 그레이엄, 역시 『워싱턴 포스트』 발행인이자 CEO였던 보 존스가 졸업생이다. US뉴스의 사주이자 편집장인 모티머 주커만은 와튼스쿨을 나와 HLS에서 LL.M.을 받았다.

또, 교수이자 평론가인 수전 에스트리치가 있다. 에스트리치는 HLS 역사상 처음으로 『하버드 로 리뷰』 여성 편집장을 지냈고 여성 최연소로 HLS의 정년보장 교수가 되었다. 1988년 민주당의 마이클 두카키스 대통령 후보 선거본부장을 했다. 지금은 남가주대 로스쿨 교수로 있으면서 폭스 뉴스에 자주 출연해 법률과 정치 평론을 한다.

HLS 졸업생들 중 가장 성공한 사업가로 비아콤(Viacom)과 CBS의 전 회장 레드스톤(Sumner Redstone)을 꼽는다. 1947년 졸업생이다. 92세까지 현역으로 일했다. 레드스톤은 보스턴 서쪽의 빈민지역에서 태어나 자랐다. 몇 개의 드라이브인 극장에서 출발해서 세계에서 가장 강력한 미디어 왕국을 건설한 사람이다. 파라마운트 인수에 성공해서 세간의 이목을 집중시키기도 했다.

레드스톤은 보스턴 라틴학교를 수석으로 졸업했다. 2차 대전 중에 하버드를 다녔는데 후일 주일대사를 지낸 라이샤워 교수가 이끄는 특별 정보팀에서 일본군의 고급 암호를 해독하는 일을 하기도 했다. 전쟁이 끝난 후에는 미군이 쓰던 주방기구 장사로 HLS 학비를 조달했다. 졸업 후에 연방항소법원과 법무부에서 7년 동안 일한 후 워싱턴 로펌에 들어가 파트너가 되었다. 1954년에 부친이 창업한 2개의 드라이브인 극장 운영에 참가, 내셔널 어뮤즈먼츠사를 세웠다. 이제는 보편화되었지만 객석이 적은 여러 개의 영화관을 한꺼번에 운영하는 멀티플렉스는 레드스톤의 아이디어였다.

글로벌 M&A 업계에 전설로 남은 인물인 브루스 와서스타인(Bruce Wasserstein, 1947-2009)도 HLS 졸업생이다. 와서스타인은 2000년에 『디지털시대의 M&A』라는 책을 냈는데 당시의 디지털 환경은 거의 석기시대라 해도 좋을 것이다. 구글이 1998년에 생겨났고 2004년에 페이스북을 탄생시킨 저커버그는 아직 고등학교에 다니고 있었다. 아이폰도 2007년에야 나왔다.

와서스타인은 일찌감치 경제의 디지털화가 M&A시장에 미칠 영향을 체감하고 미래를 예견했다. 그는 이미 20년 전에 디지털시대의 유례없는 변동성과 불확실성 환경하에서 좋은 M&A 전략을 찾아내는 것이 기업 경영자들에게 가장 큰 도전이라고 설파했다.

로스쿨 교수들

워터게이트 사건의 연방특별검사로 미국 국민들의 존경을 한 몸에 받았던 인물이 아치볼드 콕스(Archibald Cox, 1912-2004)다. HLS에서 헌법과 노동법을 가르쳤다. 나는 어느 날 랭델의 도서관에서 나와 의자 2개를 사이에 두고 나란히 앉아 책을 보고 있는 노인이 콕스 교수라는 것을 알아차리고는 한동안 얼떨떨한 기분이 된 적이 있다.

교수들 중에는 법률뿐 아니라 다방면에 걸쳐 해박한 지식, 고급 유머, 뛰어난 재능으로 무장하고 있는 사람들이 많다. 싱어(Joseph Singer) 교수는 프로 바이얼리니스트고 더쇼비츠 교수는 알 파치노, 키아누 리브스 주연의 〈데블스 애드버킷〉을 포함 영화화된 소설 2편의 작가이며 '성서에 나타난 정의의 개념'이라는 세미나도 개설했다. 로스쿨 1학년 때 콜럼비아대에서 신학박사학위를 받았던 클라크(Robert Clark) 전 학장은 자신이 직접 작곡한 회사법 노래를 수업시간에 학생들에게 들려주기도 했다.

문학과 예술에 조예가 깊은 교수들도 많아서 강의시간이 무미

건조하지만은 않다. 샌더(Frank Sander) 교수의 회고에 의하면 강의시간에 이유를 알 수 없이 개 한 마리가 들어오자 프로인드(Paul Freund) 교수는 셰익스피어의 『베니스의 상인』에 나오는 한 구절 "내가 말할 때 개가 짖지 않도록 하라(When I ope my lips let no dog bark)"를 바로 외었다고 한다.

아서 밀러

밀러 교수는 〈페이퍼 체이스〉에서 학생들에게 '법률가답게 생각하는 것을 가르치겠다(I am going to make you all think like lawyers)!'고 으름장을 놓던 주인공 킹스필드 교수의 모델이다. (던컨 케네디 교수는 수업에서 '법률가처럼 꽥꽥거리며 허풍 떠는 방법을 가르치겠다(I am going to teach you how to quack like a lawyer)'고 한 일이 있다.) 민사소송법과 지적재산권법을 가르쳤다.

무서운 교수로 통하지만 일부 학생들에게는 대단히 인기가 좋은 것 같았다. 민사소송법을 신들린 듯이 강의하고 내용을 가장 정확하게 학생들에게 전달해 준다고 했다.

나는 강의를 들어 본 일은 없지만 교정에서 자주 볼 수 있었고 이 교수에 대한 이런저런 이야기가 많아서 아주 익숙한 인물로 여겨진다. 교수실이 랭델 홀의 1층 가장자리 통로를 마주보고 있는데 항상 문을 열어 두기 때문에 사무실에 앉아 있는 모습도 많이 볼 수 있는 교수였고 NBC의 법률 해설자로서 TV에도 자주 등장한다.

밀러 교수는 HLS의 기술팀이 개발한 인터액티브 비디오 강의 프로그램의 첫 번째 주인공이기도 하다. 이 교수와 관련한 재미있는 일화가 내가 공부할 때 만들어졌다.

밀러 교수는 웨스트 로(West Law)라고 불리는 법률정보 서비스 회사의 로고가 들어 있는 머그컵을 가지고 다니면서 커피를 마시는데 강의시간에도 항상 가지고 들어왔다. 이를 주의 깊게 본 민사소송법 클래스의 한 학생이 웨스트 로의 경쟁회사인 렉시스(Lexis)에 전화를 해서 가만있을 거냐고 물었다. 렉시스에서는 즉시 수강생의 수만큼 자기 회사 머그를 보내 왔고 어느 날 밀러 교수가 강의실로 들어서는 순간 1백 여 개의 렉시스 머그컵이 밀러 교수를 맞았다고 한다.

루이스 손

손(Louis Sohn, 1914-2006) 교수는 1940년에 LL.M. 과정을 졸업했다. HLS 교수로 오랫동안 재직한 후 조지워싱턴대학에서 은퇴했다. 유엔 창설 작업에 참가했고 HLS에서 세계 최초로 유엔법을 가르쳤다.

손 교수는 폴란드 르포프의 한 대학에서 연구원으로 있을 당시 HLS의 비일 교수의 초청으로 미국 유학을 왔다. 비일 교수는 자신의 3권짜리 국제사법 교과서에 대한 손의 서평에 감명을 받아 LL.M.을 하면서 다음 판의 작업에 참가할 것을 권했다고 한다.

손 교수는 케임브리지에 1939년 8월 말 도착했는데 도착한 며칠 후에 히틀러가 폴란드를 침공하면서 2차 대전이 일어났다. 손은 갑자기 고국과 가족이 어떻게 되었는지 전혀 알 수 없는 처지에 빠졌고 설상가상으로 비일 교수가 몇 주 후에 심장마비로 타계하는 일이 일어났다. 손은 무일푼으로 혼자 미국에 남겨지게 되었던 것이다.

다행히 비일 교수의 비서가 랜디스 학장으로부터 돈을 빌릴 수 있게 해 주어서 손은 1년에 약 1백 달러 정도의 생활비로 살 수 있게 되었다. 천신만고 끝에 손은 국제사법에 관한 논문을 『하버드 로 리뷰』에 발표하는 기적을 이루어 냈다. 졸업을 하면서 손은 해상법 또는 국제사법 분야의 최우수논문상인 애디슨 브라운 상을 받았다.

그해 허드슨(Manley Hudson) 교수가 상설국제사법법원 판사직을 떠나 학교로 돌아오자 손은 허드슨 교수의 조교가 되어 유엔 헌장의 기초작업을 도왔다. 1946년에 HLS의 국제법 교수가 된 이후로 손 교수는 유엔 전문가로서 미국 국무부, 유엔 사무국, 카네기 평화재단 등에 대한 활발한 자문 활동을 펼쳤고 케네디 대통령을 위해 1960-1962년 미국의 군비축소안을 마련하였다. 1971-1982년 유엔 해양법 협약 협상에 참가하기도 했다.

손 교수를 잘 아는 동료 교수들은 손 교수가 뛰어난 학자일 뿐 아니라 위대한 평화주의와 인도주의의 이상을 향해 노력하고 실천하는 인물이라고 평하기를 주저하지 않았다. 손 교수는 1981년에 조지아 법대로 옮겼는데 전 국무장관 딘 러스크의 간곡한 권유가 있었다고 한다. 1992년부터는 조지워싱턴대학의 펠로로 있으면서 보스니아 전범재판소의 설립에 참가했다.

손 교수의 가족들은 2차 대전에서 희생되었고 손 교수는 다시는 폴란드 땅을 밟지 않았다고 한다. 출생지였던 르포프는 이제 우크라이나 공화국으로 편입되었다. 돌아갈 고향을 잃어서 세계시민이 되었다고 이야기하곤 했다.

데틀레프 백츠

백츠(Detlev F. Vagts, 1929-2013)는 HLS 내에서 보수적인 교수들 중 한 사람이었는데 고전적인 스타일의 수업 진행을 좋아하는 것 같았다. 유명한 국제법 학자이지만 회사법도 가르쳤다. 역사학과 출신이어서 국제법의 역사적 측면에 관한 연구를 많이 했으며 미국 국제법학회지 제84호에 실린 「나치시대 독일의 국제법학」과 같은 걸작이 이 교수의 스타일을 대변한다.

이 논문에서 백츠 교수는 나치의 정권 장악이 독일 법학계에 미친 영향에 대해서도 상세히 기술하고 있는데 칼 슈미트나 프리드리히 베르버 같은 이른바 '기회주의자'들에 대한 통렬한 비판을 가하고 있으며 특히 칼 슈미트를 'Devil's Advocate'라고 부르고 있다.

백츠 교수는 나치의 정권 장악 이후 독일 법학교수의 22%가 대학에서 추방되었고 국제법 교수들 중에서는 할레의 플라이시만, 함부르크의 페렐스, 뮌헨의 노이마이어 등이 자살했으며 쾰른의 켈젠, 프랑크푸르트의 슈트룹, 함부르크의 멘델손-바르톨디 교수가 망명했다고 적으면서 전후에도 살아남은 일부 저명한 독일 법학자들의 지적인 변절에 대해서는 다음과 같이 회의적으로 평하고 있다.

"이 사람들을 만나면 느끼는 문제는, 그들이 1930년대에 했던 일들과 그들을 이제 거의 연결지어 생각할 수가 없다는 것이다. 예를 들면, 나는 제3제국 시절 대단히 나치적인 글을 썼던 그 세대 학자들 중 한 사람을 만났었다. 친절하고, 삼촌 같고, 심오한 학식을 가진 이제 80대인 그 학자는 동료들과 학생들로부터 훌륭한 평판을 누리고 있는 사람이었다. 나는 그 사람이 30년대 초 나치가 조교수들을 집단

교육시키던 키체베르크의 훈련원 생활이 얼마나 보람 있는 것인가를 쓴 글을 읽었는데 그 글을 쓴 사람이 바로 이 사람이라고 생각하기가 어려웠다. 그 당시 그의 글은 기회주의적인 가식이었던가? 아니면 그가 그 후로 성숙하고 더 많은 것을 배운 것인가?"

백츠 교수는 영어로 번역되어서 미국 법관들의 많은 관심을 모았던 뮐러(Ingo Müller)의 책 『히틀러의 정의(*Hitler's Justice: The Courts of the Third Reich*)』에 서문을 쓰기도 했다. 이 책에 대해서는 포스너 판사가 '법관들이 당대의 지배적인 법사상(법실증주의)에 지나치게 영합하거나, 판결이 미치는 인간적인 파장을 망각할 정도로 특정한 직업 문화에 동화되어서는 안 됨을 일깨워 준 책'이라는 서평을 한 바 있다.

백츠 교수는 독일어를 완벽하게 구사하는데 내게 독일어로 이야기하는 경우가 많았다. 맨 처음 만났을 때의 대화도 독일 이야기였다.

"누가 지도교수(Doktorvater)였습니까?"

"뮌헨대학의 짐마 교수입니다."

"『보편국제법(*Universelles Volkerrecht*)』의 저자 말이로군요. 짐마 교수의 몇몇 논문은 아주 인상적인 것이었습니다."

"『보편국제법』은 폭스바겐 재단의 지원을 받아 지금 영어로 번역되는 중입니다."

"흠… 영문판이라… 큰 의미가 있을까요?… 나는 오히려 앞으로 나올 유엔 헌장의 주석서에 많은 기대를 걸고 있습니다."

"교수님은 어떻게 국제법과 회사법을 같이 가르치시게 되었습니까?"

"내 종신교수자격논문이 국제회사법 분야의 글이었지요. 그 이

후로도 항상 관심을 가져 왔는데 원래 하버드에서는 회사법을 가르칠 사람이 모자라는 형편이었습니다. 이제 유능한 전문학자들이 들어오면 나는 학장에게 회사법 강의는 그만하겠다는 의사를 전하려고 합니다."

"회사법 논문지도도 하십니까?"

"논문지도는 하지 않습니다. 강의에서 커버해야 할 정도의 이론 동향과 판례는 나도 항상 공부하고 있지만 논문의 지도는 부담이 큽니다."

일반적으로 미국의 교수들은 우리나 독일처럼 전공 영역에 대해 엄격한 경계 관념을 가지지 않는다. 미국에서는 특히 계약법이나 불법행위법 같은 1학년 과목들 중 한 과목을 가르칠 수 없으면 교수로 임용되기가 어렵다. 교수들이 가르치는 과목의 범위가 유럽식의 법과대학에서보다 훨씬 넓다. 가르치는 영역뿐 아니라 연구 영역도 마찬가지다.

백츠 교수는 40년간 HLS에서 봉직한 후 2005년에 은퇴했다. 그런데 2011년 9월 20일 자 『하버드 크림슨』에는 충격적인 기사가 실렸다. 백츠 명예교수가 자신의 유죄를 인정했다는 제목이다.

백츠 교수는 2010년에 당시 81세의 나이로 자동차를 운전하다가 중앙선을 침범해 사망사고를 냈다. 54세의 학교 선생님이 피해자다. 치과에 서둘러 가다가 벌어진 사고다. 백츠 교수는 자신의 유죄를 인정했고 판사는 6개월간의 가택연금형을 내렸다. 아마도 피고의 고령을 고려해서였을 것이다. 전자팔찌를 차고 집에 구금되었는데 자신과 부인의 병원 방문만 허가되었다. 더해서, 종신 자동차 운전금지 명령도 받았다. 판사는 피해자 가족에게 사과편지를 쓰도록 하는 명령도 덧붙였다.

평생 영예로운 HLS 교수로 학생들을 가르친 사람의 노후에 이런 일이 일어난 것은 매우 안타까운 일이다. 그러나 무고한 사람을 희생시킨 과오는 크다. 이 뉴스를 보면서 모두가 씁쓸해했다. 노후에는 자기 자신과 가족의 건강도 챙겨야 하지만 다른 사람에게 피해를 주는 일도 없도록 조심하고 또 조심해야 한다.

로런스 트라이브

헌법 교수인 트라이브(Laurence Tribe)는 1962년에 하버드대 수학과를 졸업하고 같은 학과 박사과정 2년 차 때 진로를 바꿔 로스쿨에 입학했다. 1966년에 졸업했는데 2년 후인 1968년에 교수가 되었다. 미국 헌법에 관한 가장 정평 있는 교과서(*American Constitutional Law*)의 저자이자 연방대법원에서 많은 소송을 성공적으로 이끈 실무적 학자다. 모두 36회 변론했다. 스탠퍼드대 로스쿨 학장을 지낸 캐서린 설리번 교수는 트라이브 교수의 수제자다.

트라이브 교수는 수학이론과 상대성 이론, 양자물리학을 헌법 이론에 응용한 논문을 발표하기도 하고 담배회사들을 상대로 한 각 주 정부들의 공익소송에 적극적으로 참여해서 큰 성과를 얻기도 했다.

2008년에 오바마 대통령 선거캠프에 참여해서 오바마 행정부 법무부 특별고문을 지냈다. 오바마 임기 내내 연방대법관 후보로 거론되었다. 지금은 트럼프 대통령에 대한 비판자로서 분주하다.

트라이브는 오바마가 학생일 때 각별했던 사이였던 것으로 알려진다. 그런데 오바마가 대통령이 된 후에 하버드 로스쿨에는 우스개가 돌아다녔다. 모든 교수들이 오바마와 각별했다고 말한다는 것이다. 조교였다, 프로젝트를 같이 했다 등등. 그러다 보니 그 모든 경력을 합산하면 오바마는 로스쿨을 3년이 아니라 5년쯤 다녔어야 하는 것으로 나온다는 것이다.

루시안 벱척

『하버드 로 리뷰』에 한 번이라도 논문을 발표하는 것은 미국에서는 학자로서는 누리기 힘든 큰 영예다. 엄청난 경쟁이 있으며 법학의 첨단을 가는 이론이나 분석, 통찰력을 제시해야 한다. 바로 이 학술지에 석사학위(LL.M.) 논문을 발표한 전무후무한 기록의 소유자가 바로 벱척 교수다.

폴란드 태생의 이 인상 좋은 교수는 이스라엘의 하이파대학과 텔아비브대학에서 수학, 경제학, 법학을 공부하고 하버드 법대에 유학 와서 석사와 박사(S.J.D.)를 마친 후 곧 조교수로 임명되었다.

박사학위 논문도 역시 『하버드 로 리뷰』에 발표되었으며 그 이후로도 남들은 평생 한 번 할까 말까 하는 이 학술지에의 논문 발표를 정기적으로 함은 물론이고 『예일 로 저널』, 시카고 법대에서 발간하는 법경제학의 최고 권위지인 『법학연구(*Journal of Legal Studies*)』, 하버드와 MIT 경제학부에서 발간하는 『경제학 저널(*The Quarterly Journal of Economics*)』 등등에 무수한 연구논문을 발표하고 있다. 하버드대 경제학부에서 경제학박사학위를 받기도 했다. 언젠가는 노벨상을 받을 것이라는 이야기도 나돌고 있다.

벱척 교수는 법제도의 근간을 이루는 기본적인 가정들에 대해 끊임없이 의문을 제기하며 자신의 견해(대안)를 수학과 경제학적 실증분석을 통해 제시한다. 법학 논문이지만 수학이나 경제학에서 흔히 볼 수 있는 스타일의 논리 전개가 놀라울 정도다. 대다수의 논문은 직접 개발한 수학적 모델 위에서 전개된다.

이 교수는 영어를 매끄럽게 구사하지는 못하기 때문에 특히 미국 학생들은 처음에는 약간의 불만을 토로하기도 하는 것 같았다. 그러나 시간이 지날수록 강의의 내용과 교수에 대해 경(악)외감이 깃든 존경심을 가지게 되는데 논리의 전개가 마치 수학 문제를 풀어 나가는 것과 같고 기존의 법이론이나 판례가 기초하고 있는 기본적인 가정에 대해 신선한 이의를 제기하기 때문이다. 특히 기업인수법, 회사법, 회사정리법 분야에서 많은 연구를 하고 있으며 경제학 분야에서 발표하는 논문들도 주로 이 영역에 집중되어 있다.

나는 하버드에 가기 전 서울에서 벱척 교수가 『하버드 로 리뷰』 제101호에 발표한 회사정리법 논문 한 편을 우리말로 번역하면서 이 교수와 인연을 맺었다. 그래서 학교에 도착하자마자 벱척 교수를 찾아 갔었다. 내가 명함을 건네자 벱척 교수는 금방 내 이름을 알아보고 반가워했다.

"논문의 번역을 허락해 주셔서 영광이었습니다."

"영광은 내 쪽도 마찬가지입니다."

"교수님의 약력을 보면 그 논문이 대표작의 하나로 소개되고 있는데 교수님 자신도 그 논문을 대표작으로 생각하십니까?"

"글쎄요… 공을 들였던 것은 사실이지요. 시장에서 그렇게 받아

들여 주는 것 같아요."

"요즘은 어떤 논문을 쓰십니까?"

"요즘은 주로 경제학 논문에 치중하고 있어요. 최근작을 하나 드리지요. 참고하세요. 논문은 무엇으로 쓸 생각입니까? 내가 지도교수가 되어 주겠습니다."

"감사합니다. 그런데 크라크만 교수님께서 이미 지도교수가 되어 주시기로 했습니다. 교수님께는 비공식적인 지도를 부탁드리겠습니다."

"그것도 좋지요. 사실 나는 2학기에는 텔아비브에 머무릅니다."

나는 벱척 교수의 회사금융 과목도 수강하고 논문지도도 받았는데 이스라엘 출신의 이 천재가 1년의 절반을 텔아비브대학에서 보내는 관계로 한 학기 동안은 시드니 셸던의 소설을 애독하는 그의 수다스러운 비서와 더 친하게 지내야 했다.

텔아비브에서 강의하던 동안에도 느낀 것이지만 벱척 교수는 텔아비브에서도 매우 자랑스러운 동료 교수로 대우받고 있었다. 내 친구 하녹 다간 당시 학장은 내게 학교에서는 벱척이 원하는 것은 다 해 주려 한다고 말한 적이 있다. 벱척 교수는 지금도 가끔 자신의 최근 논문을 내게 보내 주곤 한다.

루이스 로스

HLS에서 30년 이상 가르쳤던 루이스 로스(Louis L. Loss, 1914-1997) 교수는 미국 증권법의 아버지로 불린다. 총 11권에 달하는 증권법 교과서(?)는 증권법이라는 분야 그 자체를 형성시킨 책인데 연방대법원 판결에서 50회 이상, 그 외 다른 연방법원 판결에서 1천 회 이상 인용된 명저이다. 이 책은 이제 애리조나대 로스쿨 학장인 셀리그맨 교수가 승계하였다.

로스 교수는 1937년 예일대 로스쿨 졸업 후 미국 연방증권관리위원회(SEC)에 들어가 수석변호사보가 될 때까지 봉직하였고 1952년에 HLS에 합류하였다. 특히 내부자 거래 규제에 관한 SEC의 활동에 가장 큰 공을 세운 것으로 평가받는다. 옥스퍼드 영어사전은 '티피(tippee)'라는 단어의 창시자가 로스 교수라고 밝히고 있다. 로스 교수는 1961년에 케네디 대통령으로부터 SEC의 위원장직을 제안받았으나 학교를 떠나고 싶지 않아서 고사했다. 1995년에 자서전이 출간되었다.

앨런 더쇼비츠

2016년 꽤 인기를 끌었던 미니시리즈로 폭스사가 제작한 10부작 〈O. J. 심슨(The People v. O. J. Simpson)〉이 있다. 여기서 O. J. 심슨 측 변호인단에 보스턴에서 거물이 한 사람 날아와 합류하는 장면이 나온다. 앨런 더쇼비츠 변호사다.

더쇼비츠는 대중적으로 너무나 유명해서 많은 사람들이 하버드 로스쿨 교수였다는 것을 모를 정도다. 2013년에 74세로 교수직은 그만두었다. 하버드에도 교수의 교외 활동에 대한 규제가 있을텐데 어떻게 그 많은 외부활동을 했는지 모르겠다. 형사사건 전문인 더쇼비츠는 마이크 타이슨도 변호했다.

더쇼비츠는 다양한 분야의 주제에 대해 30권이 넘는 책을 썼다.

특히 이스라엘과 아랍 간의 분쟁에 관해 활발하게 글을 쓰고 미디어에서 인터뷰와 패널 토론을 한 사람이다. 이스라엘을 지지하기는 하지만 중립적인 시각을 견지하려고 노력했다. 뉴스위크지는 더쇼비츠를 미국에서 가장 다이나믹한 인권변호사이며 인권의 보호에 가장 크게 기여한 사람들 중 한 사람이라고 평가했다.

그런데 최근에 더쇼비츠가 트럼프 대통령을 극력 옹호하는 입장을 취하고 있어서 그 배경을 놓고 말이 무성하다. 특히 더쇼비츠가 트럼프 초대를 받아서 마라라고에 다녀왔고 백악관에서 식사를 같이 한 후에 일어난 일이라 심하게 말하는 사람들은 더쇼비츠가 변절했다고까지 한다.

엘리자베스 워런

워런은 HLS에서 가장 열정적이고 노련한 교수로 꼽힌다. 강의에 들이는 정성이 남다른 교수다. 지금은 연방 상원의원으로 워싱턴에서 일하고 있다.

워런은 연설과 토론에 탁월한데 고등학교 때부터 토론반에서 열심히 활동했다. 오클라호마주 토론대회에서 우승하기도 했다. 토론 장학생으로 조지워싱턴대에 들어갔는데 열여섯 살 때였다. 학교를 옮겨 텍사스의 휴스턴대를 졸업하고 이후 전업 가정주부가 되었다가 딸이 두 살이 되던 해에 럿거스대 로스쿨에 들어간다. 졸업 후에도 취직을 하지 않고 집에서 유언장 작성이나 부동산거래 같은 변호사 일을 했다.

워런은 펜실베이니아대 로스쿨 교수를 거쳐 1992년에 하버드 로스쿨 교수가 되었다. 도산법과 소비자보호법을 가르친다. 학교에서 학생들을 가르치고 논문을 쓰는 외에도 TV 출연을 포함해서 활발한 외부활동을 했고 글로벌 금융위기의 여파로 2010년에 금융개혁법이 만들어진 후에는 오바마 대통령 위촉으로 연방 금융소비자보호국(CFPB) 설립에 관여했다. 오바마는 워런을 초대 국장으로 점찍었으나 공화당의 반대로 임명되지는 못했다.

워런은 지난 대선 때 민주당 대선후보 하마평에 올랐다. 힐러리 클린턴을 열렬히 지원해서 부통령 후보로도 거론되었다. 미국 역사상 첫 여성 대통령-여성 부통령 그림이 나왔던 때다. 워런은 지금도 민주당에서는 유력한 여성 정치인이다. 원래 워런은 공화당 지지자였다. 공화당이 시장경제질서를 수호한다고 믿어서였다. 그러나 그 믿음이 깨진 이후로는 민주당원이 되었다고 한다. 2012년에 53.7%의 득표율로 매사추세츠주 대표 연방 상원의원에 당선되었다. 매사추세츠주 최초의 여성 상원의원이다.

노벨상에는 법학 분야가 없다. 그래서 미국 시카고대 로스쿨의 브라이언 라이터 교수가 운영하는 유명 블로그에서 미국 법학자들을 대상으로 가상의 노벨 법학상 투표를 해 보았다. 그 결과 상위 3인이 다음과 같이 선정되었다. 두 사람이 하버드 로스쿨 출신이고 이들 중 포스너가 압도적 1위로 나왔다.

리처드 포스너

포스너(Richard Posner, 1939-)는 시카고대 로스쿨 교수와 연방 제7항소법원 판사를 지냈다. 법경제학의 거성이며 20세기에 가장 많이 인용된 법률가로 꼽힌다. 법이론, 경제학, 그 외 분야에서 약 40권의 책을 저술했다. 『뉴욕 타임스』는 포스너를 '초인적인' 인물이라고 불렀다.

예일대 졸업 후 하버드 로스쿨을 수석으로 졸업했고 『하버드 로 리뷰』 편집장이었다. 이 두 가지 타이틀을 동시에 가지는 것은 사실 거의 불가능하다. 누가 또 그랬었는지 모르겠다. 스탠퍼드대 로스쿨 교수를 거쳐 시카고대 로스쿨 교수가 되었다. 법경제학의 대표적인 학술지 『법학연구(*Journal of Legal Studies*)』를 창간했다. 레이건 대통령에 의해 임명되어 36년 동안 연방 제7항소법원 판사, 법원장으로 봉직했다. 약 3천3백 건의 판결문을 썼다. 초기에는 매우 보수적이었으나 만년에는 진보적인 판사가 되었다.

포스너는 재판에서 법규정보다는 상식으로 분쟁을 해결하는 특징을 보였다. 형식주의가 지배적인 사법부에서 포스너의 비판자들은 포스너의 태도를 '무법(lawless)'이라고 부른다. 그러나 포스너는 법원이 지나치게 형식적 요건에 초점을 맞추어 교육이나 생활수준이 낮은 시민들에게 불리한 판결을 내리는 경우가 많다는 점을 개탄한다.

귀도 칼라브레시

칼라브레시(Guido Calabresi, 1932-)는 예일대 로스쿨 교수와 학장을 지냈고 연방 제2항소법원 판사다. 로널드 코스, 리처드 포스너와 함께 법경제학의 창시자로 불린다. 예일대를 졸업하고 로즈 장학생으로 옥스퍼드대에 유학했다. 예일대 로스쿨을 수석으로 졸업하고 예일대 로스쿨 최연소 교수가 되었다.

칼라브레시는 1994년에 클린턴 대통령에 의해 연방 제2항소법원 판사에 임명되어 오늘에 이른다. 클린턴 대통령은 예일대 로스쿨 1973년 졸업생이지만 칼라브레시의 수업을 들은 적은 없다. 얼리토(Samuel Alito), 토머스(Clarence Thomas), 소토마요르(Sonia Sotomayor) 연방대법관이 칼라브레시의 예일대 로스쿨 학생들이었다.

캐스 선스타인

선스타인(Cass Sunstein, 1954-)은 헌법, 행정법, 환경법 학자이며 행동

경제학자이다. 하버드대와 하버드 로스쿨을 졸업했다. 법무부에 잠시 있다가 시카고대 로스쿨과 정치학부 양쪽에서 정교수가 되었다. 오바마 정부에서 정보와 규제담당 비서관을 지냈다. 2008년에 하버드 로스쿨로 옮긴다.

약 40권의 저작 중에서 2017년 노벨 경제학상 수상자 리처드 탈러와 공저한 『넛지』(2008)가 대중적으로 잘 알려져 있다. 오바마 대통령 선거캠프에서 만난 전 유엔대사 사만타 파워가 배우자다. 파워도 지금은 하버드 로스쿨에서 가르친다. 선스타인은 프로 스쿼시 선수다. 2017년 세계 랭킹 449위에 올랐다.

포스너가 20세기에 가장 많이 인용된 법률가로 꼽히듯이 선스타인은 21세기에 가장 많이 인용된 법학자로 꼽힌다.

하버드 로 리뷰

법학 학술지

미국 워싱턴앤리대학의 법학도서관은 전 세계 법학 학술지의 랭킹을 집계하는 유명한 사이트를 운영하고 있는데 등록된 법학 학술지가 약 1천5백 종이다. 그중 하버드대 로스쿨 학생들이 편집하고 발간하는 『하버드 로 리뷰(*Harvard Law Review*)』가 부동의 1위를 차지한다. 인용지수 순위에서 타 학술지의 추종을 불허하는 미국에서 가장 영향력 있는 법학 학술지다.

미국에서는 법학 학술지가 통상 학생들에 의해 편집된다. 법학 학술지의 간행은 시작될 때부터 법학교육의 일부로서의 성격이 강했다. 따라서 초기에는 학술지의 발간이 엘리트 로스쿨의 징표로도 여겨진 바 있다. 1930년 당시 미국 로스쿨협의회(AALS) 소속 67개 로스쿨 중 37개 학교만이 학술지를 발간하였다.

그러나 1950년대에 들어서면서 학술지의 수가 급증하였고 학술지의 창간이 가속화되어 2000년 한 해에만 4백 종 이상의 법학 학술지가 창간되었다. 이에 따라 매년 학술지에 발표되는 논문의 수도 1930년에는 4천 편 미만이었던 것이 2000년에는 2만 5천 편으로 늘어나게 되었다.

미국 법학 학술지의 가장 큰 기능은 법학교육 기능일 것이다. 학생뿐 아니라 판사, 변호사 그 외 모든 법률분야 종사자들이 학술지로부터 필요한 지식을 얻는다. 미국에서는 우리나라나 독일 등에서와 같은 현행법을 체계적으로 해설하는 법학 교과서의 출판이 활발하지 않다.

학생에 대한 교육은 미래의 판사, 법률실무가들에 대한 교육이기도 하다. 학술지가 교육의 기능을 가진다는 것은 학술지가 거의 다 학생들에 의해 편집되고 운영된다는 데서도 잘 드러난다. 일부 로스쿨은 학생들의 학술지 활동에 학점을 부여해 주기도 하고 장학금을 지원하기도 한다.

사실 미국 법학 학술지의 가장 큰 특징인 동시에 우려의 이유는 학생들이 논문을 심사, 채택하고 편집한다는 것이다. 미국과 캐나다, 호주 등을 제외하면 학생들이 학술지를 전적으로 편집하는 나라는 없다. 그러나 이는 학술지의 발간을 법학교육의 일부로 선택한 미국적인 전통이며 지금까지 큰 문제없이 지속되어 왔다.

미국변호사협회(ABA)도 전문지를 발간하면서 특정 로스쿨과 연계하여 학생들에게 편집을 맡기고 있다. 학생들의 편집에 대해서 포스너 판사가 매우 부정적인 견해를 피력한 바도 있으나 포스너 자신도 『하버드 로 리뷰』 편집장 출신이다. 법학 학술지가 미국의 법학, 법조계에서 영향력을 유지하는 큰 이유들 중 하나는 연방대법관을 비롯한 각급 법원 판사들과 지명한 법학교수, 변호사들이 거의 모두 법학 학술지의 편집진 출신이라는 것이다. 학창시절 법학 학술지의 편집진 경력은 학계는 물론이고 사법부와 법률실무에 진출하는 경우 학업성적 못지않은 중요한 변수로 작용한다. 학교마다 차이는 있으나 학생들은 통상 1학년 성적과 논술 결과로 편집진에 선발된다.

하버드 로 리뷰

『하버드 로 리뷰』는 1887년 4월 15일에 창간되었다. 3학년 학생 8인으로 구성된 랭델협회의 멤버들이 창간했다. 학교의 공식적인 사업이 아니었기 때문에 편집진은 외부에서 재정 지원을 모색하였다. 학생들은 후일의 연방대법관 브랜다이스 변호사를 통해 보스턴변호사협회의 지원을 받을 수 있었다.

하버드대 로스쿨 캠퍼스의 한쪽 모퉁이에 조금은 외롭게 혼자 서 있는 하얀색의 자그마한 목조 건물이 있다. 이 건물이 『하버드 로 리뷰』의 사무실로, 개닛 하우스(Gannett House)라고 불린다. 이 집은 1838년에 지어졌다. 그 2층 사무실에서 전원 학생들로 구성된 편집진이 1년에 여덟 번씩 펴내는 책이 바로 『하버드 로 리뷰』다.

논문의 선정은 전적으로 학생 편집진에서 결정한다. 1년에 약 7백 편 내지 8백 편의 주옥같은 논문이 투고되어 오고 이 중 30편 정도가 게재되는데 일단 접수 담당이 필자의 신원을 알 수 없도록 완전히 정리한 상태에서 객관적으로 심사한다.

이 학술지에는 미국법의 새로운 영역을 개척한 중요한 논문들도 많이 발표되었다. 예컨대 1890년에 발간된 제4호에 실린 워런과 브랜다이스의 「프라이버시의 권리」 같은 것들이다. 『예일 로 저널(*Yale Law Journal*)』이 『하버드 로 리뷰』보다 4년 후인 1891년 10월에 창간되어 역시 유구한 역사를 자랑하고 있고 시카고, 컬럼비아, 스탠퍼드 등을 비롯해서 미국의 거의 모든 법과대학에서도 권위 있는 학술지를 발간하고 있지만 『하버드 로 리뷰』는 로 리뷰(저널)의 대명사처럼 여겨지고 있다.

『하버드 로 리뷰』의 역사는 인종 문제에서 미국 역사의 축소판 같다. 최초의 흑인 편집인이었던 휴스턴(Charles Houston)은 인종분리법(Jim Crow laws)의 철폐에 많은 공을 세웠다. 휴스턴은 『하버드 로 리뷰』 사상 두 번째의 흑인 편집인이었고 미국 최초의 흑인 연방판사, 연방항소법원 판사였던 헤이스티(William Hastie)와 함께 1954년의 브라운(Brown v. Board of Education of Topeka) 사건 판결을 이끌어 낸 숨은

『하버드 로 리뷰』가 탄생하는 개닛 하우스. 오른쪽에 오스틴 홀이 보인다.

공로자이기도 하다. 이 판결은 공립학교에 있어서 인종분리를 허용하는 법을 위헌으로 판단한 역사적인 판결이었는데, 이른바 'separate but equal' 이론이 공교육에서는 설 자리가 없음을 천명하였다.

헤이스티는 브라운 판결 4년 전인 1950년 작고했으나 이 두 사람은 루이지애나주의 인종분리법을 합헌으로 판단했던 1896년의 플레시 대 퍼거슨(Plessy v. Ferguson) 판결의 파기에 많은 노력을 함께 기울였다. 휴스턴의 정신은 후일 대법관이 되는 하워드대 로스쿨의 제자 마셜(Thurgood Marshall)에게 승계된 것으로 잘 알려져 있다. 휴스턴이 『하버드 로 리뷰』 편집진에 선발되어 회의에서 발언하기 시작했을 때 몇몇 다른 백인 학생들이 방을 나가 버렸다는 일화는 유명하다.

1940년대에만 해도 원치 않는 소수민족 학생을 배제하기 위해서 편집진의 수를 조정하는 일도 있었다고 한다. 하버드대 로스쿨 사상 두 번째로 흑인 종신 교수가 된 클라이드 퍼거슨이 그 희생자였다. 퍼거슨의 학점 바로 위가 커트라인으로 설정되었었다.

1978년에는 두 사람의 흑인 학생이 동시에 『하버드 로 리뷰』 편집진에 있는 기록이 나왔다. 1979년에는 윌킨스 교수가 가세하여 세 사람이라는 신기록이 작성되었다. 이들은 'dirty half of a half dozen'이라는 조크를 만들어 내기도 했다. 최초의 여학생 편집인은 1955년 졸업생인 프리실라 홈스였고 1982년에는 최초의 흑인 여학생 편집인이 탄생했다.

『하버드 로 리뷰』 편집장은 『뉴욕 타임스』 편집장 못지 않은 경력이라고들 말한다. 내가 공부하던 1990년에 마침내 최초의 흑인 편집장이 나왔는데 버락 오바마다. 편집장은 편집진 학생들의 투표로 선출한다. 흑인이 미국 대통령이 되는 것보다 더 어려운 일이라고들 한다. 오바마는 18인의 경쟁자들을 물리치고 편집장에 선출되었다. 당시 언론에도 대서특필되었다. 오바마는 대통령 임기 마지막 달이자 본인이 편집장을 지낸 26년 후인 2017년 1월에 『하버드 로 리뷰』에 논문을 발표했다.

2017-2018년 『하버드 로 리뷰』는 2년 연속으로 흑인 학생을 편집장으로 선출했다. 2017년 131대 편집장 우마나(ImeIme Umana)는 최초의 흑인 여학생 편집장이었고 2018년 편집장은 어느덧 네 번째 흑인 편집장이다. 우리 인간들이 하는 일이 언제나 그냥저냥이고 때로는 퇴보하는 것 같지만 이렇게 조금씩 앞으로 나아가고 있다.

다른 법학 학술지들

스탠퍼드 로스쿨 학생들이 편집하는 『스탠퍼드 로 리뷰』는 1948년에 미래의 국무장관 크리스토퍼(Warren Christopher)를 1대 편집장으로 하여 창간되었다.

렌퀴스트(William Rehnquist) 전 연방대법원장과 오코너(Sandra Day O'Connor) 연방대법관, 아들 부시 대통령의 비서실장을 지낸 조슈아 볼튼 등이 이 학술지의 편집진 출신이다. 연 6회 발간되며 짧은 글들을 수록하는 온라인 저널도 발간된다. 학교와 독립되어 있으며 운영 비용은 주로 구독료와 저작권사용료로 충당한다고 한다.

펜실베이니아 로스쿨 학생들이 편집하는 『펜실베이니아대 로 리뷰(*University of Pennsylvania Law Review*)』는 미국에서 가장 오래된 법학 학술지다. 변호사들이 주축이 되어 운영되다가 판사와 교수들도 참여하게 되었다. 1895년에 학교에 의해 인수되어 1896년부터 학생들에 의해 발간되기 시작하였다. 1945년에 현재의 명칭으로 바뀌었다. 로버츠(Owen Roberts) 전 연방대법관, 미국 최초의 흑인 여성 경제학박사 세이디 알렉산더, 마크 유도프 캘리포니아대 전 총장 등이 이 학술지의 편집진 출신이다.

컬럼비아 로스쿨 학생들이 편집하는 『컬럼비아 로 리뷰』는 1901년 창간되었다. 창간 시 학생들이 『하버드 로 리뷰』 편집진의 자문을 받았다고 한다. 매년 8회 발간된다. 1년에 2천 편 정도의 논문이 투고되며 그중 20-25편이 채택되어 게재된다. 더글러스(William O. Douglas) 전 연방대법관, 긴즈버그(Ruth Bader Ginsburg) 연방대법관, 화이트(Mary Jo White) 연방증권관리위원회 위원장, 윌리엄 콜비 전 CIA 국장, 리 볼링어 컬럼비아대 총장 등이 이 학술지의 편집진 출신이다.

예일 로스쿨 학생들이 편집하는 『예일 로 저널』은 1891년에 창간되었다. 매년 8회 발간되고 온라인 버전도 발간한다. 최초의 히스패닉계인 소토마요르 연방대법관과 포타스(Abraham Fortas) 연방대법관, 얼리토 연방대법관 등이 이 학술지의 편집진 출신이다.

예일 로스쿨이 미국의 법학교육계를 거의 장악하다시피 하고 있는 데서도 엿볼 수 있듯이 다수 로스쿨의 학장과 엘리트 로스쿨의 교수들이 이 학술지의 편집진 출신이다. 하버드의 경우와는 달리 이 학술지는 창간 시부터 재정적인 어려움이 없었으며 1920년부터는 예일대 로스쿨 동창회의 재정지원을 받게 되었다.

대통령의 논문 발표

2017년 1월 미국 언론은 당시 아직 현직이었던 오바마 대통령이 법학 학술논문을 발표했다고 일제히 보도했다. 가짜뉴스인가 했으나 사실이었다. 찾아보니 버락 오바마라는 필자가 『하버드 로 리뷰』에 '형사사법제도의 개혁에 있어서 대통령의 역할'이란 제목으로 각주 317개가 붙은 56페이지짜리 정식 학술논문을 발표했고 그 아래에는 '미합중국 대통령'이라고 표기돼 있었다.

세간의 즉각적인 반응은 "퇴임하는 대통령이 자신의 업적 중 하나를 특별한 방식으로 부각시키는 것 아닌가?"였다. 그러나 이 논문은 백악관이 기획한 것이 아니다. 이 논문이 탄생한 경위는 이렇다.

몇 년 전부터 미국에서는 학계와 법조계에서뿐 아니라 전국적으로 형사사법제도 개혁이 큰 논의거리였다. 법학 학술지가 이 주제를 본격적으로 다루지 않을 수 없다. 그런데 『하버드 로 리뷰』의 주커만 편집장은 뭔가 강력한 작품이 없을까를 고심하다 대통령에게 생각이 미쳤다고 한다.

VOLUME 130 FEBRUARY 2017 NUMBER 4

HARVARD LAW REVIEW

ARTICLE

THE LAW OF INTERPRETATION — *William Baude and Stephen E. Sachs*

BOOK REVIEW

THE IMPORTANCE OF "MONEY" — *Kathryn Judge*

NOTES

Cashing Out a Special Relationship?: Trends Toward Reconciliation Between Financial Regulation and Administrative Law

Restoring Legitimacy: The Grand Jury as the Prosecutor's Administrative Agency

The Rise of Purposivism and Fall of *Chevron*: Major Statutory Cases in the Supreme Court

RECENT CASES

RECENT ADJUDICATIONS

RECENT PUBLICATIONS

Copyright © [illegible] by
THE HARVARD LAW REVIEW ASSOCIATION

『하버드 로 리뷰』의 표지

오바마 행정부는 형사사법제도 개혁에 역점을 두어 왔다. 26년 전 리뷰 편집장을 지냈고 법학교수였으며 풀뿌리 민주주의 운동가였던 현직 대통령이야말로 이 주제에 대해 영향력이 큰 말을 해 줄 최적임자라는 데 생각이 미쳤다. 주커만은 이 '드림 시나리오'를 가지고 즉시 미노우 당시 학장에게 도움을 요청했고 그렇게 백악관과 접촉한 것이다.

오바마의 논문은 아무런 특별대우 없이 다른 논문들과 똑같이 엄격한 검증과 편집 과정을 거쳤다. 편집진과 대통령이 작업을 같이 했는지는 공개되지 않았으나 대통령의 바쁜 스케줄 때문에 보통 때보다 몇 배 더 강행군을 했다고 한다. 학기말 시험 날이 다가오는데도 밤샘작업이 보통이었다.

주커만은 미국 역사상 처음으로 현직 대통령의 법학 학술논문을 로 리뷰에 싣기 위해 작업하는 일이 매우 감동적이었다고 전한다. 주커만은 13세 때 불법 가택침입으로 소년 형사 피고인이 된 경험이 있다. 유죄협상과 사회봉사로 풀려났고 다이버전 프로그램의 도움을 받았다. 사회가 자신에게 그렇게 두 번째 기회를 주지 않았더라면 오늘날의 자신은 없었을 것이라고 한다. 그런데 자신은 백인이어서 그런 기회를 누렸지만 그렇지 못한 많은 사람들이 있다고 토로한다. 두 번째 기회를 포함하는 형사사법제도의 개혁에 관한 오바마의 논문은 그런 차원에서 큰 의미를 가진다.

이 논문에는 누가 논문의 작성을 도와주었다는 내용의 주석이 없다. 그래서 대통령이 직접 작성했는지 의문이 돌아다녔다. 교수들은 대통령이 직접 쓰지 않고 조수가 쓰고 이름을 붙이면 학술적 사기가 되니 대통령이 직접 썼을 것이라고 보았다. 오바마가 직접 쓸 능력이 있다는 데 대해서는 아무도 이의가 없다. 그러나 대법관이 판결문을 쓰듯이 한 팀이 오바마의 지휘하에 작성했을 것이라는 관측도 있었다.

그래도 알쏭달쏭하다. 왜 많은 사람이 읽는 일간지의 칼럼이 아니고 일부 전문가들만 읽는 법학 학술지에 의견을 발표했을까. 퇴임 후 학계로 돌아오고 싶어서 그랬을까.

우리나라 대통령들과 그 주변에서 벌어진 일들과 비교하면 대통령이 한 특별한 행동을 놓고 미국 학계와 언론에서 이런저런 관측과 해석이 분분한 것이 신선하기만 하다.

할리우드의 법률영화

미국은 다양한 인종과 배경을 가진 사람들이 모여 사는 큰 나라다. 사회에서 생기는 문제는 법과 소송으로 해결한다. 한 통계를 보면 미국에서는 2초에 한 건씩 소송이 발생한다. 그러다 보니 미국 사람들은 소송을 그냥 사회생활의 일부로 여기는 것 같다. 영화나 TV드라마에 법정이 항상 나오고 모두 그를 보고 즐긴다. 실제 소송사건 중계나 TV프로그램 시청률도 대단히 높다. O. J. 심슨 사건이 대표격이다. 전 미국이 거의 실시간으로 시청했다.

법률영화나 드라마는 많을수록 좋다. 누구나 성장하면서 법률드라마를 본다. 그리고 훗날 판사도 되고 경찰도 되고 범죄자가 되기도 하는 것이다. 무엇이 되든 성장기에 보았던 법률드라마에 담겨 있는 법치주의, 준법, 정의감 같은 가치를 은연중에 흡수하게 되고 그는 사회가 질서를 유지하는 데 도움을 준다. IMDb에서 역대 최고의 미드로 꼽히는 〈브레이킹 배드(Breaking Bad)〉(2008-2013, 5시즌 62편)도 그런 메시지를 전해 준다.

누구나 범죄자가 될 수 있고 범죄자에게도 정의감이 있다. 협잡과 악행을 일삼는 자들도 자기 일이 아닌 남의 일에서는 정의를 논하는데 그것은 실제로 정의감이 있기 때문이다. 법집행 기관뿐 아니라 범죄자들도 법률, 재판 같은 것들을 의식하면서 행동한다. 사람들, 특히 고등교육의 기회를 받지 못하는 사람들에게 영화나 드라마는 정의감이나 도덕성을 인식시키기 위한 좋은 교육매체다.

내가 기억하는 가장 충격적인 법률영화는 NBC의 TV시리즈 〈LA Law〉(1986-1994, 8시즌 172편) 제1편이다. 독일 유학 시절 독일 TV에서 본 것이다. 3개월 시한부 인생을 살고 있던 한 흑인 여성이 망나니 재벌 2세에게 폭행을 당한다. 망나니는 경찰에 체포되어 재판을 받게 된다. 재판 중에 망나니의 변호사는 피해 여성이 시한부라는 것을 알게 되고 합의를 종용한다. 그러나 여성은 처벌을 원한다. 그러자 그 변호사는 '갈고 닦은 실력으로' 순식간에 그 여성을 꽃뱀으로 만들어 버린다. 망나니는 풀려나고 피해 여성은 비참하게 죽음을 기다리게 된다.

이 영화는 나중에 하버드대 로스쿨에서 법조윤리 강의의 교재로 사용되기도 했다.

미국변호사협회지는 2008년에 '법률영화 베스트 25'를 발표한 적이 있다. 1위는 역시 〈앵무새 죽이기(To Kill A Mockingbird)〉(1962). 그레고리 펙이 시골변호사 핀치 역을 맡아 아카데미 남우주연상을 받는다. 로버트 듀발이 이 영화에서 데뷔했다. 이 영화는 1960년에 하퍼 리가 발표한 동명의 퓰리처상 수상작 소설을 영화화했다. 미국의 고등학교에서 리딩 과제로 가장 많이 주어지는 책이다. 2위는 〈12인의 성난 사람들(12 Angry Men)〉(1957), 8위는 〈필라델피아(Philadelphia)〉(1993)였다.

9위는 줄리아 로버츠가 아카데미 여우주연상을 받는 〈에린 브로코비치(Erin Brockovich)〉(2000)다. 법률 실력보다 사건의 사실관계 파악과 자료 조사가 소송의 승패를 좌우하는 것을 보여 준다.

브로코비치는 실존 인물이며 나와 동갑이다. 영화에서처럼 일체의 법학교육을 받은 일이 없다. 그럼에도 불구하고 1993년 PG&E 환경오염 소송사건에서 원고 측이 승소하는 데 결정적인 역할을 한다. 영화 개봉 후 유명인사가 되고 각종 TV프로그램에 출연했다. 지금은 컨설팅 회사를 하고 있는데 2005년에 한 로스쿨에서 명예 법학박사학위를 받았다. 영화에는 웨이트리스로 카메오 출연했다.

스티븐 소더버그 감독은 이 영화로 아카데미 감독상 후보에 올랐는데 수상하지 못했고, 그 대신 같은 해 후보에 오른 또 다른 작품인 〈트래픽(Traffic)〉(2000)으로 감독상을 받았다. 시상식이 시작된 지 60년 만에 최초로 복수 작품으로 후보에 올랐다. 소더버그는 조지 클루니의 오션 시리즈 감독이기도 하다.

한편, 할리우드에는 많은 엔터테인먼트법 전문 변호사들이 활약하고 있다. 그중 가장 유명한 사람은 하버드 로스쿨 졸업생 버트럼 필즈(Bertram Fields)라는 변호사다. LA의 대형 로펌의 파트너인 필즈 변호사는 할리우드에서 소송에 지는 일이 없는 변호사로서 이름이 높다. 톰 크루즈, 더스틴 호프먼, 존 트라볼타 같은 배우들이나 제임스 캐머런, 스티븐 스필버그 같은 감독들이 단골 고객이다.

1839년에 있었던 흑인노예들의 반란을 다룬 스필버그의 1997년

작 〈아미스타드(Amistad)〉에 대한 천만 달러짜리 저작권 침해소송에서 스필버그 감독과 드림웍스를 대리해 어려운 소송을 화해로 이끌었던 것으로도 유명하다. 하루 평균 14시간씩 일하는 로펌 변호사 생활의 틈틈이 글을 써서 베스트셀러 소설 두 편을 발표했다. 그중 하나는 리처드 3세를 주인공으로 한 역사소설이다.

뉴욕주 변호사 시험

미국에 유학을 가는 대부분의 외국 법학도, 법률가들이 뉴욕주의 변호사 시험을 치른다. 본국에서 법조인의 자격을 이미 가지고 있는 경우에는 일종의 옵션이지만 이 변호사 시험을 통과했다는 것은 나름대로의 추가적인 전문성을 상징하기 때문에 대다수 사람들이 이 시험을 본다. 국제상사거래에서는 이제 대다수의 계약서가 미국 뉴욕주의 법을 준거법으로 지정하고 있다.

법률전문가의 세계에서 어디든 변호사 자격을 가지고 있는 것은 대단히 중요한 의미를 가진다. 이 세계의 오래된 관습이다. 사실상 변호사 자격이 별 의미가 없는 국제기구 같은 곳에서 법률전문가를 모집할 때도 '최소한 한 관할권(Jurisdiction)에서 변호사 자격을 가지고 있을 것'을 요구하는 것을 볼 수 있다. 국제사법재판소 판사를 지낸 오스트리아 출신의 전설적인 국제법학자 라우터파흐트(Hersch Lauterpacht, 1897-1960)는 유럽의 격동기에 법학도로 성장하면서 변호사 자격을 갖지 못했었는데 영국 런던정경대학의 국제법 석좌교수가 된 후에 스승인 맥네어 교수의 권고에 의해 다 늦게 영국 변호사 시험을 준비했던 일화도 있다.

미국의 법대생들은 3학년이 거의 다 끝나갈 무렵까지 변호사 시험에 전혀 신경을 쓰지 않는다. 3학년의 후반부에 시험준비과정(bar review)이 시작되는데 거기에 등록해서 준비시켜 주는 대로만 잘 따라가면 아무런 문제가 없다. 우리나라에서 유학을 가는 사람들도 대체로 그 분위기에 호응한다. 그리고 누구나 '별것 아니다'라고 후배에게 이야기해 준다. 그러나 막상 준비를 시작해 보면 '별것 아니다'라는 말이 잘못된 것임을 깨닫게 된다. 어찌 남의 나라 변호사 시험이 외국인에게 별것 아닐 수 있겠는가?

그야말로 시험 준비 강의의 달인이라고 할 수 있는 전문 강사들이 일러 주는 대로 오전에 강의를 듣고 오후부터 혼자 공부를 해야 하는데 약 3개월간 모든 것을 반납하고 하루에 10시간 이상씩 집중적으로 공부해야만 하는 상황이 된다. 이것은 우리나라에서 법대를 수석으로 졸업하거나 사법시험, 사법연수원을 1등으로 통과한 유학생들의 경우도 마찬가지였다. 날씨는 몹시 덥고 학교 분위기는 방학이라 착 가라앉아 있다. 그렇다고 이 공부를 미리부터 하는 것은 대단히 비효율적이다. 준비 기간이 길다고 해서 더 효과적이지도 않을 것 같았다.

당시 8개의 공통과목과 뉴욕주 법 18과목이 시험 대상이었다. 헌법, 계약법, 매매법, 형사법, 민사소송법, 증거법, 재산법, 불법행위법 8과목은 첫날에 객관식으로, 회사법, 가족법, 조세법을 포함한 18과목은 두 번째 날에 주관식으로 치러졌다. 지금은 객관식 공통과목에 계약법과 매매법이 통합되어 총 7개의 과목이 있고 주관식 과목은 공통과목과 10개의 추가과목으로 총 17개다. 조세법은 포함되지 않는다.

시험은 뉴욕주의 수도인 올버니(Albany) 주청사에 있는 계란(Egg)이라는 별명의 대형 홀에서 있었다. 별명처럼 외관이 계란처럼 생긴 대형 건축물이다. 시험총감독관으로 나온 할아버지가, "여러분, 저는 바로 이 자리에서 1953년에 시험을 쳤습니다"라고 말하자 학생들은 일제히 할아버지에게 환호를 보냈다. 수천 명의 응시생들이 대형 홀에 나란히 앉아 시험을 치르는 것도 장관이었다.

이 시험은 7월에 있었는데(2월에도 있다) 12월에 발표가 나기 때문에 모두 시험이 끝나고 바로 이미 정해져 있는 로펌이나 기타 직장에서 법률가로서의 생활을 시작하게 된다. 그런데 12월에 발표가 되면 2월쯤에 다시 올버니로 와서 인터뷰를 하고 항소법원 서기가 주관하는 선서식에 참석해야 한다.

나는 시험 후 바로 서울로 돌아와 한 로펌에서 일을 시작했는데 몇 분 안 걸리는 선서를 위해 다시 뉴욕으로 가는 것이 쉽지 않아 미루고 있었다. 그러다가 갑자기 그 로펌이 내부 사정으로 없어지는 일이 생겼고 나는 스위스로 가게 되었다. 그래서 스위스에 있는 동안 시간을 내서 뉴욕에 들렀다. 스위스 취리히의 미국영사관에 있는 브라운이라는 이름의 영사에게 왜 한국 사람이 스위스의 미국영사관에 와서 미국 비자를 신청하는지를 한참 설명해야 했던 것이 생각난다.

인터뷰라 하니, 무슨 면접시험처럼 생각이 되어서 이런저런 준비도 나름대로 했었는데 막상 취리히에서 뉴욕으로 가서 다시 렌터카를 몰고 올버니로 올라가 주 정부 청사에 도착하니, "이번에 온 분들의 인터뷰는 취소되었습니다. 모두 법정으로 올라가 주세요" 하는 안내가 나왔다.

좀 허탈하기는 했지만 홀가분했으므로 가벼운 마음으로 법정에 들어가 준법과 직업윤리에 관한 선서를 하고 바로 취리히로 돌아왔다. 변호사 자격증은 A4용지 크기에 아무것도 없이 밋밋하고 뉴욕주 항소법원 서기의 고무도장이 찍혀 있다(뉴욕주에서는 1심 법원을 Supreme Court라고 부르며, 2심 법원인 항소법원을 Supreme Court Appellate Division이라고 한다. 대법원은 Court of Appeals라고 부른다).

당시 25달러 정도를 내면 A4용지 크기의 한 6배쯤 되는 커다란 용지에 알아보기도 힘든 필기체로 근사하게 작성되고 금박의 실(seal)이 붙은 변호사 자격증을 따로 만들어 주었다. 지금도 내 연구실에 걸려 있다.

로스쿨의 미래

다양성

하버드 로스쿨에는 회계학과 통계학 전임 석좌교수가 있다. 미국의 로스쿨에서 공부를 하다 보면 여기가 법대인지 경제학과인지 경영대학인지 도무지 알 수 없는 때가 한두 번이 아니다. 그만큼 미국의 법학교육과 연구, 심지어는 실무도 철저한 실증적 연구와 자료, 데이터를 기반으로 이루어진다.

흔히 미국의 로스쿨이 우리 식의 과거 법대에 실무교육을 가미한 것이리라고 생각한다. 큰 오해다. 오히려 철저한 이론교육에 치중하고 있다. 경제학박사학위가 없으면 일급 로스쿨의 교수가 되기 어려운 시절도 있었다. 교수들뿐 아니라 학생들 중에도 경제학박사들이 적지 않다.

하버드 로스쿨에 입학하면 논문작성 요령에 관한 작은 책자를 하나 받게 된다. 남의 지적재산을 활용하는 요령을 가르치는 자료인데 이 책자의 서두에 인상적인 말이 써 있다. 오래전에 학교의 교수진은 학교가 실무교육을 어느 정도 해야 할 것인가에 대해 길고도 깊은 논의를 했다는 것이다. 결론은, 학교는 이론교육에 치중해야 하고 따라서 학술논문의 작성이 큰 비중을 차지해야 한다는 것이었다.

교수들의 오랜 경험에 비추어 볼 때, 이론에 강하고 창의적인 졸업생이 실무에서도 크게 성공하더라는 것이 그 이유이다. 이 말이 맞다면 과거 사법연수원 교육의 일부를 로스쿨에서 한다는 개념으로는 서구의 로스쿨을 영원히 따라잡지 못할 것이다.

로스쿨은 다양성을 추구하는 열린 장으로서의 의미도 가진다. 하버드 로스쿨의 케이건 전 학장은 여성이며, 스탠퍼드대 로스쿨도 하버드보다 먼저 여학장 설리번을 배출했다. 현 매길 학장도 여성이다. 클린턴 부부도 참석하는 동창회를 주재하는 예일대 로스쿨의 학장은 한국에서 온 망명객의 2세인 소수민족 출신 학자였다.

세계 40개국에서 온 외국학생들, 의학박사, 컴퓨터엔지니어, 걸프전 참전 해병대 장교, 전미 태권도챔피언, 야전 지휘관으로 2백 명 가까운 군인들의 생명을 책임지던 예비역 여군 대위, 목사, 아프리카와 남미의 20개국에서 봉사활동을 하던 전직 유엔 직원…. 이런 급우들과 함께하는 수업에서는 책과 교수님으로부터는 배울 수 없는 많은 것들을 배울 수 있다.

또, 톰 크루즈가 〈어 퓨 굿맨〉에서 학교의 이미지 제고에 기여했다 해서 학장의 감사패를 받으러 오고, 사우디아라비아의 야마니 석유장관이 경기관총을 코트 안에 감춘 경호원들에 둘러싸여 모교를 방문해 자신이 은사와 함께 설계해서 창설한 OPEC에 관해 특강을 한다.

예일대 로스쿨의 고홍주 전 학장은 학장에 취임할 때 세계화에의 부응, 법조에의 지원과 기여, 공익활동의 강조, 교수진의 혁신 등 네 가지를 미래의 역점 사업으로 제시한 적이 있다. 하버드 로스쿨의 로버트 클라크 전 학장도 학장으로서의 가장 어려운 임무는 세계화와 함께 끊임없이 변화하는 학내외의 수요에 맞춘 커리큘럼을 개발하고 그를 담당할 교수요원을 양성, 물색해서 영입하는 일이라고 한 적이 있다.

우리 로스쿨 운영에도 유념해야 할 말들이다. 우리가 미국의 로스쿨과 같은 곳을 단시일에 만들어 낼 수는 없을 것이다. 그러나 로스쿨은 전임교원의 수나 시설, 실무경험을 가진 교수의 비중 같은 지표들로만 발전될 수 있는 곳이 아님을 잊지 말아야 한다.

변호사 자격을 가진 교수들이 많은 것은 좋지만 학술논문 작성을 지도할 수 있는 능력을 도외시한다면 본말이 전도되는 것이다.

로스쿨은 세계화를 전신으로 느끼면서, 생각하고, 다양성의 문화를 흡수해서 우리 사회의 여러 가지 문제를 이해하고 창조적인 해법을 고안해 낼 줄 아는 인재들을 배출해 내는 곳이어야 한다.

로스쿨과 대학교육

로스쿨 도입 이전 이야기다. 어느 날 경영대 3학년이라는 학생이 연락을 보내 왔다. 사시에 최종 합격했는데 아직 학교를 1년 넘게 다녀야 하기 때문에 뭘 해야 할지 상담하고 싶다는 것이었다. 말로는 축하를 했지만 진심으로 축하하기는 어려웠다.

평생 소양이 되는 기초적인 법학공부는 물론이고 그 학생이 과연 자신의 전공학과 공부에 매진하게 될까. 정상적인 대학과정을 통해서는 법학공부도 전공공부도 제대로 해 본 적이 없이 학원가에서 양성된 이런 학생을 엘리트 법조인으로 배출하는 게 과연 옳을까. 그건 우리 사회에는 물론 이 우수한 학생의 인생에도 별로 바람직하지 않을 것이다. 또 의예과 학생이 필자의 유가증권법을 수강한 사례도 기억난다. 의학과 조금도 관련이 없는 과목을 수강하는 이유를 물으니 사법시험 준비생이라고 했다.

경영학, 의학 할 것 없이 학문의 모든 분야가 전심전력해서 연마해도 끝이 없고 미래가 불확실한 것이다. 그러나 자신의 능력과 노력만으로 최선을 다해 공부하면 20대 중반에라도 선망받고 안정된 법조인의 길에 들어설 수 있다는 것은 개개인에게는 뿌리치기 어려운 큰 유혹이다. 사법시험이 존치되었다면 전국 대학의 유수한 인재들이 다시 그 길을 택했을 것이다. 일단 자기 전공을 성실히 공부한 후 진학하는 로스쿨은 차선책으로 전락했을 것이다. 로스쿨이 있는 대학에서는 학부과정에서 법학교육을 받을 수 없기 때문에 그야말로 독학이나 학원가에 의존했어야 한다.

법학교육의 1차 목적은 판사를 필두로 국가의 정체성과 법치주의를 담보할 품성과 능력을 갖춘 인재를 양성하는 것이다. 그렇게 보면 과거와 크게 달라진 우리 사회에서 단기간에 수험요령을 익힌 머리 좋은 젊은이보다 성숙하고 사고가 유연하며 현명한 인재의 양성에 무게가 두어져야 한다. 다양한 전문·교양교육과 정규 법학교육 없이 빨리 시험에만 합격하면 바로 법률가 자격을 부여하는 모델은 그에 잘 맞지 않는다.

로스쿨 도입 무렵 이뤄진 사법개혁에 대한 대대적인 사회적 논의는 다 잊었다. 사실 그 결과로 로스쿨이 출범했기 때문에 굳이 기억할 필요도 없다. 당시 여론은 압도적으로 로스쿨 도입에 찬성했다. 사법개혁은 아직도 큰 숙제고 사법제도에 대한 국민의 신뢰는 극히 낮다고 하는데 여론이 로스쿨에 비우호적이란 것은 이해하기 어렵다.

우리 종합대학들은 세계에서 그 유례를 찾아보기 어려울 정도로 학문의 거의 모든 분야를 한 울타리 안에서 연구하고 가르친다. 연계융합이라는 세계적인 조류가 결실로 연결되기에 가장 적합한 토양을 갖췄다.

사법개혁을 떠나 로스쿨 최대 성과는 대학교육 전반의 정상화라고 보아야 할 것이다. 각자의 전공은 무시하고 온 대학이 사시공부에 몰입하던 그 비정상적인 광경이 사라진 것이다.

로스쿨에 대해서는 '돈스쿨'이니 '현대판 음서제'니 하는 여론 흡수성이 매우 강한 왜곡된 이미지가 고착되어 왔다. 그런 이미지의 반복 구현을 통해 사회구조에 대해 형성되는 우려와 분노가 실체와 관계없이 로스쿨에 표출되는 것이다. 사회 구성원들은 모든 문제에 직접 이해당사자들 만큼 깊이 정보를 수집하고 분석해서 판단하지 않는다. 돈스쿨, 현대판 음서제 같이 쉽고 자극적인 도식은 쉽게 접수되고 표현된다. 이 과정이 반복되면 그 자체로 다시 여론 형성에 영향을 준다. 누군가가 의도한 것은 아니겠지만 만약 광고 카피였다면 큰 성공작이다.

우선 로스쿨 때문에 경제적으로 어려운 학생들의 법조 진출이 어려워졌다는 것은 통계와 부합하지 않는다. 특별전형과 장학금을 통해 취약계층 학생이 법률가가 되는 길은 훨씬 넓어졌다. 서울대의 경우 재학생 인원 대비 장학금 수혜율은 거의 50%다.

등록금은 일반 대학원보다 비싸지만 로스쿨은 3년 과정이고 90 학점을 이수해야 한다. 일반 대학원은 2년 과정이고 대개 24학점을 이수한다. 대학교육 비용까지 감안해야 한다는 의견이 있지만 우리가 지향하는 법률가 모델은 대학과정의 전문소양을 갖춘 후 법학교육을 받게 한다는 입법적 결정의 소산이다. 즉, 그러한 투자는 필요한 것으로 하자는 사회적 합의다. 무엇이든 비용과 투자가 전혀 필요 없으면 좋겠지만 안타깝게도 많은 가치는 투자와 상관관계를 갖는다.

취업에서 집안의 영향력이 작용하는 사례가 종종 있고 이것이 언론의 조명을 받는다. 그런데 이것을 로스쿨의 문제로 보는 것은 좀 엉뚱하다. 계층 고착화라는 사회 전반의 문제다.

사법시험은 여러 문제에도 불구하고 장점이 많았던 제도다. 특히 공정성의 대명사로 여겨서 우리 사회 전반의 부패 수준에 비추어 볼 때 대학입시와 함께 유례없이 깨끗했던 제도다. 대한민국의 정체성과 법치주의를 지탱하는 유수의 인재들을 배출했다. 그러나 법률가가 되기 위한 자질을 사시로만 평가하는 데는 한계가 있다.

사시 시절, 법학공부는 학교 밖 사설기관에서 주로 이루어지는 기이한 형태였으며 대학의 전 학과에서 혼자 힘으로 시험에 매달리는 학생의 수가 상당했다. 현대와 미래 사회의 복잡하고 새로운 법률 문제는 그런 과정으로 양성된 법률가상과 맞지 않는다.

로스쿨과 법치주의

한국이 제도를 수입한 미국의 로스쿨은 3년제 교육과정인데 3년이 불필요하게 길다는 논의가 있었다. 졸업생의 63%가 법학공부는 2년으로 압축해도 좋다고 본다는 조사도 나왔다. 급기야 오바마 당시 미국 대통령이 로스쿨 2년제를 검토해 볼 만하다는 발언을 하기에 이른다.

오바마 대통령이 로스쿨 교수 출신이라 해도 학교 운영에 대해 깊이 알지는 못할 것이다. 내가 아는 한 로스쿨 학장은 총장이 묻기에 "대통령이 한 마디 안 할 수 없어서 한 것뿐"이라고 대답했다며 시큰둥해 했다. 2년제 로스쿨은 재정적으로 운영할 방법이 없다는 것이다. 그러나 대통령의 말을 가볍게 넘길 수는 없으므로 현재진행형인 미국 로스쿨 위기론과 맞물려 법학교육에 관한 논란은 가중됐다.

미국 로스쿨의 위기는 사실 법학교육의 위기라기보다는 경제위기의 부산물이었다. 졸업 후 취업 전망이 불투명해지면서 입학지원자 수가 10% 넘게 감소했고 지원자 수의 감소는 각종 학업성취능력 지표의 하향화를 발생시켰다. 모두 2백 개인 로스쿨들은 종래의 학생 수준을 유지하려면 학생 수를 줄여야 하는 문제에 봉착했다. 주로 지방의 법률가를 양성해 오던 일부 소형 로스쿨은 재정압박을 견디지 못하고 여러 가지 비상책을 마련했다. 신입생 수가 절반으로 떨어진 학교, 교수 수가 20% 감소한 학교도 있다.

이 문제는 미국 경제가 회복되면서 거짓말 같이 사라졌다. 로스쿨들은 종전의 기력을 다 회복했다. 당시 졸업을 앞둔 3학년 학생들도 취업이 불투명한 경우가 많았는데 작년부터는 내 수업에 들어오는 2학년 학생들까지도 벌써 다 자기가 원하는 곳에 입도선매된 경우가 대부분이었다.

국내에서는 이제 6회에 걸쳐 졸업생을 배출한 로스쿨이 서서히 자리를 잡아 가고 있기는 하지만 해결해야 할 문제는 한두 가지가 아니다. 취업은 개별 학교와 학생 개인의 문제라고 쳐도 변호사시험 합격률, 비싼 학비, 전반적인 재정난, 자원의 일부 로스쿨 편중 등이 그것이다. 지방 로스쿨 위기론도 나온다. 정치권과 여론의 분위기도 로스쿨에 그다지 호의적이지 않다. 그러나 어려운 여건하에서도 법학교육은 착실히 이뤄지고 있고 시간이 지나면서 점점 많은 법률가들이 탄생하고 있다.

가끔 왜 그렇게 많은 법률가가 필요하며 로스쿨이 중요한 것으로 취급되는가 하는 불평을 듣는다. 이에 대한 모범답안은 법률가의 수가 늘어야 국민이 양질의 법률 서비스에 쉽게 접근할 수 있다는 것이다. 그런데 또 다른 중요한 이유가 있다. 자격을 소지한 법률가의 수가 늘어나고 이들이 사회 모든 분야에서 매사 법률을 따지는 방식으로 일을 한다면 결국 법치주의가 튼튼해지는 데 큰 도움이 된다.

법치주의는 공권력의 남용을 막고 인권을 보호하는 데만 필요한 것이 아니다. 우리 경제는 이미 탁월한 정치적 리더십이나 창의적인 기업가 정신으로만 유지되고 성장할 수 있는 규모와 복잡성을 넘어선 지 오래다. 정교하고 포괄적이며 예측가능한 법률 콘텐츠와 그를 집행하는 사법시스템의 지원 없이는 작동이 불가능하다.

특히, 국제자본과 한국에 진출하려는 외국기업들은 한국의 법치수준과 사법시스템을 평가하고 그에 기초해서 투자와 진출결정을 내린다. 우리가 해외여행 중에 소매치기를 당해도 그 나라 경찰이 외국인이라고 외면할 것으로 생각되면 그 나라로 여행할 엄두가 나지 않을 것이다.

로스쿨이 안고 있는 여러 문제에 대한 진지한 비판 의견은 경청해야 한다. 방관적이거나 냉소적인 태도도 종종 접할 수 있다. 일부 학생과 졸업생의 문제가 제도 자체의 결함으로 비약하기도 한다.

그러나 만일 실제로 로스쿨 위기가 발생한다면 그것은 사법시스템의 위기인 동시에 경제성장 위기에 다름 아니다. 세계 학계에서는 법학교육의 질이 한 나라 경제 효율성의 중요한 요소라는 것이 정설이다. 로스쿨이라는 새 제도는 공교롭게도 출범할 때 글로벌 경제위기를 만났다. 우리 경제와 힘겹게 운명을 같이하고 있는 것이다. 인내를 가지고 지원해 주어야 한다.

에필로그: 리더를 찾아서

중세와 근대의 대학과는 달리 오늘날의 대학은 사회의 중요한 구성요소다. 대학교육이 보편화되어 있어 대학은 사회가 필요로 하는 인력을 양성해서 공급하고 사회가 필요로 하는 기술적 혁신을 이루어 사회를 지원한다. 정신적·기술적 발견과 혁신이 대학에서 나오고 대학은 본질적으로 자유로운 곳이기 때문에 역동적이기도 하다. 그 역동성이 사회로 전달된다. 또, 대다수의 국가에서 대학은 가장 국제적인 장소다. 사회의 개방과 국제화를 촉진시킬 수 있는 곳이다.

지금 국내에서 대학이 너무 많은 것이 문제의 소지를 안고 있기는 하지만 대학은 청년들의 사회생활 교육에도 효과적인 장소다. 다수의 젊은이들에게 대학은 집보다 훨씬 안락하고 수준높은 환경에서 시간을 보낼 수 있게 한다. 대학을 거쳐 나가면서 성품이 나빠졌다거나 식견이 부족해진 경우는 볼 수 없다. 요즘은 취업난이 심각하기는 하지만 그래도 대다수의 대학생들은 좋은 추억을 가지고 친구들과 함께 학교를 떠나 사회로 진출한다. 대학은 취업도 준비시키지만 선량한 시민을 양성하는 곳이다.

대학의 개혁과 리더

우리는 항상 대학의 개혁을 말한다. 그런데 대학은 권력기관도 영리기관이 아니고 운영자든 교수든 특별한 실적으로 뭔가를 보상받는 곳도 아니기 때문에 언제나 개혁의 동력이 부족하다. 인센티브 면에서 취약한 곳이다. 그래서 순수히 사회와 학문의 발전에 천착하는 마음을 가진 사람들이 소명의식으로 밀고 나갈 뿐이다. 학생들은 왔다가 나가기 때문에 장기적인 참여를 하지 못한다. 동문들은 멀리 있다.

이 책에서 살펴본 하버드의 어제와 오늘은 무수히 많은 사람들의 각 시대적인 노력에 의해 학교가 발전했고 그 과정이 순탄하지만은 않았음을 알려준다. 역사가 진전되면서 대학에도 주기적인 패러다임의 전환이 필요했고 대학의 리더들은 그에 적응하면서 사회에 더 도움이 되는 역할을 추구했다. 하버드는 그러한 노력의 역정을 상징한다.

그러나 새로운 시대가 열리면서 스탠퍼드라는 새로운 대학이 등장했다. 스탠퍼드는 미국의 다른 대학들이 씨름하던 여러 가지 문제로부터 상당히 자유로웠다. 새로운 문화를 창조해 버렸다. 당초 공학과 기술의 연구가 중심이었지만 실리콘밸리와의 공동 생태계를 구축하자 다른 모든 분야도 그 수준에 맞추어서 부상했다. 하버드의 가장 강력한 경쟁자가 된 것이다.

내가 외국의 대학에서 공부하고 가르친 경험을 말하는 이 책에서 나름 찾아보려고 한 것은 하버드와 스탠퍼드, 그리고 다른 대학들이 발전해 오는 과정에서 가장 중요한 역할을 한 '사람들'이다. 대학 전체나 한 분야, 아니면 하나의 교실을 끌어가는 리더들이다.

리더는 자체 역량이 뛰어난 사람이지만 동시에 환경을 체화해서 자신의 조직을 그에 잘 적응시키는 사람이기도 하다. 대학은 기업이나 국가기관 같이 엄격한 위계조직으로 돌아가는 곳이 아니고 자유성을 그 본질로 하는 곳이기 때문에 리더에게는 매우 어려운 커뮤니티다.

대학의 본질을 잘 이해하고 대학의 사회적 역할에 대한 '관'을 가지고 있는 동시에 사회 각계와 소통하고 그로부터 협력을 이끌어낼 수 있는 능력은 쉽게 갖추어지지 않는다. 더구나 대학의 리더는 전통적으로 교수들 중에서 나오는데 교수라는 직업은 원래 그런 능력과는 거리가 멀다.

그렇긴 해도 탁월한 리더들이 있었다.

터먼과 엘리엇

흔히 스탠퍼드를 산학협력이 성공한 사례라고 단순하게 표현한다. 맞는 말이지만, 그러면 왜 다른 데서는 이렇게 하지 못하는가라는 의문이 생긴다. 많은 변수가 있을 것이다. 그런데 내가 보기에는 터먼이 결정적인 변수다. 누군가가 불을 지펴야 하는 것이다. 리더십이다. 터먼의 경우는 어떤 조직을 이끄는 단순한 리더십이 아니라 한 세기에 한 번 나올까 말까 하는 거의 스티브 잡스 수준의 패러다임 변환자였다. 언제나 그렇듯이 한 사람이 세상을 바꾼다. 터먼의 이름은 아직도 스탠퍼드 공대 도서관에 붙여져 기린다.

엘리엇은 지성적인 건설자였다. 대학과 교육에 관한 철학을 기초로 미숙하고 아직 허약한 어린 하버드를 견고한 대학으로 변모시켰다. 40년이나 총장으로 일했기 때문에 가능한 면도 있지만 학교가 엘리엇을 40년이나 필요로 했다는 것도 잊어서는 안 될 것이다. 엘리엇이 어렵게 닦은 기초 위에서 하버드는 세계 최고의 대학으로 부상할 수 있었다.

흔히 터먼과 엘리엇을 합한 인물이 우리에게 필요하다고 이야기한다. 지나친 욕심이기 때문에 굳이 한 스타일을 선택하라고 한다면 터먼이 더 우리에게 필요한 리더라는 생각이 든다. 왜냐하면 지금은 지식과 기술이 정신없을 정도로 빨리 진화하고 국제적인 경쟁이 극심한 시대이기 때문이다. 신자유주의의 압박하에 있는 현대의 대학은 터먼과 같은 도깨비 방망이를 필요로 한다.

그러다 보면 대학의 지성이 소홀해지지 않을까 하는 우려는 스탠퍼드의 사례를 보면 기우다. 지금은 산학협력을 통해 조성되는 재정이 인문학을 포함해 모든 분야를 부흥시킬 수 있다. 노스웨스턴에서는 경영대학이 받은 기부금을 인문대학에 재기부하는 일도 있었다.

교육과 지식과 대학

마지막으로, 콜린 파월 전 국무장관의 자서전(*My American Journey*, 1995)에 나오는 이야기를 소개한다.

구소련과 미국이 동유럽에서의 군비축소 협상을 끝냈다. 그런데 웬일인지 구소련 측이 움직일 생각을 하지 않는 것이었다. 파월은 소련 측에 문제를 제기했다. 왜 약속한 스케줄대로 병력을 철수시키지 않느냐고 항의하자 협상 테이블에 마주 앉았던 소련 장군이 이렇게 말했다고 한다.

"장군, 애들 다니는 학교 학기가 끝나야 철수하든지 말든지 할 것 아니겠소!"

투자은행업계의 전설적 인물인 로하틴(Felix Rohatyn)은 나치를 피해 프랑스 파리에서 여러 차례 죽을 고비를 넘기면서 탈출했다. 그 많은 재산을 지니고 나올 수 없어서 다이아몬드를 치약 튜브에 넣어 가지고 나왔다고 한다. 그것이 전부였다. 격동기의 세상일수록 인간에게는 아무리 많은 재산이라도 부질없는 것이고 몸 하나에 지니고 움직일 수 있는 것이 전부다.

몸 하나에 지니고 움직일 수 있는 가장 중요한 자산은 바로 머릿속에 든 지식이다. 유대인들은 항상 가진 것을 빼앗기는 오랜 고난의 역사 속에서 이것을 깨우쳤다고 한다. 다이아몬드는 남에게 빼앗길 수도 있지만 머릿속에 든 것은 아무도 가져갈 수 없다. 지식과 정보는 우리가 건강을 잃지 않는 한 세상이 어떻게 변하더라도 잘해 나갈 수 있는 튼튼한 기초가 된다. 학교와 대학이 세상 모든 것의 기초다.

베트남의 관광지 호이안에 며칠 머문 적이 있다. 호텔 입구로 들어가는 작은 골목에 아이들 신발이 잔뜩 있기에 들여다보았더니 중학생쯤으로 보이는 여자 아이들이 작은 방 하나에 빽빽이 앉아서 수업을 듣고 있었다. 장소가 워낙 협소해서 어깨와 어깨를 바로 붙이고 들 앉아서 열심히 앞을 보고 있었다. 길가라서 다 들여다보였다. 저녁 시간에 불을 환히 켜고 있는 것이라 과외수업이 분명했다.

하버드, 스탠퍼드, 서울대만이 배움의 장소는 아니다. 우리 눈에 잘 띄지 않는 세상의 구석구석에서 그렇게 다음 세대의 미래를 준비하는 배움은 계속되고 있었다.

참고한 자료

서울대학교 교수협의회, 서울대학교의 시대적 소명과 발전방안(2017)

서울대학교70년사편찬위원회, 서울대학교 역사: 1946-2016(2017)

서울법대 학문연구 70년, 서울대학교 법학 별책(서울대학교 법학연구소, 2017)

앙드레 모루아 저, 신용석 역, 영국사(김영사, 2013)

____, 미국사(김영사, 2015)

____, 프랑스사(김영사, 2016)

오연천, 대학이 희망이다(서울대학교출판문화원, 2014)

____, 결정의 리더십(21세기북스, 2016)

____, 결정의 미학(21세기북스, 2016)

Austin, Ian & Glen A. Jones, Governance of Higher Education: Global Perspectives, Theories, and Practices (Routledge, 2016)

Axtell, James L., The Making of Princeton University: From Woodrow Wilson to the Present (Princeton University Press, 2006)

Brockliss, L. W. B., The University of Oxford: A History (Oxford University Press, 2016)

Coquillette, Daniel R. & Bruce A. Kimball, On the Battlefield of Merit: Harvard Law School, the First Century (Harvard University Press, 2015)

Crimson Key Society, Inside Harvard: A Student-Written Guide to the History and Lore of America's Oldest University 3rd ed. (Let's Go, 2015)

Crow, Michael M. & William B. Dabars, Designing the New American University (Johns Hopkins University Press, 2015)

Davies, Norman, Europe: A History (Harper Perennial, 1998)

Evans, G. R., The University of Cambridge: A New History (I. B. Tauris, 2009)

____, University of Oxford: A New History (I. B. Tauris, 2013)

History of Universities Series (Oxford University Press, 1975-)

Howard, Thomas Albert, Protestant Theology and the Making of the Modern German University (Oxford University Press, 2009)

Oberdorfer, Don, Princeton University: The First 250 Years (Princeton University Press, 1995)

Rashdall, Hastings, The Universities of Europe in the Middle Ages: Salerno, Bologna, Paris (Palala Press, 2018)

Remy, Steven P., The Heidelberg Myth: The Nazification and Denazification of a German University (Harvard University Press, 2003)

Rudolph, Frederick & John Thelin, The American College and University: A History 2nd ed. (University of Georgia Press, 1990)

Schlesinger, Andrew, Veritas: Harvard College and the American Experience (Ivan R. Dee, 2007)

Thelin, John R., A History of American Higher Education 2nd ed. (Johns Hopkins University Press, 2011)

Trikha, Ritika, The Interdependency of Stanford and Silicon Valley, TechCrunch (Sep. 5, 2015)

Young, Spencer E., Scholarly Community at the Early University of Paris (Cambridge University Press, 2018)

뉴욕 타임스 https://www.nytimes.com/
보스턴 글로브 https://www.bostonglobe.com/
스탠퍼드대학 홈페이지 https://www.stanford.edu/
옥스퍼드대학 홈페이지 http://www.ox.ac.uk/
워싱턴 포스트 https://www.washingtonpost.com/
위키피디아 https://www.wikipedia.org/
US뉴스 랭킹 https://www.usnews.com/rankings/
유튜브 https://www.youtube.com/
QS랭킹 https://www.topuniversities.com/
하버드 가제트 https://news.harvard.edu/gazette/
하버드 램푼 https://www.harvardlampoon.com/
하버드 로 레코드 http://hlrecord.org/
하버드 크림슨 http://www.thecrimson.com/
하버드대학 홈페이지 https://www.harvard.edu/

김 화 진

서울대학교 수학과, 독일 뮌헨대학 법학부, 미국 하버드대학 로스쿨에서 공부했다. 뉴욕주 변호사를 거쳐 현재 서울대학교 법학대학원 교수로 재직 중이다. 회사법, M&A, 투자은행, 기업지배구조를 주로 연구하고 가르친다. 스탠퍼드대 로스쿨에서 강의했고 미시건대 로스쿨 해외석좌교수, 뉴욕대 로스쿨 글로벌 법학교수, 뉴욕대 경영대 폴락센터 시니어 펠로를 역임했다. 세계 곳곳, 다양한 사람들과의 경험과 자신의 천착을 녹여내는 글쓰기를 계속하고 있다.